企业法律与管理实务

广西壮族自治区哲学社会科学规划2013年研究课题
获得广西壮族自治区哲学社会科学工作办公室资助

合同全过程管理

闫周秦 等著

中国法制出版社
CHINA LEGAL PUBLISHING HOUSE

图书在版编目（CIP）数据

合同全过程管理 / 闫周秦等著. —北京：中国法制出版社，2020. 11

ISBN 978 - 7 - 5216 - 0959 - 2

Ⅰ. ①合… Ⅱ. ①闫… Ⅲ. ①企业 - 经济合同 - 管理 - 中国 Ⅳ. ①D923. 6

中国版本图书馆 CIP 数据核字（2020）第 043920 号

责任编辑：朱丹颖　　封面设计：杨泽江

合同全过程管理

HETONG QUANGUOCHENG GUANLI

著者/闫周秦等

经销/新华书店

印刷/三河市紫恒印装有限公司

开本/710 毫米 × 1000 毫米　16 开　　印张/18. 25　字数/251 千

版次/2020 年 11 月第 1 版　　2020 年 11 月第 1 次印刷

中国法制出版社出版

书号 ISBN 978 - 7 - 5216 - 0959 - 2　　定价：78. 00 元

北京西单横二条 2 号

邮政编码 100031　　传真：010 - 66031119

网址：http：//www. zgfzs. com　　**编辑部电话：010 - 66067369**

市场营销部电话：010 - 66033393　　**邮购部电话：010 - 66033288**

（如有印装质量问题，请与本社印务部联系调换。电话：010 - 66032926）

序言

本书是一本论述合同全过程管理理论的专业著作，是指导企业管理人员进行合同管理的工具书。只要企业的领导人、合同管理人员按照本书的理论管理合同，就不会发生大的合同风险，并能有效提升公司效益。

合同管理是企业管理的基础性工作。企业的一切经营活动都是以合同为依据开展的，包括劳动关系，也是建立在劳动合同的基础上的。但遗憾的是，对于这样重大的问题，理论界和实务界却没有人予以专门的研究。究其原因，就在于理论与实践的脱离。研究合同法、合同理论的专家，并不从事实际的合同管理工作；而从事管理理论研究的专家，则不会关注如此微观的管理细节。

本书的作者们都是长期从事公司法务工作的专业人士，他们不断地在实践中探索公司合同管理的理论，并将之应用于实践，积累了大量的经验。这些经验，在传统的教科书中是找不到的。本书的成果就是他们从实践到理论的升华，是合同、合同法理论和管理理论的有机结合。由于这些理论都是扎扎实实的来自自身管理合同的实践经验，因此更具有对合同管理的指导意义。

没有正确理论的指导，就不会有正确的实践。从理论上来说，本书提出的合同全过程管理，是管理理论在合同管理领域的一个创新。从事公司法务的人员，在实际工作中面临的首要问题，就是如何将在法学院学到的合同理论、合同法的法条落实到企业管理的实践中，落实合同实务中。在理论和实践之间缺少一个桥梁，缺少将理论变为实际的路径。因为作为公司法务人员，从事的不单是合同谈判、撰写合同这样单纯的事务性工作，大量的工作是进行合同管理。这就需要合同管理理论来对实践进行指导，怎样启动一个合同，应该和谁签订合同，不和谁签订合同，怎样签订合同，合同签订之后还要做什么。这些实践中需要解决的问题，不管在法律界还是管理学界，都没有进行系统的研究。本书则试图从理论上解决理论界这些问题，具体体现在：

第一，提出了系统的合同全过程管理的概念和理论，并以之指导合同管理的实践。在本书出版以前，尚没有人从理论上对合同全过程进行研究，也没有系统提出合同全过程管理的理论。本书明确了合同全过程管理概念，指出合同全过程管理是指全员、全过程、全方位地进行合同管理的行为。强调合同管理是贯穿于从合同立项、谈判、签订、履行到履行后全过程管理的系统工程，应全面建立合同全过程管理的理念，并将之实践于合同管理工作。

第二，从管理方法上，将合同从签订前的准备到履行直到履行后的管理看作一个整体。传统的合同管理理念，主要关注的是合同在审核阶段的管理，对合同文本进行全面的审核，考察其合规合法性。而对合同签订前和签订后的管理则很少关注。法务人员的把关也主要是进行合同审核。合同管理的主体，主要是法务人员，其他部门则很少担负起合同管理的责任。合同全过程管理理论则强调既要重视合同签订中的工作，也要重视合同签订前和履行后的工作。本书将合同从签订前到履行后管理的整个过程当作一个整体来进行研究，克服了传统合同管理理论割裂合同管理阶段的局限性。

第三，对合格的交易对象或合格的合同相对方进行了界定。强调只和合格的交易对象做生意，这对企业合同风险管理来说是特别重要的一环。如果草率地选择交易对象而不判断其资信能力，在实践中往往会造成损失。

第四，对于不和什么样的对象做生意，从理论上进行了总结。企业在经营活动中，首先要解决的是和谁做生意的问题。但是，从风险管理的角度看，不和谁做生意，不做什么样的生意，则更为重要。因此，企业在合同管理中还要解决不和谁签合同的问题，也就是不和什么样的人做生意的问题。这个问题不明确，也会给企业带来重大的损失。本书将其总结为“三不做”，即不和没钱的人做生意，不和小商人做大生意，不和夫妻店、父子店做生意。

第五，将尽职调查纳入合同全过程管理的框架内进行了理论上的研究。尽职调查作为企业管理的一项重要工作，属于企业经营的日常性工作，对管理层的决策有着重大影响，决定着经营活动的成败。本书结合合同管理，对尽职调查的主体、程序、方法进行了理论上的总结。

尽管当今是一个功利主义盛行的时代，但仍然有一部分坚守理想主义情怀的人。他们在企业工作，就以企业的兴盛为己任，为自己人生的第一价值选择。因此，为了公家的利益，他们可以着急上火，可以彻夜难眠，可以毫不顾及自己的私利。企业需要这样的人，我们的社会也需要这样的人，他们是企业的中坚力量，也是我们这个社会的中坚力量，是我们国家和民族的支柱。

致力于建立规范的公司治理结构，从而有效防范风险，保障企业利益，这是公司法务人员的共同理想和实践目标。希望本书的出版，能为企业合同管理作出贡献，也能为合同理论、合同法理论和管理理论作出自己的贡献。

目录

第一章
CHAPTER

合同全过程管理的概念和意义

事物都是以过程的方式存在的。合同管理也是一个过程，过程的各个阶段是有机的整体，是不可分割的，因此，合同管理必须始终坚持全过程管理的理念。正确的理念是管好合同的基础。合同全过程管理已逐渐成为现代公司合同管理的核心内容。

第一节　合同管理的基本理念

合同管理是公司管理的基础性工作。思维方式是合同管理的方法论依据，是管好合同的主观因素。合同管理理念应贯彻系统性、前瞻性、专业性、可诉性的原则。

一、合同管理在公司管理中的地位和作用

公司的一切经营活动都是建立在合同的基础之上的。因此，合同管理是公司管理的基础性工作。具体体现在以下三个方面。

第一，合同是公司建立和解散的依据。公司始于股东之间的合意，没有股东之间的合意就不会有设立公司的行为。公司章程从本质上看也是股东合作合同的具体化和股东意志的实现。没有股东之间的合作合同就不会有公司的设立。同样地，公司解散也需要股东基于合作合同的约定。当然，破产清算属于另外的法律关系。合同贯穿于公司“由生至死”的各个环节，是公司重要经济活动的载体，

是实现公司经营目标的依据，在公司经营中居于核心地位。这就决定了合同管理工作是公司日常经营中一项必不可少的基础工作。

第二，合同是公司内部管理的依据。公司在设立之后，如何构建公司治理结构，权力如何分配，如何制约，公司的收益如何分配，都是要通过股东之间的合作合同预先设置好的。否则，公司章程就无法制定，公司也就无法运营。公司对员工的管理，也是通过劳动合同实现的，否则，公司对员工的管理就没有依据，就没有办法对员工进行管理。公司法定代表人对其他高级管理人员的授权，也可以视作一种委托合同，否则，其他高级管理人员也无法开展工作。因此，合同是维系公司治理结构稳定的内在依据，是维持治理机构正常运转，明晰公司员工定位与职责的载体。

第三，合同是公司与交易对象开展经营活动的依据。公司的运营是由一系列的交易活动构成的，而公司从事的一切交易活动都必须以合同为依据。一项交易，从交易对象的选择，到支付、交付，都必须以合同为依据。没有合同，交易便无从开展，公司便无法生存。合同是交易对象完成既定交易模式的依据，对公司来说，无数个交易过程构成公司的经营过程，无数个合同支撑、保障着公司的经营过程，公司的各个部门，也是以合同为依据运转的。只有通过合同才能固化出相应的交易主体、交易类型、交易内容、交易程序和交易方式。

但是，长期以来，公司的业务人员、管理人员，包括法务人员在实际工作中往往把重点放在合同签订、履行这样的具体事务上，对保证合同依法合规签订、正确履行等过程管控性的工作却不够重视。实际上，合同签订了、履行了，并不等于正确地签订、正确地履行。签订、履行一个不合规的、风险巨大的合同，给公司带来的损失可能是致命的。因此，作为公司的合同管理人员，要追求的目标应该是正确地签订和履行合同。对于那种片面追求效率，忽视风险的合同，应该坚决予以拒绝。失去一次商业机会，并不会对公司造成致命打击，只要人类社会还存在，商机永远都在，永远都会有更好的商机在前方。世界上并不存在失去一次商机就导致公司倒闭的事例，但签订一个风险巨大的合同，却完全可以导致公司倒闭。

要保证一个合同从磋商到履行，不出现大的风险，不掉入合同陷阱，不被牵入交易对象的泥潭，顺利实现合同目的，就需要设计一套系统的流程来保证各个环节的经办人员、管理人员能够客观地评价合同的价值和风险，保证合同风险的可控，保证合同的适当履行。而这一系列的流程需要相配套的规章制度来作为依据和保障，并建立相应的组织机构。这就是合同管理要担负的任务。

合同管理的目标有三个：一是保证合同正确地签订并履行，二是有效控制风险，三是创造价值。公司的经营活动从签订合同开始，那么，首先面临的一个选择就是和谁签订合同，不和谁签订合同。相比较而言，更重要的是，公司的管理人员要清楚不和谁签合同。合同的签订必须要有选择，必须坚持的一个基本原则就是只和符合自己选择标准的对象进行交易。不符合自己选择标准的对象，即使给出更优惠的条件，也不和他们做交易。选择和谁签订合同，决定了合同管理的三个目标能否得到实现。

二、思维方式对实践的指导作用

所谓思维方式，就是人在长期的社会实践中形成的具有稳定性的认识事物的方式、方法。思维方式是人的世界观、价值观、人生观在认识活动中的反映。按稻盛和夫的观点，思维方式是实践能否取得成功的最重要的因素。① 稻盛和夫是一个成功的企业家，在企业管理的实践中，他取得了巨大的成功，是教父级的人物。他对管理理论的影响是巨大的，对公司管理实务的影响也是全球性的。他的思想对我们理解思维方式在公司管理中的作用具有指导意义。

人的认识来源于实践，认识又对实践具有指导作用，这是从认识的源头上界定的哲学命题。在实际生活中，我们的任何实践活动都是在认识的指导下进行的，我们的大脑不可能是空白的，不存在无意识的实践。这种指导作用实现的前提是具有正确的思维方式。否则，在错误的思维方式指导下，只会让实践步入错误的道路。理论错了，实践就会走上歧途。

之所以强调思维方式的重要性，主要是为了让公司管理者，尤其是从事公司法务管理工作的人员和分管法务工作的领导，有一个正确的思维方式，认识到思维方式对搞好法务管理工作的重要性。只有树立了正确的思维方式，才能搞好合同管理工作。要成为一名合格的公司法务管理者，不仅要具备基本的合规思维和法律底线思维，还需要充分理解所在公司的战略意图和利益最大化的需求。真正与公司深度融合的法务人员，是以解决问题为导向，以维护公司利益最大化为目标的管理者，而不是纯粹的只知引用法条的学者。

---

① ［日］稻盛和夫：《思维方式》，曹寓刚译，东方出版社2018年版，第7页。

三、法务人员的思维特点

法务人员思维的最基本特征是理性思维。理性思维的起点是黑格尔和康德的哲学，其显著特征就是理性主义和逻辑思维。理性思维是有规律的，是由一系列概念、判断、推理所组成的对事物进行认识的方法。法务人员的思维应该摒弃情绪的成分，减少感性思维，以理性思维为主。公司法务人员和司法人员、科研人员相比，有自己的思维特点。法务人员所独有的思维特点，就是公司法律思维。公司法律思维的特点主要有以下几个：

1. 合法合规性思维。

公司法律思维的首要特点是合法合规性思维。合法合规性是公司经营的基本要求，也是公司存在的基础。因此，法务人员在工作中要建立的第一个思维方式就是判断公司的行为是否合法、合规。从实践来看，目前，法务人员、公司管理层在合法合规性思维上仍有相当大的提升空间。更精准的判断是，目前公司在合法性经营方面做得比较好，但在合规性经营方面，则存在相当大的问题。主观性决策主要表现为违规，而很少出现违法行为。

2012 年国务院国资委面向中央企业第一次提出了“全面风控”的概念，要求企业从法律风险管理开始走向内涵更为丰富的“合规法务”。2014 年《中共中央关于全面推进依法治国若干重大问题的决定》第一次提出“加强企业社会责任立法”。中国公司合法合规性与法务建设应从公司治理结构、内控机制和社会责任三个维度切入。思想上的转变和实践中的教训使得越来越多的中国公司意识到“合规法务”是防控经营风险乃至拥有竞争力的核心标志。以国企为代表，避免随意决策的合法合规性意识不断提高。同时，这些变化也对法务人员提出了更高的要求。

2. 公司利益最大化思维。

对于公司的管理者而言，在合法合规的基础上，必须将公司利益最大化放在首位。法务人员必须满足管理层的这一基本要求。一般而言，公司的行为都是市场竞争性的行为，都是利益的博弈。因此，在守法和符合职业道德的前提下，必须坚持本公司利益的最大化，为公司把好关，这是所有法务人员工作的最终目标。

公司法务人员作为公司的员工，要赢得公司管理层、业务部门的重用和信任，必须要理解公司的目标和战略，以及具体的业务流程，必须以积极的态度配合业务部门的工作。法务部门的目标和业务部门的目标应统一，也就是在合法的框架下把公司的利益最大化。这个目标一致了以后，即使大家的关注点不同，但是有问题或者分歧还是有解决办法的。法务部门和业务部门争论的焦点，一般集中在对风险度的理解上，在无法达成一致的情况下，无外乎也就是由公司的领导来决定是否在对风险采取对策之后继续进行一项业务或放弃一项业务。

3. **系统性思维。**

公司管理是一个系统工程，法务工作只是整个公司系统中的一个子系统。因此，法务工作必须纳入整个公司这个大系统中，协调好和其他子系统的关系。不能只停留在法务的立场上，还必须兼顾整个系统的要求，才能做好法务工作。例如，法务人员要在成百上千份业务合同的审查系统归纳出整个公司经营体系的业务风控要点和规律，就要求在擅长个案分析处置的同时，更要运用系统性思维和专业的技术规范，归纳出类型化法律事务的处置和应对措施，使法务管理有规律可循，有规则可守，彰显为一项高大上的工作，避免给人造成法务工作零散和随意性的感觉。

4. **开放性思维。**

法务人员的思维必须是开放性的。要坚决克服故步自封、就法论法的思维方式，必须要把对公司的法律服务放在整个公司的经营活动中去。法务思维最忌封闭自己，只站在法务的立场上看问题、处理问题，更不可以法律专家自居，剥夺其他部门的发言权。要搞好法务工作就必须树立开放性的思维，站在全局性的立场，站在其他业务部门的立场上看问题、解决问题。只有这样，才能真正搞好法务工作。作为公司法务人员，要以公司全局战略为纲，以开放的战略思维处理法务工作。开放性的法务管理首先要求法务人员有开放的心态和包容的姿态，为了公司利益可以打破常规而不违法违规。为公司营造一个平等、开放、创新的法治环境。

5. **底线思维。**

在公司经营中，不可避免地会发生一些和法律、法规及规范性文件相冲突的行为。这种冲突并不必然导致违法。公司法务带着底线思维和红线意识的同时，应致力于给公司业务“指路”而非“堵路”。如在房地产开发项目中，部分制度设计上的缺陷不是短时期能改变的。在这种情况下，公司法务人员要做的就是将这种与制度设计相冲突的行为所导致的最坏结果揭示出来，并衡量这种冲突行为和公司所能得到的利益之间的关系，给业务部门指明一条可实现利益最大化的“进路”。如果轻微的冲突行为带给公司的效益远远大于公司可能受到的处罚，则这种行为是可容忍的。

法务人员法律思维与一般法律人的思维有着明显的区别：

1. 立场不同。

法律人的思维一般是站在法官、检察官和其他法律机构的立场上，在法律适用过程中保持高度的独立性，对法律进行严格符合立法本意的理解，并将之应用于审判和检察实践中，维护的是社会公义。大学的法学院就是这样教导学生的。而法务人员的思维，是站在本公司的立场上，仅以独立的专业判断，在不违法的前提下，尽最大可能维护本公司的利益。公司法务人员必须具有维护所在公司利益的坚定决心和立场。

2. 对法律条文理解和适用的方法不同。

法官、检察官代表国家意志，主观上必须站在对法律最公正理解的立场上维护各方的权益。同时，他们也被严格限制对法律的理解，原则上是不允许对法律作出自己的解释的。而法务人员的法律思维则表现为他们可以对法律条文作出自己所理解的解释。在对公司的经营行为进行合法合规性审查时，法务人员也可以根据这一思维方式进行判断，只要不违反法律的强制性规定，即可判断为合法合规。法务人员对法律的理解和适用可结合公司实际获得利益，从而获得更有针对性、维度更宽的理解。

3. 合法性与不违法性的区别。

一般法律人的思维遵循的基本原则是法有明文规定才是合法。例如，《公司法》规定，公司股东有知情权，那么，股东行使自己的这一权利就是合法的。而法务人员法律思维则遵循不违法即为合法合规的原则。对于法务人员来说，必须严格区分合法与不违法的概念。合法就是从事法律明确允许的行为，不违法就是不从事违反法律禁止性规定的行为，或者说，法无禁止即不违法。一般法律人思维重点是判断一个行为是否合法，而法务人员法律思维判断的重点是是否不违法。因而，法务人员的思维方式具有更广阔的视野。事实上，法务人员也必须比司法人员具有更广阔的视野，否则，便很难适应公司法务工作。

四、合同管理的基本理念

在社会生活中，理念是指导人们行为的决定性因素，也是人生价值实现的决定性因素。高屋建瓴的理念，能使一个人有理想、信念，有做大事、为国家建功立业的崇高情怀。如果一个人的理念就是局限于自己的小圈子，过一段舒适的生活，那么，这个人的人生目标就会局限于眼前利益，而没有远大理想。不树立先进的理念，就不会取得事业的成功。合同管理的理念应该有以下四个：

1. 系统性。

合同管理是一个系统工程。因此，必须要有系统思维与之相适应。系统具有整体性、结构性、开放性等特点。所谓系统思维就是按照事物存在的方式及其特点进行思维。在认识事物的过程中坚持对事物进行整体性、层次性、结构性的分析，并以之指导实践。

对一个集团公司而言，合同管理是全集团范围内所有部门、所有人的共同工作，不单是法务部门和法务领导的工作。因此，必须放在全集团战略、经营中进行合同管理，不能局限于法务部门一家的意见。法务部门的意见也要服从集团的整体战略和经营。

系统在组织结构上表现为层次性和网格状联系，事实上，大型集团公司必须建立起科层制的管理体制，分级管理、层层授权。体现在合同管理上，也必须是分级管理，层层授权，总部不可能管完全部的合同。全部管完，既无必要，也无可能性。要害在于设计一套合理的授权管理机制，既保证总部的管控，又充分发挥下属单位的积极性、能动性。同时，也要保证总部部门之间的分工合作既是相互制约的，又是相互配合的，实现效率与管控之间的平衡。

系统是开放的，封闭系统必然陷入死循环。作为法务人员，思想必须要有开放性，不断接受新理念、新技术在管理中的应用。法务人员要克服自己思想上根深蒂固的保守理念，接受最新的事物、最新的知识，跟上时代的步伐。切不可陶醉于自我封闭之中，以专业人员自诩。要终身学习，不仅仅是学最新的法律法规，也要把其他领域的专业知识当作学习的重点。当一个人选择了法律职业，实际上就是把自己放在了比从事其他领域的工作具有更繁重的学习要求之中。

2. **前瞻性。**

法务工作的重点在于防范经营风险的发生，防范风险比事后补救的意义更为重大。合同管理强调事前管理，在合同签订前必须把可能存在的风险都考虑周全，并有相应的预案，才能正式签订合同。谋者皆从事于除患之道，而先使除患无至者。① 就是说凡善于谋划的人都注重防范灾祸的方法，做事之前先把灾祸除掉，使它不发生。最成功的法务管理就是使公司不发生风险事件。

尽管法务追求的目标是不发生风险事件，但实际上这是不可能实现的。由于社会生活的复杂性，公司在运营过程中，总是不可避免地会发生风险事件。法务的工作要务是要预估风险，并提出相应的预案应对风险，并努力将发生风险的可能性降到最低。预案包括预防风险发生的措施，也包括风险发生后的应对措施和对风险度的评估。

3. **专业性。**

首先，合同管理是一项专业性很强的工作，绝不是学了“六五”“七五”普法读本，或者每天中午看看电视台的今日说法就可以胜任的。合同管理必须要由专业的人管专业的事，必须是接受过专门学习并且还在不断学习的人才能胜任。

这种专业性首先应表现为具有专业知识，是系统学习法学理论的结果。一个从事专业工作的人，必须经过系统的理论学习，这是做好工作的基础。没有扎实系统的理论功底，是不可能做好实际工作的。

其次，专业性应表现为从事过或正在从事这一工作。实际工作经验对搞好工作是非常重要的，经验就是理论和实践相结合的结果，就是在实践中不断纠错，不断进步的结果。一般来说，至少需要专门从事某一工作两年以上，才可能积累到有用的经验。法务工作是一项实践性很强的工作，丰富的工作经验和社会生活经验可以使人更好地判断风险，判断人性，判定交易对象的可信度。事实上，法务工作也和生活常识是完全一致的，违背生活常识和人性的交易，必然是风险极大的交易，甚至可能全部都是骗局。比如，年回报达到30%甚至50%的投资。世

---

① 《战国策·燕策二》。

界上没有免费的午餐。但遗憾的是，人们往往相信天上会掉馅饼，这就是风险的开始。

再次，专业性应表现为把这个工作做得更好。任何一项工作，只要比同行超过一半的人做得好，就站在了事业的高端，当然，如果比超过90%的人做得更好，那就是顶级水平了。这应该是有事业心的法务人员追求的目标。

最后，专业性要表现为良好的职业道德。法务人员应热爱自己的职业，有崇高的职业荣誉感，有历史使命感。在实践中应体现为不计较个人利益的得失，一切以法律法规为依据，始终维护法律尊严和公司利益。接受过系统的专业教育，再通过几年的工作实践，在经验上、理论上，大部分法务人员的业务能力都会达到胜任工作的要求，是否能将工作做得更好，为公司和社会作出更大的贡献，主要取决于职业道德。职业道德高尚，就会时刻将公司利益、社会责任放在第一的位置。相反，如果职业道德全无，就会利用一切机会不择手段地谋取私利，祸害公司和社会。

4. **可诉性。**

合同是为了打官司而准备的。法务人员在合同管理过程中，始终要注意诉讼的问题，以最坏打算，把一切合同都放在要面临诉讼的前提下进行管理。

合同管理中考虑问题的出发点应始终站在法庭质证的角度对合同业务过程进行完善，这样才可能使自己立于不败之地。一旦发生纠纷，要知道对方的律师也是专业人员，在法庭上双方是真枪实弹地交锋，没有人情可讲，没有同情心可以利用。因此，任何侥幸心理，任何细微的疏忽都可能导致败诉，导致重大损失。尽管大多数合同在履行后都感觉没有存在的意义，但法务人员仍然必须以诉讼的要求来完成合同的起草和审核，以所有业务都可能面临合同之诉的危机意识，提示所有合同业务人员按照诉讼时的证据要求认真对待合同各阶段的业务资料，尽可能留存可诉性强的原始证据，形成完备的可诉证据链。要把证据链的概念深入头脑，做到及时、客观、全面地收集与保存证据，更有效、更清晰地明确合同各方的权责关系，提高合同纠纷解决的胜诉率。

第二节　公司合同管理中存在的主要问题

经过多年建立现代公司制度的努力，现在大多数公司都比较重视合法合规性管理，对合同的管理也在努力走向规范化。但是，由于管理者本身的能力和认识问题以及社会大环境的影响，即使在许多大型公司里，合同管理方面也还是存在许多不规范的问题，由合同管理不规范引起的风险事件发生率也很高。

一、目前合同管理中存在的主要问题

在目前公司合同管理的实践中，存在以下九个较为普遍的问题。

1. 思想观念上仍然没有真正重视合同管理工作。

正确的理念是做好一切工作的前提。思想上不重视，行动上肯定就不会重视。在我国现在的公司管理中，真正做到依法治企还有漫长的路要走。业务部门常常抱怨法务部门天天喊狼来了，搞得到处都是风险、到处都是敌人似的，怎么实际上这么久了也没看见真的发生风险。觉得法务部门在人为增加工作量，影响经营效率。我们承认大部分合同都得到了有效的履行，但这和风险是不同的问题。一个大型公司辛苦经营一年，利润也就几千万元，但是，一个风险，就可能带来几亿元的损失，可以侵吞十年的利润，甚至导致公司破产。在思想观念上，很多公司，上至决策层、下至业务部门并没有真正重视合同管理工作，甚至未建立相应的管理机制，没有上升到公司全局战略的高度看待合同管理。

公司法务的工作内容之一就是防止公司在经营活动中发生合同风险，即使因为防控风险的需要造成效率有所降低，也是必要的代价。因为这个代价和可能面临的风险相比，明显是值得的。

重视合同管理是必要的，但是，怎么才能做到重视呢？一个公司的领导应该怎么做才算是重视合同管理了呢？必须要做到三点：一是思想上高度重视合同管理工作，二是行动上建立相应的合同管理机构、配备必要的人员，三是支持合同管理机构和人员的工作。

2. 重谈判阶段管理，轻履行阶段管理。

许多公司在谈合同的时候会派出庞大的队伍，就合同条款进行细致磋商，法务人员也是逐字逐句地进行把控，力求合同完善。但是，在合同的实际履行中，却往往会失去控制。实践中，许多公司的经办人员对合同履行到了什么阶段都不清楚，甚至履行中出现了对方违约，而己方却仍在继续履行的案例。

具体而言，公司业务人员对履约阶段的跟踪控制没有明确的概念，公司没有建立具体可行的合同履约检查机制，且业务人员因为业务烦琐，无法对所有合同的履约进度进行有效监控。实务中，不惜违背合同约定寻求“变通”履行合同的情形普遍存在，因此怠于进行合同履约管理，反馈的履约信息不及时，履约检查浮于形式，没有实质内容，无法实现过程风险管控。以上种种都是这一问题在实践中的反映。

3. 重合同拟定、履行阶段管理，轻履行后管理。

相对于对拟定、履行阶段的管理，许多公司对合同履行后的管理更为忽视。首先，从观念上，许多合同经办人、管理人员错误地认为，合同履行完，就是万事大吉了，对于合同履行后应该继续做什么、怎么做，没有一个基本的概念。因此，在许多情况下，合同履行完一段时间后，对方提起诉讼，本方却没有任何思想准备，甚至应诉材料都找不齐。对于在合同履行后可能存在的纠纷没有预案，在发生诉讼或对方索赔时仓促应对，容易造成被动局面。

在实践中，有些合同的相对方律师会建议当事人不要急于提起诉讼，而是等一段时间后再提起诉讼。这是律师诉讼管理的一个策略，就是寻找最合适的时机起诉，以最大可能地胜诉，而不必在违约一发生就急吼吼地诉讼。对此，作为公司合同管理工作的一个重要内容，就是必须做好合同履行后的管理工作，以应对可能发生的诉讼。

4. 重合同正本管理，轻附件管理。

附件是合同不可分割的组成部分，和合同正本有同样的法律意义。但是，许多公司对合同附件的管理却并不重视，甚至出现附件丢失的现象。有些业务部门的经办人员对什么是合同附件并不清楚，因此，对对方发来的电邮、手机短信等不能及时保存，也不及时给主管人员反馈，甚至将这些附件删除，造成证据缺失。

事实上，在合同管理实务中，附件的数量远远大于合同正本。尤其是一些履行期限较长的合同，在履行中总是需要根据情势变化不断签订补充合同，或不断通过传真、电邮、手机短信、微信等通信方式对合同条款进行修改，这些修改同样是合同的有机组成部分，也是合同权利义务的证据，如果不规范管理，同样会带来风险。

5. 重合同制度建设，轻制度执行。

在现阶段，大部分公司的合同管理制度都比较健全，起码基本的合同制度是有的。但是，中国公司一个共同的问题是大部分制度的执行都难以落实，合同管理制度也面临同样的问题。业务部门，甚至一些公司领导，往往都会以提高效率为名，要求对合同管理制度进行变通。从公司的经营实践来说，有时做出变通也是必要的。但是，变通必须是个例，绝对不应成为常态。如果变通成为常态，合同管理制度就失去了存在的意义，公司的风险将不可控。

制度一旦制定并颁发，就应该得到严格执行。公司的风险管理实践证明，严格执行制度的公司，风险都能得到有效控制，而那些经常变通的公司，最后都会面临重大的风险。许多重大的风险往往是由一次变通引起的。

这里特别要注意集体决策违反制度的问题。在强调集体决策的情况下，一些公司领导会通过班子会、办公会等形式形成违反制度规定的决策，从而逃避自己的决策责任。这种所谓以集体决策的形式违反规定的行为是不可接受的。任何集体决策都必须建立在遵守制度规定的基础上，集体决策绝不能成为违反制度规定的借口，就像我们不能集体决策去偷盗、抢劫一样。

6. 合同管理机构不健全，人员不到位。

合同管理是一项专业性很强的工作，并不是随意找一个人来都可以管好的，专业的工作必须由专业的人来做。管好一项业务的基本条件是要有相应的机构和人员。但是，许多大型公司，就是舍不得设立一个法律事务部来处理法律事务。一些公司的领导人在观念上仍然认为法律程序阻碍了公司的决策效率。

而法律人才的短缺又加大了这种风险。因此，许多大型公司不得不让非专业人员来做合同管理工作，有些公司的法务人员还是由担负着别的工作的人员兼职的，这样肯定就没法管好合同。

7. 合同管理主体多元，分工不明确。

任何一项工作，如果交给两个以上的人去管，百分之百是管不好的。两个以上的人去管一项工作，与其说是为了加强工作力量，不如说是为了让他们更好地互相扯皮、内斗。也许这是领导艺术，但对做好工作没有任何积极意义。

分工要有明确的界限，要把责任落实到个人，不落实到个人，实际上就没有人负责。目前存在的一个普遍现象是部门之间分工界限不够明确，责任未能落实到个人，从而导致细致的工作较难落实。各个业务部门管什么要有明确的界限，职责要落实到个人头上，这样才能做到分工明确，出了问题可以找到负责任的人，也才能有效防范风险。

8. 尽职调查工作不全面，流于形式。

这是一个极其普遍的问题。时下，许多公司惯用的尽职调查方式是由一个分管副总经理带队，组织业务部门到对方目标公司去进行尽职调查。流程一般是这样的：首先由对方介绍一下公司情况，一般是观看一段由对方精心制作的宣传短片，然后看看账目，翻翻合同，吃个饭，喝几杯酒就回来了。时间往往不超过一天，许多投资上亿元甚至几十亿元的项目就是这样进行尽职调查的。这种走马观花式的尽职调查，所得全为表面现象，根本不能深层次、全方位地了解对方公司。这样的尽职调查根本不能客观揭示风险、起到尽职调查的作用，纯属浪费时间和金钱。

有些公司把尽职调查全部委托给中介机构进行，己方不派人参加，全部以中介机构的工作成果为决策依据。有些公司做尽职调查时，谁立项谁进行尽职调查，运动员和裁判员是同一群人，这样的尽职调查，客观性都值得质疑，实际上没有任何意义，白白增加了公司的支出。

9. 合同面签制度很少得到有效落实。

重要的合同必须要对方法定代表人或其委托代理人在己方人员面前当面签字、盖章。这样做的目的是确保在合同上签字的人确实是对方的法定代表人或其委托代理人，避免冒名顶替的事发生。实务中这样的案例非常多，发生合同诈骗后，对方声称不是自己签字，所盖印章亦不是自己的印章，或者坚称是自己方面的工作人员冒用自己名字，违规使用印章造成的。出现这样的情况，一般是合同诈骗的概率大，一旦发生，所造成的损失是难以挽回的。

合同面签制度之所以难以落实，很重要的一个原因就是经办人员抹不开面子，觉得要对方法定代表人当面签字难为情。尤其当对方是名气大的企业，法定代表人又是所谓名人时，更觉得难以开口要对方面签。对此，我们要坚守商场规矩，不管多大的公司，多有名的人，在合同关系中都是平等的。

二、目前合同管理中问题产生的原因

合同管理没有起到有效提高效率、防范经营风险的目的，既有思想观念方面的原因，也有体制和领导方面的原因。

1. **思想观念方面的原因。**

归根结底，从思想观念上，一些公司的管理人员对合同管理工作仍然不够重视，认为合同管理是次要的工作，只要不出问题就好。合同管理固然是辅助性的工作，不能和主业相提并论，但合同管理工作的结果，却严重影响着主业的经营。从效益上说，合同管理做好了，就会大大提高公司的经营效益。从风险上说，有效防范了风险，就是最大的效益。不出风险事件，即使不做生意，还有本钱在，而一旦出了风险，可是要赔了本钱的。但是，从目前一些公司内部的思想状况看，对这两点的认识仍然是不够的。

2. **体制方面的原因。**

目前，即使在一些大的集团公司，仍然没有设置独立的法务部门。法务部门往往和审计部门、监察部门合并设立。在这样的部门中，正职领导往往不是由法务担任，而是由其他业务领域的人担任。在这种情况下，要充分重视法务工作，就面临很大的困难。

一些公司管理体制不顺，没有将合同事务集中于法务部门统一管理。这些公司对合同进行的是分散化的管理，各个业务部门管自己的合同。法务部门只是协助管理，没有起到集中管理、协调指导的作用。这样的管理力度肯定不够，在没有被明确授予合同统一管理权限的情况下，法务部门也很难发挥自己的作用，对其他业务部门的指导往往也难以得到落实。在这种混乱的管理体系下，公司甚至不清楚自己到底签订了多少合同。

3. **领导方面的原因。**

在任何公司中，领导都是决定性的因素。合同管理采用什么体制，合同管理能否真正起到作用，都取决于公司领导的管理思想。一个公司，合同管理出现种种不合规的行为，并引发风险事件，都和领导的思想密切相关。如果领导一直认为合同管理是辅助性工作，是人人都可胜任的工作，甚至将规范化的合同管理视为影响决策效率，影响公司经营的行为，那么，这样的公司发生合同风险是必然的。至于少数公司领导心怀私念，总想着以权谋私，那么，法务部门肯定就是他的眼中钉了。

如果一个公司的管理层，尤其是主要领导，能够坚守初心，始终坚持合法合规经营的原则，并把合法合规经营当作合同管理的基本原则，那么，这样的公司就大概率不会发生大的合同风险。

三、合同管理方面存在问题的解决思路

使全公司上下都充分认识到合同管理工作对提升效益、防范风险的重要作用，并做好制度建设，促使领导层坚持合法合规经营，是管好合同的基本思路。

1. 认识合同管理的重要性。

对于合同管理在公司经营中的重要性的认识，不能仅限于法务人员，而是要贯彻于全公司每一个人的思想中，从基层的员工到公司高级管理人员特别是公司的“一把手”，都必须认识到合同管理的重要性。思想决定行动，只有树立了正确的思想，才能在实践中管好合同。

2. 做好制度建设。

制度建设是管好合同的关键因素。坚持依法治企，就首先要做好公司的制度建设。公司的一切决策、流程，都要以制度的规定为依据，避免随意决策，杜绝拍脑袋决策。完善的制度是基础，但是，坚决执行制度才是起决定性作用的因素。许多公司都制定了完善的制度，甚至重金聘请中介机构进行制度建设，但在决策和流程上，却往往不按制度办事。制度沦为一纸空文，这样的制度建设就没有实际意义。

3. 促使领导转变观念。

公司领导的观念转变需要法务部门的工作来推动。一方面，要加强宣传，不断向领导层灌输合同全过程管理的理念。要知道任何人的思想都不是凭空产生的，都需要一个学习、接受的过程。领导层的大多数成员并不是法律专业人士，也缺乏系统的合同管理经验。这就需要法务部门的人员，尤其是总法律顾问，利用自己的工作便利，不断向管理层灌输合同全过程管理的理念。另一方面，要通过事实、工作成果来展示合同管理取得的成效，来说服管理层接受合同全过程管理的思想。这种事实既包括合同管理所防止的法律风险，也包括通过合同管理所提升了的公司经营效率。

第三节 合同全过程管理概述

合同全过程管理是一项综合性的管理工作。从纵向管理的角度来看，强调对合同进行全面、全流程的管理，而不是仅仅只关注一个方面、一个环节的管理。从横向管理的角度来看，强调全员管理，强调公司所有组织、成员都是合同管理的主体。全过程管理有利于建立全面的合同风险防控体系，最大限度地保护公司利益，提升经营效益。

一、合同全过程管理的概念

合同全过程管理是一个全新的管理理念，同时，也是一个完整的管理体系和流程，是最有效地防范风险，提升效益的举措。

（一）合同全过程管理的理念

理念决定行动。要管好合同，首先必须树立合同全过程管理的理念，并把这种理念在全员中进行宣传贯彻，做到深入人心，转化为全体员工的自觉意识。要实践合同全过程管理，必须具备以下四个理念。

1. 合同管理要贯穿合同从立项到履行后的全过程。

合同从立项开始，到履行后终结，整个过程都必须进行有效管理，每个环节都是全过程管理的有机组成部分，都要把合同管理的理念贯彻始终。合同的整个生命周期是一环扣一环，紧密结合的，任何一个环节出现风险，都会导致系统性风险。因此，在整个合同的生命周期中，都要密切关注合同可能出现的一切风险点，并及时化解。

合同终结并不意味着合同的权利义务终结。在合同履行完毕后，可能也会在一段时间后出现新的风险，因此，合同管理并不能止于合同履行终结，而要延伸到合同的权利义务在法律层面上的彻底消灭。

2. 公司所有部门都是合同管理的主体。

如果只是把法务部门一家当作合同管理的主体，这样的管理理念是不可能管好合同的。合同是公司经营的依据，合同的立项、签订、履行涉及公司的方方面面，涉及所有的业务部门和公司所有的领导，需要大量的数据，需要大量的人员对合同进行跟踪、监控、反馈信息。如果没有其他业务部门的积极参与，单靠法务部门一家，是没有办法进行全过程管理的。

3. 合同管理必须责任到人。

任何管理行为，如果责任不能落实到具体的人，这种管理就没有任何实际意义。管理活动中最怕集体负责制，集体负责制实际上意味着无人负责。集体负责制往往只是推卸责任的一个借口。虽然这种机制表面上看起来人人都要负责，高度重视得很，但本质却是人人都不负责。合同管理牵扯到公司的多个层级、多个岗位、多个人员，是一项综合性的管理工作。在大型公司，一般是总法律顾问牵头，各个业务部门根据分工管理合同的各个环节，但是，不管怎么分工，都必须把责任落实到个人，不能笼统地把责任指派给部门就完了。这项工作的重点在于落实岗位职责和具体的经办人员的职责，而不是仅仅只落实部门职责。

4. 合同管理必须有相应的组织保证。

建立适当的组织机构是公司管理的基础工作，合同管理也要建立相应的组织机构。组织机构建立必须和公司规模、业务模式、公司文化等相契合。对于中小型公司而言，建立一个专门的法律事务机构管理合同可能就胜任合同管理工作了。而对于大型公司集团来说，则必须建立以总法律顾问制度为核心的法律事务管理组织机构。

（二）合同全过程管理的概念

合同管理不是合同实务。但是，在理论和实际中都把这两个概念混同了。许多关于合同管理的著作和论文，其实讲的都是合同实务，怎么签订合同、怎么履行合同、出了风险怎么打官司等，而没有回答怎么才能管好，怎样才能保证合同的正确签订、履行，出了风险怎样才能有效地组织人员打官司等。作为公司法务管理人员，其职责并不是亲自出头去打官司。官司应该由律师去打，公司法务人员要做的工作是如何选择最合适的律师去打官司，怎样保证律师能够尽心尽力地去打官司。

截至目前，我国理论界和实务界尚没有对合同管理的概念做出界定。因此，我们首先给合同管理归纳一个概念。亨利·法约尔（Henri Fayol）在其名著《工业管理与一般管理》中给出了管理的概念，这也是目前学界主流的概念。亨利·法约尔认为：管理是所有的人类组织都有的一种活动。这种活动是由五项要素组成的：计划、组织、指挥、协调和控制。概括来说，管理就是为了实现某种目的而进行的决策、计划、组织、实施、控制的过程。法约尔的管理概念颇受后人的推崇与肯定，形成了管理过程学派。

我们再由亨利·法约尔的管理概念引申出合同管理的概念。所谓合同管理，就是为了实现合同目的而进行的决策、计划、组织、实施、控制的过程。从管理的主体上来看，是全员参与的合同管理行为，并不仅仅是合同管理人员的管理活动。从合同的生命周期来看，它贯穿于合同立项、谈判、履行以及履行后的全过程始终。

二、合同全过程管理的基本环节

合同管理是一个过程。一个合同从立项开始到履行终结，必须经过以下七个阶段。

1. 立项。

合同必须立项，立项是合同的起点。没有立项的合同不得进入评审程序。一些公司合同管理不规范，首先就体现为合同立项不规范，立项的随意性很大，甚至没有立项，直接进入合同评审。立项是合同程序启动的第一步。立项的目的是初步审查所拟办合同是否属于公司的主业，是否必须，是否符合公司业务的基本要求。立项必须得到有批准权领导的批准，也就是只有经过领导批准后，才能进行合同立项，部门负责人无权立项。

2. 尽职调查。

合同立项在得到有批准权的领导批准后，应根据合同类型和交易对象情况，根据公司规定决定是否要进行尽职调查。一般来说，投资项目必须进行尽职调查，合作项目也必须进行尽职调查。贸易项目则根据对象具体情况来决定是否进行尽职调查。尽职调查一般应由法务部门牵头，其他部门参与。一般应进行法律和财务尽职调查、商务尽职调查。尽职调查亦可委托中介机构办理，但重要的尽职调查必须有本单位法务和财务人员参与，不可完全交给中介机构进行。

3. **谈判和磋商。**

尽职调查结束后，应在规定的时限内出具尽职调查报告。根据尽职调查报告，由有决定权的领导决定是否进行下一步工作，即谈判和磋商。如果尽职调查报告揭示了交易对象存在不可继续合作的风险，且没有相应的救济措施，则不必进行下一步工作。谈判和磋商的主体是业务部门和财务部门，法务部门应起辅助作用，主要在谈判和磋商过程中进行合法合规性把控。

一些重大的投资、合作项目，只进行一次尽职调查是不够的。在双方磋商、谈判的过程中，往往会出现新情况、新问题，而这些新情况、新问题是第一次尽职调查所没有涉及的，在这种情况下，则应进行第二次尽职调查。尽职调查是没有次数限制的，公司应视合作对象情况，随时开展新的尽职调查。

4. **拟定合同文本。**

在谈判和磋商就大部分交易条件达成一致的情况下，应拟定合同文本。一般来说，合同文本应由合同主办单位或部门拟定，因为只有他们最了解交易背景和全过程。在有自己合同范本的情况下，应优先使用己方合同范本。财务部门提供财务、税务方面的建议，法务部门提供法律方面的建议。

5. **合同审批。**

以上四个程序主要由业务部门办理。进入合同审批程序后，就进入了决策程序，应在公司领导层面进行。从公司治理结构来说，不应授予部门领导在公司中有决策权，所有决策均应由法定代表人做出，或由法定代表人授权公司高级管理人员做出。因此，合同审批必须由公司高级管理人员进行，即公司副总经理以上级别的管理人员进行合同审批。其他所有人员均不应有合同审批权。

6. **履行。**

合同在得到有批准权的领导批准并签署后，即进入履行阶段。合同主办部门或单位应主要负责合同履行的监控，实行动态跟踪，及时反馈履行进度。财务和法务部门要定期和不定期地进行合同检查，及时发现履行异常，采取必要措施。

合同履行中的资金收支是履行的核心，一切骗局的目的都是钱。把控了资金支付，就堵住了被骗的渠道。因此，财务部门要紧密跟踪资金支付路径，发现与合同不符的情况应立即止付。要满足这一要求，公司就必须建立唯一路径的资金收付系统，不管是什么模式的集团和子公司管控，资金都必须集中管理，一个口进出，不可将资金分散管理。否则，不可能达到防范风险的目的。在信息技术发达的今天，这一目标是能轻易实现的。

7. **履行后管理。**

合同在履行完毕后并不意味着合同的权利义务就消灭了，可能在相当长的一段时间里权利义务还存在不确定性。合同履行完毕后应由主办单位或部门写出合同履行情况报告，报本单位原批准领导审阅后，将合同文本及所有附件一并移交给本单位档案管理部门。

公司应高度重视合同履行后的管理工作，实务中经常出现合同文本或附件丢失的事件，给公司带来很大的风险隐患。履行后管理还有一项重要工作，就是针对本公司合同管理中出现的问题，法务部门和业务部门要进行定期的合同管理研讨，及时总结经验，发现普遍性的问题，并给出改进建议。

三、合同全过程管理的意义

合同全过程管理对于提升公司经营效益，防范经营风险，树立公司良好的治理形象，具有重大的现实意义。

1. **有利于全员树立依法治企理念。**

国家现在致力于建设法治国家，在公司层面上，则是倡导依法治企。依法治企不仅仅是管理层的任务，而是全体员工的任务。合法合规经营要体现在全体员工的行为和思想上。同时，从内部风险防控的角度来说，合同全过程管理把合同责任落实到每一个员工，也有利于员工明确自己的责任和可能面临的风险，使得员工的责任心更为加强。在合同管理中，要鼓励员工对不合规的合同行为进行监督。

2. **有利于防范经营风险。**

合同的签订、履行是一个过程，是一个系统工程，是和社会各方发生复杂商务关系的活动，牵涉巨大的利益关系，面临的客体复杂多样，这种复杂性就导致了合同风险的复杂性。在合同管理的各个环节，都会出现风险，风险具有突发性的特点，突发的风险往往会引发系统性的风险。对于公司来说，要从源头上有效防范风险，就必须在各个环节都建立有效的防范机制，任何一个环节出现问题，都可能引发系统性风险。因此，公司必须对合同进行全过程管理。

合同全过程管理的特点是既要管好全过程的各个环节，又要重点关注两个关键环节，即资金收付和标的物交付。合同的目的最终就落实在这两个环节上，只要牢牢把控住了这两个环节，大的风险就可以得到有效防范。

3. **有利于公司持续健康发展。**

公司要获得持续健康的发展，必须始终坚持合法合规经营。公司经营者必须如履薄冰，如临深渊，非常谨慎地对待风险。因为发生一个大的风险，就可能给公司带来灭顶之灾。任何在公司经营中不规范的行为，都是对公司不负责的行为。只要有违法违规的经营行为，即使当时侥幸过关，但由此引起的隐藏风险却是埋在公司里的炸弹，不知道什么时候就会爆炸，但只要是炸弹，就一定会爆炸。所以，如果要踏踏实实地经营公司，就必须始终做到合法合规经营。

合同全过程管理规范了合同管理，能够有效地防范合同风险，有利于公司的持续健康发展。在中国公司走向世界，和全世界做生意的环境下，必须更重视合规经营，必须按照国际通行的规则做生意，不可耍小聪明，钻空子，既败坏了中国公司的名声，也会给自己的公司带来巨大的风险。

4. **有利于树立规范经营的公司形象。**

随着我国市场的逐步成熟，在选择生意伙伴时都把对方是否规范经营作为一个重要的选择条件，公司管理水准也成为尽职调查的一个重要方面。没有人愿意和一个管理混乱的公司做交易。搞好规范经营是维护客户关系的最佳路径。

5. **有利于更好地做好公司内控。**

内控是公司的一项日常工作，应贯穿于公司经营的各个方面。合同管理是内控的一个重要环节，关系到公司经营的效率和风险把控。因此，做好了合同管理，就做好了公司内控的一项重要工作。设计一套合理的合同管理流程，能够有效地防范经营风险，因为流程能够形成业务部门和子公司之间的相互制约，避免个人决策。实务中，凡是出现巨大风险的公司，都在合同管理流程上存在缺陷，或者不按照流程执行，从而给别有用心的人造成可乘之机。

第二章

CHAPTER

合同全过程管理的基本要求

开展合同全过程管理工作，需要满足一定的要求。本章围绕合同全过程管理的目标，对合同全过程管理的原则和具体实现途径进行阐述，从宏观到微观为合同全过程管理工作的开展指明方向、原则性要求和具体路径。

第一节　合同全过程管理的目标

合同全过程管理的目标，主要是解决公司为什么要进行合同全过程管理这个问题，它是公司合同管理的出发点和落脚点，贯穿于合同管理始终。明确合同全过程管理的目标，有助于公司管理层在宏观上把握合同全过程管理并有利于实施。合同全过程管理的目标，按照层级和重要性可分为总体目标和基本目标。

一、合同全过程管理的总体目标

合同全过程管理的总体目标即帮助公司健康、稳定、可持续发展，它是合同全过程管理所要实现的终极目的，体现了合同全过程管理的价值所在。

健康、稳定、可持续发展是公司其他工作得以顺利展开的前提，也是公司管理的终极目标。因此，合同全过程管理的一切工作都必须围绕着公司的健康、稳定、可持续发展这一目标而开展。合同全过程管理的总体目标中，第一要义是发展，发展是公司生存的基础。公司的发展必须要健康、稳定、可持续，这就要求合同全过程管理工作必须服务于公司经营中心，不断融入公司生产经营管理各项工作，满足公司内在发展需求，以助力公司发展。发展又要求公司法务更好、更全面地开展公司合同管理工作，克服传统合同管理的缺陷，在做好合同审查、合同纠纷处置等合同管理常规工作的同时，将工作重心往前、往后铺开，从操作性、事务性管理向战略性管理转变，更多服务于公司管理战略上的需求，从全过程把握好合同管理，确保公司健康、稳定、可持续发展。

公司法务必须要明确合同全过程管理总体目标，公司其他管理者也同样要对此有清醒认识。一方面，公司领导者只有认可了合同全过程管理与公司经营发展目标一致，才能对公司合同全过程管理工作给予充分重视，支持公司开展合同全过程管理相关工作。公司领导者的理解支持对公司合同全过程管理工作可谓至关重要，是合同全过程管理工作顺利进行的决定性因素。另一方面，业务部门也要摒弃法务部门合同风险提示、设置合同审批流程是给经营活动“找麻烦”的偏见，主动寻求法务部门的介入并配合其开展相关工作。特别需要强调的是，在合同前期磋商阶段就应当让法务人员介入，以做好合同前期风险把控。合同履行过程中业务部门、财务部门也要与公司法务建立密切通畅的工作交流机制，搭建履约情况信息共享通道，一旦发生违约或有违约风险，要及时通报法务部门，以便在履约风险处置中占有先机。

二、合同全过程管理的基本目标

合同全过程管理的基本目标，是公司合同全过程管理工作所要取得的具体成效，主要包括创造价值、提升公司管理水平、维护公司利益不受损害和增强全员风险意识等。

（一）创造价值

公司存在的意义是追求利润、创造价值。创造价值的方式是通过经营活动获取利润。但是，除了生产经营活动可以创造价值之外，通过有效规范的管理和内部控制，也同样可以创造价值。

传统的合同管理目标主要是防范风险，规范化经营。但是，在当代，公司的领导人必须转变观念，深刻认识到合同全过程管理也是创造价值的过程。合同全过程管理并不是采取消极的防御策略，到处去堵漏洞，而是要结合公司的战略、经营目标，坚持价值创造和效益导向相结合，在思想上积极转变合同管理的观念，在实践中转变合同管理的模式，从注重文本审查、事后监督和纠纷处理等，向事前预防、事中控制和事后处置相结合的管理模式转变，从被动到主动、从职能到流程、从模糊到标准的转变，建立以价值创造为核心的合同管理模式，是确保公司实现整体价值最大化的重要方式。

（二）提升公司管理水平

合同作为公司经营活动的依据，是公司最重要的法律文件之一。合同管理水平反映着公司的管理水平，反映着公司依法治企的层次，是公司防范法律风险和市场风险的关键切入点，决定着公司的经营成效。合同管理混乱的公司，其经营肯定是失败的。合同全过程管理是提高公司经营效益的管理活动，它涉及公司的各个方面、各个环节，是公司管理的重要内容。完善合同全过程管理工作，有助于提升公司管理水平。

1. 合同全过程管理在公司管理中的体现。

公司管理分为内部管理和外部管理。合同全过程管理之于公司管理，主要也是通过外部管理和内部管理两种渠道体现出来的。

外部管理方面，公司与其他市场主体开展经济往来，主要是通过合同形式进行的。合同是公司对外进行经济活动、实现其经济目的的依据，也是发生违约纠纷时维护自身合法权益的基本依据。成熟的市场经济是法制经济，法律是市场经济主体所应共同遵守的法则，合同则是属于合同当事人之间的法则。合同直接体现了公司的意志和利益。合同签订和履行的过程，实际上是公司主动或被动与特定的合同相对方为实现自身利益互相博弈的过程。合同全过程管理是公司参与生产、交换、分配及消费等市场经济环节的确认保障，是经营工作的基础，也是公司运行法律化、制度化的具体体现。从宏观经济视角来看，公司作为市场经济中的一员，在其经营范围内，与其他市场经济主体通过合同这一纽带，共同实现市场及政府对资源的配置。合同对于公司的重要性决定了合同全过程管理势必是公司外部管理的重要方面。

内部管理方面，公司对外开展经济活动，涉及公司内部的主体有决策者、管理者、各业务部门和业务人员等。经营活动的顺利完成，需要上述主体按照公司规章制度、依据公司设定的流程逐一进行。综合考量风控需求和管理成本，公司签订一份合同时，在公司内部通常涉及的主体和流程主要包括：决策者在合同前期对合同有关项目的审议决策，即合同立项；风控部门及业务部门对合同相对方资信情况开展调查，必要时还会聘请中介机构协助开展尽职调查；合同承办部门及公司法务部门对合同条款进行拟定，在欠缺谈判空间的合同当事人之间，较为强势的合同相对方通常会强制要求使用其制定的格式合同，因此，多数大型公司及合同管理较为成熟的公司会围绕公司经营业务板块制定出台一系列合同示范性文本，业务部门对外开展业务时公司会要求优先使用本公司合同示范性文本，借以提高合同管理效率以及保障公司权益；各业务部门及公司领导按照公司制度规定的流程在各自职责范围内对合同进行审批，部分公司会将常年法律顾问内业化，在公司内部合同评审流程中设置常年法律顾问审核一环，以加强合同风险防范；公司印章管理部门对合同用章进行审批；公司法定代表人或被授权人对合同进行签署；合同承办部门对合同相关材料进行归档，通常包括合同正副本、合同相对方资信资料、合同履行资料；公司合同管理部门，通常是法务部门会定期对公司签订合同的情况进行统计分析，统计要素通常包括合同相对方、合同金额、承办部门、收支情况、履约情况、归档情况等。合同台账的统计分析能够帮助公司管理者直观地了解公司在一定时间范围内经济活动的基本情况，并据此适时制订调整下一步经营计划。综上，合同全过程管理涉及公司内部管理的方方面面和各个环节，合同管理不畅，必然导致公司管理混乱，进而给公司带来经营风险。

2. 合同全过程管理在公司管理中的作用。

一是降低法律风险。随着市场竞争加剧，公司法务的价值已得到空前的高度重视。法务工作从被动的事后补救逐渐演变为事前风险防范、事中履约控制、事后风险处置一体化。合同管理的理念和机制也相应调整为全过程管理，甚至更多强调事前风险防范。签订合同前识别风险、签订合同时回避风险、履行合同时监控风险、合同纠纷解决时控制和主导风险。不同的阶段有不同的风险防范重点，合同全过程管理的工作就是在各阶段及时、准确把握和防范合同风险，避免和降低公司损失。

二是优化公司成本。效益最大化是公司经营的内在要求。合同全过程管理对公司成本的优化主要体现在控制法律成本和降低损失两方面。对于控制法律成本，公司管理者通过精细化的合同全过程管理促进公司效益的提升，将不确定的合同风险损失支出转化成特定的合同管理成本支出，以较小的合同管理成本支出保障经营安全，这就要求公司管理者必须围绕降低公司成本来开展合同管理工作。

对于降低损失，是指公司管理者在合同全过程管理工作中注重公司的权益设计及风险防范，权益的最大化和风险的最低化是合同全过程管理对公司成本优化的关键，亦是寻求交易双方权益和风险边界的过程。恰当的权益设计及风险防范，确保公司在合同履行出现纠纷时能够控制风险和主导风险，有效追究对方违约责任或规避己方违约责任，避免或降低违约损失。

三是保障公司运营稳健，增强公司竞争力。成熟的市场经济也是法制经济，良性的市场竞争需要相关制度和规则来保障，市场经济主体遵守合同法律法规及合同约定，是公司的期待利益得以实现的前提。合同全过程管理保障公司运营稳健，以满足公司良好发展的需求。合同全过程管理虽然不直接贡献公司的营业收入，但合同风险防范却通常可以避免不可估量的损失。加强合同全过程管理对于公司参与市场竞争而言，不仅有助于避免其受到不必要的损失，还能利用合同条款来保证自身合法权益不受侵害，并通过合同管理为公司创造价值。公司运营风险最低化和权益最大化不失为增强公司市场竞争力的有力保障。

四是规范公司经营行为。中国的国有公司有着比较浓厚的行政化色彩，民营公司则有着较为浓厚的家族管理色彩。这两种不同体制的公司经营活动的一个共同特点都是决策权高度集中，领导人的个人作风在决策中起着决定性的作用。但面对日益复杂的经营环境，尤其是中国越来越深入地融入世界经济一体化以后，这种模式的弊端逐渐显现。毕竟个人的能力、知识储备都是有限的，并且在当前，中国企业融入世界也才刚刚是个开始，对国际商务规则缺乏深入的了解，一旦决策失误，将会给公司造成严重的损失。

在国企和民企走向世界的过程中，失败的案例比比皆是。现代公司需要改变原有经营模式和经营理念，自觉遵守国际市场的竞争规则和法律规定，在公司内部实行规范化的合同全过程管理，对合同进行流程管理。合同全过程管理就是规范公司决策、经营的一个重要环节。通过严密的合同立项、审批、履行程序，实现公司与其他市场主体的良性互动，有效树立公司诚信形象，提高公司的知名度和影响力，促使公司在市场中获得稳定的地位和强劲的竞争力。

（三）维护公司利益不受损害

法律是公司维护合法权益的最后一道防火墙，合同是发生纠纷后公司主张权益的最基本证据。公司的权利义务体现在合同条款中，亦通过合同条款来保障。合同风险不仅来自签订之时，也大量来自履行之中。这就要求不但在合同签订阶段要筛选出适格的合同相对方，还要制定出逻辑严密、结构完整、内容公平的合同文本，将合同各方的权利和义务具体落实到合同条款中。更重要的是在合同履行的过程中，当发生特殊情形，需要变更、解除合同时，公司能依据合同约定及时采取合理化的措施来规避和化解风险，实现合同中的权利，维护公司合法权益。

合同文本是维护公司利益的依据，公司内部组织机构的有效联动则是维护公司利益的保障。合同利益的实现，需要公司内部组织机构之间各司其职、通力合作。通常而言，合同全过程管理涉及的相关主体包括合同承办部门、合同管理部门、其他业务部门、法律顾问、外聘律师、公司领导等。在合同签订阶段要共同设计制定出满足公司需求的交易模式，确定交易主体、交易类型、交易内容、交易方式、救济措施等，并落实到合同条款中，在合同履行阶段要建立完善的风险预警、信息沟通机制，合同一旦出现风险，要能够及时、准确触发预警机制，并在公司内部组织机构之间得到及时有效的响应处理。

（四）增强全员风险意识

公司风险管理是全面的风险管理，公司应在内部各个层面、各个领域、各个环节营造风险管理文化氛围。增强公司全员风险意识不仅是合同全过程管理的目标，也是公司管理的重要目标。全员风险意识强调全员性和风险性，即合同全过程管理工作应当是全员参与的，其目标追求应当侧重于风险管理。

1. 合同全过程管理的全员性。

在公司内部，合同全过程管理工作一般由法务部门或总法律顾问牵头，其他部门共同参与。法务部门或总法律顾问直接对公司主要领导负责，并在其领导下具体开展合同管理等法律事务工作。传统观念存在一个误区，即合同管理只是法务部门、法律顾问或者律师的事情，与其他部门、岗位无关。实际上，合同全过程管理作为公司管理的组成部分，绝非仅仅是一两个部门或岗位的事，而应当是各相关部门和岗位共同的职责。合同管理的全过程，从合同立项、合同审批、合同签署、合同履行等，都需要公司内部各有关部门和岗位共同参与，互相协作，互相制衡。只有公司内部各部门、各岗位以追求公司合同利益为共同目标，共同参与合同全过程管理工作，才有可能真正实现公司的合同利益。

2. **合同的风险性。**

在市场化和国际化日益加剧的背景下，公司法务工作正在面临一场价值重塑。法务工作内容将更加丰富，法务人员的理念更加市场化并且与业务实际越来越融合，风险防范意识在法务工作中的重要性日益凸显。法务人员处理问题，不仅要提示风险，更要规避风险、解决风险。合同全过程管理在一定程度上也是合同风险管理，风险意识是公司风险管理文化的重要内容，实施公司风险管理，需要将风险意识和风险管理理念融入公司文化之中，在整个公司内部贯彻风险管理精神。公司应当大力培育和塑造良好的风险管理文化，树立正确的风险管理理念，增强员工的风险管理意识，将风险管理意识转化为员工的共同认知和自觉行动。

3. **损害的全面性。**

对于公司的员工来说，不管是高级管理人员，还是最基层的操作人员，其利益都是和公司紧密联系在一起的。公司经营良好，则所有人利益均沾。合同管理不善，导致公司出现风险事件，轻则影响每个人的收入，重则导致公司倒闭，所有人失去工作。因此，一旦发生风险事件，并导致公司损害，而这种损害是全面的，公司之内没有人能够避免，所有公司成员都是利益共同体。总而言之，一荣俱荣、一损俱损，公司全体人员对此必须要有清醒认识，人人都必须承担起自己的责任。

第二节　合同全过程管理的原则

合同全过程管理应当遵循四项原则：全面性原则、动态性原则、制约性原则及合法合规性原则。

一、全面性原则

合同全过程管理的全面性原则体现为全员参与、全过程管理两个方面，即纵向和横向两个维度。

合同全过程管理不是专属于某个部门或者某个岗位的事，而是与合同有关的各个部门、各个岗位共同的事情，具有全员参与性。合同全过程管理一般按照业务主管部门承办、各相关业务部门审查、法务部门归口管理、外聘律师专业审核、总法律顾问统筹管理、法定代表人或授权代表决策及签署这一模式进行。在组织架构和公司治理层面，公司需要对参与合同管理全过程中内部相关部门设置明确的部门职责，对员工制定相应的岗位职责，对公司领导的分工、授权予以明确。合同管理的过程是公司内部各个部门、各个岗位各司其职、协同合作的过程。合同管理同时也是全过程管理，涵盖合同前期调查、谈判、合同文本拟定、合同审批、合同签署、履约跟踪、合同变更、合同终止、争议解决、合同档案管理等环节，缺一不可。

以一份股权收购合同为例。一般先由业务主管部门，即合同承办部门就股权收购事宜在公司内部履行立项审批程序。公司首先要决定是否进行这一收购，未通过立项，就说明公司不同意进行该收购。一般来说，立项审批的方式按权限划分，有分管领导审批、总经理办公会、董事会、股东会决议、政府部门审批等方式。

立项审批通过后为可行性审批。该阶段由合同承办部门牵头组织开展可行性研究相关工作，涉及的工作一般为业务主管部门出具或聘请中介机构出具可行性研究报告、评估报告等。法务部门组织出具法律意见书或法律尽职调查报告，财务部门组织出具审计报告、清产核资报告等。业务主管部门根据上述工作形成的工作成果提起可行性审批程序。

在投资项目管理较为严格的公司，通常会在董事会下设投资评审委员会，投资评审委员会对董事会负责，董事会对投资项目拥有最终决策权。在审批程序中，通过投资评审委员会审议的项目方能提交公司董事会审议，投资评审委员会对通过项目立项、可行性论证的投资项目作进一步专业评审。

上述审批程序完成后，由合同承办部门牵头开展合同谈判工作。该阶段一般应由法务部门、财务部门等共同参与。交易各方在本阶段就合同主要条款进行磋商，将交易各方权利义务落实到合同条款中。合同条款敲定后，由合同承办部门在公司内部发起合同审批程序。由公司内部各相关部门、公司领导根据各自职责对合同进行审批。该审批应当包括形式审批和实质审批，即各审批环节既要对合同的签订程序进行把关，又要对合同内容作实质审查。如果各部门过分依赖法务部门，认为合同审查只是法务部门一家之责，对合同审查只是走个过场，对合同文本连看也不看就直接同意，则该合同很可能因未考虑周全而无法达到预期效果。

合同审批结束后，要将合同送有关领导签署盖章。一般公司办公室或法务部为合同印章管理部门，法定代表人为有权签署人。法定代表人授权给其他人员的，其他人员在得到法定代表人的授权后，有权在合同上代表公司签署。合同履行阶段，原则上由承办部门对该合同从一而终承担履约检查和监督责任。一旦合同履行出现风险，要及时向公司法务部门、公司领导反馈信息，触发违约救济程序。此外，承办人在合同履行阶段还要按照公司制度的要求，对合同相关文本、财务资料、凭证等相关资料予以归档，统一管理，并按时向合同管理部门报送合同履约信息。

二、动态性原则

合同全过程管理的动态性原则要求合同管理全过程要具备动态监测和风险预警、救济功能。合同从立项、签订到履行是一个动态的过程，合同各方及履约环境等，一切条件都可能随时发生变化。合同赖以存在的交易基础发生了变化后，出于利益的考量，合同各方都会有作出相应变化的需求，以最大限度保护己方利益。传统合同管理工作中存在重前期审查，轻事后履约管理的缺陷，对合同履约跟踪检查不到位，合同风险监控、反馈不及时，导致合同出现履约风险后被动应对，公司遭受不必要的损失。动态性原则要求在合同签订后，合同承办部门应指派专人，负责跟踪合同履行情况，并及时向部门领导、法务部门和公司领导报告履约情况。责任人实践中通常为合同承办人。

对大型集团公司而言，建立合同台账报送制度十分有必要。合同台账是集团层面了解掌握下属子公司合同签订和履行情况的重要途径，也是公司领导掌握公司经营状况的重要信息资源。合同台账一般分为周报、月报、季报、半年报和年度报，主要统计分析合同基本信息和履约情况。公司法务部门、公司领导及上级主管部门通过合同台账可以及时、直观地了解公司合同签订、履行情况，以便及时发现经营中的问题，及时处理，避免损失。

三、制约性原则

一切管理活动都必须遵循制约性原则。管理就是行使权力的过程。要在权力之间形成制约，这一方面是出于事业发展的需要。因为个人或部门的知识领域总是有局限性的，通过和其他部门的相互制约、联系，可以取长补短。另一方面也是出于防范道德风险的需要。人性中有自私的一面，有谋求自己利益最大化的一面，也有不愿承担责任的一面。因此，建立起管理中的制约机制十分必要。

在合同全过程管理中，制约性原则要求合同全过程管理的各个环节都必须由不同层级、不同部门、不同岗位的人员负责，以互相制约，避免弊端。同时，发挥各个部门、人员、层级的专业优势，形成合力，共同实现合同目标。就部门职能而言，合同承办部门、合同审批部门、合同监督部门、合同主管部门等职责应设置在公司内部不同部门之间，各部门以实现合同利益、为公司创造利润为共同目的，互相制约、互相配合。对于公司领导而言，特别要注重将业务审批权与风险管理权相隔离，即分管业务的领导和分管风险的领导应为不同的人员。例如，业务审批权和风险管理权掌握在同一人手中，则会导致该领导既当运动员又当裁判员，权限过于集中，缺乏制约，极易发生道德风险，害了公司也害了领导。

四、合法合规性原则

市场经济必须是法制经济。这就要求市场经济的参与主体必须遵循法律法规的规定，依法开展公司经营活动，才有可能实现企业的经营目标，才能实现合作各方的共赢。法律法规为市场经济主体实现可期待利益提供制度保障。只有市场主体都在法律法规的框架下，依照合同约定开展经济活动，市场经济的正常秩序才有可能得以维持，公司才能通过合同创造价值，获取利润。

作为公司内部管理，合同全过程管理必须遵循合规性原则。合规性一般是指符合公司的规章制度。在合同全过程管理的实践中，明显违法的行为是不多见的，但违规的行为却时有发生。法务部门在大多数情况下进行的是纠正违规行为的工作，而不是违法的行为。

随着经济全球化的加速，各国政府开始对奉行自由竞争的市场主体进行适当管制，特别是对公司的合规经营要求越来越严格。自 2002 年美国通过《萨班斯法案》起，各国政府都开始重视合规监管，强调上市公司依法加强审计监管，完善公司法人治理结构，强化惩罚机制。根据《合规管理体系指南》（GB/T 35770—2017）规定，合规的“规”包括三个层次：一是法律、法规，二是公司内部的规章制度，三是公司应遵守的道德规范。而对于有国际业务的公司而言，对外签订合同除要遵守本国法律法规的规定外，合规性还应该包括遵守国际公约、联合国决议等。同时，还要遵循各国政府关于公司经营活动的具体政策法令、公司自身规章制度以及行业道德规范。

此外需要特别强调的是，公司自身的规章制度不是可有可无的一纸空文，而是合规性管理的重要内容。在合同管理领域，公司必须依照既定的合同管理流程开展相关工作，无视制度规定或跳跃流程签订合同的，该合同可能会因为没有经历必要的内部控制及风险防范程序而存在漏洞，进而导致合同发生风险。对于国有公司而言，严格执行公司内部规章制度格外重要，这是公司能否经得起内外部审计、出资人监管的重要评判依据，也是违规违纪事件中是否会被追究责任的构成要件。因此遵守公司内部制度规定，对于国有公司领导和员工而言，既是确保实现合同目标的刚性要求，也是保护自己的现实需求。

第三节　合同全过程管理的实现途径

要实现合同全过程管理的目标，主观和客观方面都必须具备一定的条件。主观上，要全员树立风险管理意识，要有契约精神。客观上，要建立相应的组织机构，制定有效的规章制度，有条件的公司还可以建设合同管理信息系统，以保证全过程管理的实现。

一、在公司文化中培育契约精神

公司文化是公司在长期生产经营和发展过程中形成的价值观念、经营理念、集体意识、公司精神和道德规范的综合体。从管理的角度来说，公司文化是一种“以人为中心”的公司管理理念，它强调公司管理中的软要素，其核心含义是公司价值观，它是公司员工思想、行为的内在指引。公司文化是公司之魂，是员工自觉维护公司利益的内在动力。公司的健康发展建立在良好的公司文化氛围基础之上，植根于独特的公司文化土壤之中，受公司文化的影响和制约。优秀的、先进的公司文化对促进公司发展起着强大的推动作用，它是支持公司在激烈的市场竞争中生存发展的精神支柱。

契约精神是法制社会、市场经济最基本的要求。合同必须得到尊重的理念，是一切商务活动的基础，是合同法律法规的内核和必然要求，也是公司合同全过程管理理念中必须落实的精神。只有把契约精神贯彻到公司全体员工中，落实到合同管理全过程中，才有可能真正做好合同全过程管理工作。

1. **领导重视。**

在中国的国情下，合同管理工作欠规范的公司中，大部分是因为公司领导对合同管理不够重视，甚至认为它是影响公司高效发展的障碍，导致法务部门开展合同管理工作时较难得到其他领导和部门的支持，开展合规性合同管理工作阻力较多。

在中国的公司治理中，领导的作用是至关重要的，不管是国企还是民企都一样。公司领导人员一旦对法律和契约缺乏敬畏心，往往会把已经订立的合同不当一回事，习惯性用命令或决定的方法解决合同问题，肆意破坏交易秩序，损人又不利己。作为对公司高级管理人员的基本素质要求，公司领导者要重视合同、尊重合同，自觉践行契约精神。公司领导者应当把契约精神提升到影响公司生存发展的公司文化高度上来，将其落实到公司管理的具体工作中，在公司内部自上而下推行契约精神公司文化建设，不断推进公司合同全过程管理工作规范化、制度化，全面提升公司管理水平。

要引起领导的高度重视，法务部门必须做好汇报工作。工作做得好，不如PPT 做得好，在一定程度上是有道理的。做好汇报用的 PPT 非常重要。在 PPT 中要多用图表、数字反映合同全过程管理取得的成绩，尽量少用文字性说明，尤其要避免冗长的文字说明。如通过图表反映合同全过程管理前后合同风险的发生比例，并进行对比，使得听汇报的领导一目了然，马上就明白了合同全过程管理的体系和成就。法务部门要善于使用数字、图表、函数这些工具说明问题。有了数学模型，立即会使自己的工作显得高大上，有理工科背景的人看了会感觉一目了然，有条理，便于使用抽象思维理解。有文科背景的人看见这些数字、图表、函数往往会头昏眼花，看不懂也不好说不懂，通常会附和说好。

2. **全员参与。**

合同全过程管理的全面性原则要求合同全过程管理要全员参与。合同风险无处不在，并可能随时发生。单靠任何一个部门或某几个人根本无法完成合同全过程管理工作。合同全过程管理工作必须取得各部门的认同和参与，否则合同全过程管理就无法落地实施。在合同全过程管理中，没有“看客”，公司领导、部门领导和公司全体员工都必须按照合同规定行事，必须牢固树立全员契约意识。

从员工个人利益的角度看，合同管理是否规范，也是和每个人的利益密切相关的。合同管理直接关系到公司的经营状况，公司经营状况良好，则员工的收入也会得到保障。如果因合同管理不良引起大的风险事件，导致公司破产，则员工也会失去工作岗位。实际上，员工的个人利益是和公司经营状况密切联系在一起的。更不用说规范的劳动合同也是保障员工利益的基础。

3. **注重宣传教育。**

公司要积极开展各项合规管理教育培训，重视契约精神、公司文化的培育，不断增强公司领导和员工的合同意识和依法治企观念。一方面，公司要围绕合同法律法规和公司内部合同管理制度的规定，通过多种方式广泛、深入、持续地开展合同法律知识及合同管理宣传教育活动，提高教育培训的普遍性和时效性。一旦合同法律法规和公司合同管理制度发生变化，要及时对新的政策法规变化进行宣贯，确保公司领导和全体员工自觉学法、懂法、守法、护法。另一方面，要注重教育培训的针对性和专业性，根据公司合同管理职责分工不同，分别对公司领导、公司法务、业务部门、监审部门、新入职员工等群体开展重点有别的合同管理宣传教育活动，切实增强培训的针对性和实效性。通过大力培育和塑造良好的公司合同管理文化，树立正确的契约观和合同管理理念，增强公司领导和员工的合同风险意识，全面提升公司管理科学化水平。

4. **学考结合。**

除了培训教育之外，考试也是提升公司领导和员工合同全过程管理工作水平的重要途径。许多公司都存在这样的问题，规章制度制定了一大堆，什么都有明确的流程和要求，但是，仍然有许多工作人员并不清楚规章制度的内容，从而造成在工作中不必要的内耗。原因就在于虽然有规章制度，但是，许多人并不去学习，所以也就不了解规章制度的内容。遇见工作中的问题，仅靠老经验来办，办不好就指责别的部门不配合工作，甚至向领导告状。解决这一问题的有效办法就是进行规章制度考试。通过考试，督促公司领导和员工准确、及时掌握公司的规章制度。

公司规章制度如果得不到贯彻执行，就将沦为一纸空文。实践中，各业务部门一般是其主管业务板块规章制度的制定与宣贯的责任主体，由于其他部门适用该制度的频次较低，导致非业务主管部门对其他领域的规章制度不够熟悉。以合同管理制度为例，大多数人会认为合同管理制度仅仅是法务部门的事，与其他部门无关，任何与合同管理相关的问题都是法务问题。这种认识不仅是错误的，而且对公司合规管理是极为不利的，会导致公司管理流程不畅。为避免制度宣贯流于形式，以公司内部规章制度为内容组织制度普及考试是一种比较好的办法。针对公司内部不同的管理人群，如公司领导、中层管理人员、一般管理人员，设计考试内容不同的考卷，通过考试使上述人员更加熟悉公司合同管理制度，并将制度规定运用于具体工作中，规范公司合同全过程管理工作。

二、建立全面规范的合同管理制度体系

规章制度是公司进行内部管理和对外活动的规范性文件，它是公司一切行为的依据。合同管理制度作为其中最重要的基本管理制度，规范合同从立项到履行的全过程，是公司合同管理的重要依据。合同管理制度是否科学完善，是否符合公司实际、满足公司需求，直接决定了公司合同管理工作的水准。

（一）公司合同管理制度体系的构成

公司合同管理制度体系结构分为纵、横两个维度。

纵向上，公司合同管理制度体系由效力层级不同的规章制度组成，一般分为制度、规定、办法、细则等。上述规范性文件的效力依次递减。类似于法律体系中法律、法规、规章的效力等级要求。下位法不能违反上位法，即合同管理制度是公司关于合同管理的基本制度，与合同管理有关的规定、办法、实施细则等必须符合合同管理制度的精神和要求，必须和合同管理制度保持一致。合同管理规定、办法、实施细则与合同管理制度的规定不一致的，以合同管理制度为准。

此外，公司合同管理制度体系纵向组成还有一种情形，即母公司合同管理制度与各级子公司合同管理制度。其中，母公司的合同管理制度是子公司制定合同管理相关规范性文件的依据和基础。子公司不能超越权限制定违反母公司合同管理制度要求的规范性文件，否则该文件将因违法上位法而无效。

横向上，公司合同管理制度体系还包括其他与合同全过程管理相关的制度，它们作为合同管理在不同阶段的规范性文件，指引该阶段合同管理工作的具体开展，确保“合同管理制度”的最终落实。一般来说，合同管理制度体系的横向组

成主要有：

1. **预算管理制度。**

预算是公司开展经济活动的前提，也是公司签订合同的经济基础。一般来说，在没有预算的情况下，是不允许签订相关合同的。因此，合同管理制度的正常运行必须配套有相应的预算管理制度。业务部门必须在预算范围内进行合同谈判，超出预算范围的，要履行相应审批程序。

2. **授权委托管理制度。**

授权委托管理制度主要规定谁有权代表公司进行合同磋商谈判，并签署合同等内容。公司法定代表人是有权代表公司对外开展活动的法定主体，只有得到法定代表人授权的人员，才能代表公司对外谈判合同、签署合同。由于授权不明，或者授权委托制度不健全造成公司损失的情况并不少见。在办理授权事项过程中，要特别注意被授权人离职或解除委托后，要及时通知合同相对方并收回委托文件，以免造成表见代理的后果，给公司造成损失。

3. **合同定价制度。**

合同定价，是指通过一定方式确定合同标的金额的过程。因此形成的书面文件叫作定价记录。对国有公司而言，合同定价过程是公司内部控制和审计部门重点关注的一个环节，也是容易产生腐败问题的高危环节，因此需要严格规范。参照政府采购法，国有公司的合同定价方式一般有直接委托、询价、竞争性谈判、邀请招标、公开招标等。通常公司会根据合同类型、金额大小来决定应当使用的定价方式。如建设工程类一般适用国家招标投标法有关规定，采用招标等方式确定合同相对方及合同价格，资产交易一般通过产权交易所等公开交易平台确定合同相对方及合同价格，其他合同一般通过金额大小依次采用招标、竞争性谈判、询价、直接委托的方式确定。

4. **合同审批制度。**

合同审批制度主要规定合同审批的内容、权限、程序。它明确了参与合同审批的部门和人员的权责，并配置合同审批的具体流程，以引导合同审批沿着既定的方向和程序进行。

合同审批的程序一般包括合同立项、合同评审。合同立项是公司能够开展特定合同相关事项的决议性或签批性文件。合同评审指各部门、公司领导依次对合同进行审批的过程。参与合同评审的部门一般有财务部门、法务部门，以及其他和该合同所涉业务相关的部门，通常而言法务部门应放在部门审查流程的最后环节，以便法务部门综合各业务部门意见对合同进行全面性的合法合规性审查，进而提交总法律顾问审批。

参与合同审批的公司领导一般有总法律顾问、分管领导、总经理、董事长。公司领导在各自权限范围内对合同进行审批。合同审批程序完成后，才能签订合同。

5. 合同用章审批制度。

实务中，在合同文件上加盖公司的印章为公章或合同专用章。公司印章管理应当有相关制度予以规范，以明确用章审批权限、流程。未经使用印章审批的合同，一律不得加盖公司公章或合同专用章。需要特别强调的是，严禁在空白合同上加盖合同印章，加盖合同印章的空白合同，与支票性质无差，外人完全可以利用该合同大做文章从而损害公司利益。此外，合同印章应当指定专人保管、使用，原则上不得外借。

按照中国的交易习惯，盖章的效力大于签字，因此，合同用章还应该包括法定代表人的签名章。应该将合同专用章、公司印章、法定代表人印章一起作为合同用章审批制度的内容。

6. 合同后期管理制度。

合同后期管理制度主要有合同履约检查、合同台账及统计报表、合同归档等相关制度。履约检查主要规定合同履约检查的责任主体、程序、内容等。合同台账及统计报表主要规定制作、报送合同台账及报表的具体要求。合同归档主要规范合同档案的管理。实践中发生过多起因为合同管理人员的变动导致合同文本丢失的事件，造成公司较大损失。根据公司实际情况，上述内容有可能与合同审批制度合并为一个大制度，也可能另行规定单独成文。

（二）建立完善公司合同管理制度

公司合同管理规章制度建设工作是一个动态的过程，涉及制度建立、宣贯、执行、修订、废除等环节。公司应该根据实际情况和管理需要，及时对合同管理制度进行修订。

1. 建立公司合同管理制度。

建立公司合同管理制度的职能一般归口于公司法务部门。作为合同管理制度，既要防范风险，又要兼顾效率，归根结底要切合公司实际。

公司建立规章制度，首先，要重视顶层设计工作。建立合同管理制度体系，同样要从顶层设计做起。合同管理制度顶层设计，首先在思想上要明确合同管理制度的基本思路，是集中制的管控，还是分散制的管控。集中的话，集中到什么程度。分散的话，分散到什么程度。这实质上是管理权限的划分问题，必须和整个公司的管控模式架构相一致。明确了上述问题，才能在操作层面上回答建立什么样的合同管理制度、怎么建立的问题。进而明确合同管理制度的制定依据、目的和任务，并据此不断调整完善公司合同管理制度。

其次，法务部门要结合公司管控需求和公司经营的实际情况、公司的管理历史，从结构上建构起纵向包括制度—规定—办法（细则），横向包括合同全过程管理的合同管理制度体系，在内容上充实合同管理制度体系，确保公司合同管理工作有制度可依。

最后，流程设计是合同管理制度的一项重要内容。一般包括合同立项、承办部门内部审核、相关业务部门会签、法律顾问或总法律顾问审批、公司领导批准、签订等。公司在设计合同审批流程过程中，要注意遵循流程建立的基本原则，即简洁性原则、层级性原则、反馈性原则、时效性原则。

2. 合同管理制度的宣贯执行。

一般而言，制度的制定部门是其宣贯的职能归口部门。实务中，由于其他业务部门不是合同管理制度的制定部门，故对合同管理制度的理解和适用可能会存在困难和疑义，因此要采取必要的措施进行宣贯，确保制度为公司所有员工所知，这是公司员工遵守合同管理制度的重要前提。实践中，公司通常采取公司内网公布、宣讲会、编印成册并在公司范围内发放等方式进行宣贯。但是，最有效的办法还是举办专题培训，对合同管理人员、各个层级的高级、中级管理人员进行合同制度专题培训，务必使他们熟练掌握公司合同管理的所有规章制度。

制度在制定之初不可能面面俱到，因此，制度在适用过程中势必会出现这样那样的问题。法务部门对各部门、各下属单位在适用合同管理制度过程中出现的问题要负责解释答疑，解释答疑的过程实质上也是制度宣贯的过程，通过解释答疑有助于制度适用者和制定者双方进一步明晰制度规定的含义。

3. **完善合同管理制度。**

市场环境变化、政策法律环境的变化，以及公司经营管理的不断发展，使得公司需要适时调整其合同管控模式。这就要求合同管理制度在实施过程中要具有自我修复完善的意识和自觉性，即法务部门要根据客观环境的变化和公司管控模式的变化及时修订调整公司合同管理制度，使其不断匹配公司的实际情况，进而适应公司发展的现实需要。归根结底，合同管理制度要始终服务于公司经营管理实际，要随着公司经营管理实际情况的变化而变化。当整套合同管理制度与公司实际不相符，无法通过修订的方式予以完善时，则要考虑废止该制度，重新订立新的合同管理制度或其他相关制度，以满足公司合同全过程管理的现实需要。

三、建立高效运行的组织机构

合同全过程管理工作的开展离不开公司内、外部高效运行的组织机构。合同全过程管理的内部机构一般包括合同承办部门、法务部门、财务部门、审计部门、纪检部门、总法律顾问和其他公司领导等。外部机构主要指外聘律师。合同全过程管理组织机构的高效运行，建立在各组织机构职责明确的基础上。公司必须在制度中对各个机构的职权和责任进行明确规定，对各机构之间的联动机制予以明确规定，确保各机构在职责范围内开展合同全过程管理工作，一旦发生合同风险或其他情形，各机构之间能迅速响应并形成有效联动。

1. **合同承办部门。**

合同承办部门以及合同承办人是具体合同的直接责任部门和责任人。负责执行具体合同项目，自始至终对合同负责。在合同生命周期中，合同承办部门是合同业务需求的提出者，是合同发生的起源。合同承办部门履行必要的合同立项审批程序后，一般会组织相关部门通过制度规定的方式选择适格的合同相对方，围绕业务需求进行合同磋商谈判并据此起草合同，在本单位发起合同审批程序。合同签订后，负责执行合同并对合同进行履约跟踪检查，按要求向法务部门、公司领导报告履约情况，对合同相关材料进行归档。由本部门或者法务部门、档案管理部门对合同相关资料进行统一管理。

2. 法务部门。

法务部门是公司合同主管部门。负责建立公司合同全过程管理体系，规范管理合同示范性文本，制定公司合同管理制度和实施办法，指导并参与合同磋商谈判和签订前的尽职调查，从程序和内容两方面对合同进行合法合规性审查，参与合同纠纷处置，制定合同台账并进行合同报表分析。对合同执行中出现的风险事件及时向主管领导报告并提出相应的对策。

3. 财务部门、审计部门、纪检部门等相关业务部门。

根据部门职能，相关业务部门从各自专业角度履行合同管理相关职责。其中，财务部门是合同的财务管理部门，应合同承办部门要求也会参与合同磋商谈判及合同起草，负责从财经、税务法律法规等方面审查合同，核实合同资金来源，根据合同约定和财务管理规定执行收付款工作。审计部门一般在合同管理后期介入，根据法律法规和公司内部规定对合同管理全过程进行内部审计。纪检部门对相关职能部门的履职行为进行监督并提出纪检监察建议。两者的区别在于审计部门监督业务，纪检部门监督人的行为。办公室一般是合同印章管理部门，也有部分公司把该职责设在法务部门，合同印章管理部门负责合同章的制发、更换、销毁和保管，并根据合同印章管理制度的规定为相关合同加盖合同章、公司章、法定代表人印章。

4. 总法律顾问。

公司总法律顾问是全面负责公司法律事务工作的高级管理人员。总法律顾问直接对董事长负责，同时按照出资人要求向出资人报告工作，进行年终述职。总法律顾问列席董事会会议、总经理办公会和其他重大专题会议，参与公司重大项目谈判和决策，统筹管理公司内、外部法律队伍并全面负责公司法律事务工作。

总法律顾问负责对公司合同管理体系进行顶层设计，并对合同管理规章制度进行架构。具体合同管理工作中，总法律顾问应根据项目情况适时参加重大项目谈判，通过列席董事会、总经理办公会等决策会议，对公司重大事项在合同立项前进行把关。在立项阶段，对合同是否可以立项从合法合规性角度提出意见。在合同评审阶段，对合同进行法律法规方面的宏观把关，并进行审批。针对合同出现的风险，及时报告公司董事长，根据董事长的指示领导公司法务做好风险处置工作。

5. **合同决策者。**

当前，在公司合同全过程管理工作中存在一定误区，部分人认为业务部门尤其是法务部门、总法律顾问等提出的审查意见，合同承办部门必须采纳并据此修改合同进而产生抵触情绪。这是有一定片面性的认识。实际上，法务部门、总法律顾问等提出的审查意见，只是站在自己专业的立场，对合同进行审核，提出专业意见，供有决策权的领导参考，并不是最终决定合同是否签署的决定性意见。决策权仍然归公司法定代表人或其授权代表。也就是说，法务部门、总法律顾问认为有风险的合同，决策者认为风险可控，也是完全可以签署的。同样地，法务部门、总法律顾问认为没有风险的合同，认为可以签订，但决策者最终决定不可以签订，也是合法合规的。总之，决策权在法定代表人或其授权代表手中，不在法务部门和总法律顾问。

权力和责任是对等的，法定代表人及其授权代表一方面享有决策权力，但另一方面也要承担决策不当导致风险的责任，这就要求公司法定代表人及其授权代表在审批合同时要尊重业务部门、总法律顾问的意见，全面评估合同风险，审慎决策。同时，业务部门、总法律顾问也要尊重法定代表人或其授权代表的决策权。

6. **外聘律师。**

外聘律师通过常年法律顾问合同与公司联结在一起，参与公司经营管理。其中，部分公司会要求外聘律师对公司每一份合同都进行审查，将律师审查作为合同审批过程中的固定环节，借由外聘律师的专业力量管理合同。此外，对于收购、兼并、资产处置等重大项目，公司一般会聘请律师开展专项法律服务，要求律师在合同立项后即介入其中，对合同风险进行全程把控。随着国家法治化进程的推进，现在外聘律师参与公司活动的场合越来越多，介入的时机越来越早，外部法律资源和公司内部法律资源的优化配置将更有利于公司的健康发展。

以 A 公司一份铁矿石海外采购合同为例。A 公司贸易部门基于当前铁矿石市场行情，计划委托 B 公司在海外采购铁矿石，项目金额预计为 3 亿元人民币，合作期限 1 年，贸易模式为先支付部分或全部货款再交货。由于是首次合作，A 公司对于 B 公司的经营情况了解不深，为防范风险，此时 A 公司贸易部门根据公司制度规定向法务部门提出尽职调查申请，请求法务部门对 B 公司开展法律尽职调查。法务部门或其聘请的中介机构对B公司开展法律尽职调查后形成调查报告，贸易部门结合法律尽职调查报告、贸易合作方案等，发起合同立项审批程序，由相关业务部门及公司领导对该项目进行立项审批。立项审批通过后，贸易部门组织财务部门、法务部门与B公司进行合同谈判，确定具体交易模式，形成双方一致认可的合同文本。贸易部门以双方敲定的合同版本在公司内部发起合同审批程序，完成内部审批程序后，由有权限的公司领导进行签署并加盖合同章。进入合同履行阶段后，贸易部门要严格按照合同约定与对方开展业务活动，并时刻关注对方财务状况和经营状况。合同履行过程中，据媒体报道，中央督察组在检查中发现，C公司利用B公司冶炼废渣堆填海滩，严重污染环境。A公司合同承办部门了解此事后立即通知本公司法务部门、公司领导以及上级单位法务部门。上述部门接到报告后立即指派专员成立应急小组，针对贸易供应商可能出现的履约风险提前研究应对措施，走在风险前面，有效维护了公司权益。

在上述案例中，A公司之所以能够有效化解风险，得益于公司各部门各司其职通力合作，合同承办部门能够严格按照公司规定跟踪合同相对方履约情况，在出现履约风险后及时报告并采取有效措施防范风险，在合同承办部门—法务部门—公司领导之间搭建起畅通的沟通机制并得以有效运行。

四、建立高效可靠的信息处理系统

在信息技术飞速发展的今天，办公信息化为大势所趋。在合同管理领域建立高效可靠的信息处理系统，既响应监管机构持续强化的监管要求，也满足公司自身生存发展的需要。公司尤其是国有公司必须要正视信息化建设对于风险管理与内部控制体系建设的重要作用，重视合同全过程管理信息化建设。

（一）合同管理信息化的优势

由于合同管理信息系统强大的数据归集、处理与分析能力，对于大型企业集团的合同管理与风险管控成效尤为显著。合同管理信息化建设的优势主要体现为以下几个方面。

第一，通过合同管理信息系统开展合同流程管理。实现规范程序、固化流程、全员参与、信息共享的目标，强化各管理层级、各管理部门之间的职能分配，做到职权清晰，责任明确，实现相关部门与岗位之间的相互制衡和互相监督。

第二，通过完整的合同立项、评审、签订、履行及台账统计等过程信息记录，可实现集团企业对各子公司合同管理的动态监控。便于公司领导和各管理部门实时、全面掌握合同进展情况，实现信息归集与共享，为领导决策提供准确有效的数据支持。

第三，合同管理信息系统使得合同承办人不需要大量、反复打印合同文本，不再需要承办人花费大量的时间精力奔走于各业务部门和公司领导之间进行合同审批，合同台账也不再需要手动载入和人工统计，可以说合同管理系统直接帮助公司提高合同审批效率、降低操作风险、节约管理成本、创造经济价值。

第四，建立对合同管理的全生命周期信息化管理。使公司高级管理人员、法务部门和相关业务部门，可以全面、实时掌握公司的合同管理情况，更加高效地完成合同管理全过程，落实公司内控制度，建立履行过程中的风险监控反馈机制。

（二）合同管理信息化建设存在的问题

随着经济全球化、互联网技术和电子商务的不断发展，信息化建设在全球不断蔓延并得到迅速发展。但是，就中国具体国情而言，合同管理信息化建设，乃至于信息化建设，对于中国很多公司来说都是一项陌生的新兴产品。虽然公司合同管理信息化建设得到了一定的发展，但总体来看仍旧存在一些具有普遍性的问题。

1. 顶层设计不够，导致形成系统信息孤岛。

目前，各公司合同管理信息化建设情况参差不齐，由于技术、财力、物力等原因所限，绝大多数公司的财务系统、人力系统、业务系统和合同系统之间互相独立、各自为政。公司各板块经营信息不共享、不互通，无法形成有效串联，数据信息与业务流程严重脱节，从而形成信息孤岛。信息化建设效能未能全面发挥，反而造成极大浪费。

2. 低效静态管理，合同全过程动态管理有待加强。

在大多数公司里，合同管理系统目前只具备线上审批、数据统计等简单的基本功能，合同信息基本还处于静态化管理阶段。相对方管理、履约动态检查、违约预警、风险处置等业务板块尚无法实现智能联动。合同信息化管理在点、面连接，各个环节、各个板块形成有效互通、高效联结的有机体方面仍较为薄弱。

3. **智能化及大数据分析水平不高，合同管理系统产能较低。**

智能化管理方面，AI 技术应用于合同管理系统的程度不深，合同审批、合同文本复查及校对等工作基本仍需仰仗人的智力和管理能力。借助计算机进行合同文本智能处理的能力基本处于空白状态。合同履约信息、项目进度、费用支付、账款回收等信息的录入、统计、分析仍主要依赖于合同承办人手动操作。大数据分析方面，合同管理信息系统在数据挖掘和分析，数据标准化及治理等方面还不成熟，对数据进行多维度分析并多形式呈现分析成果的水平较低。合同管理系统产能较低，投入产出比不理想。

（三）合同管理信息化的要求

合同管理信息化作为公司管理合同的一种工具，必须要满足公司经营管理的实际要求。构建满足公司要求的合同管理系统，实现公司合同管理工作的规范化、标准化、数字化，同时实现信息共享、统计分析等各项功能，提高合同管理工作的效率和质量，提升公司整体合同管理及风险防控水平，进而为公司创造价值。这是合同管理信息化的总体目标。

在具体应用层面，合同管理信息化建设应当满足以下五项基本要求：必须满足合同全过程管理的需求；必须和企业其他信息系统实现共享，加强合同、财务、审计系统的联动，通过技术手段实现系统对异常信息的预警作用，加强合同履约的监督与资金的安全管理；提高管理效率；节约成本；安全运行：要确保网络安全、数据库安全、应用安全，不断提高系统智能化水平。

第三章
CHAPTER

合同管理的基本模式

公司对合同采用什么样的管理模式，决定着合同管理的效果。目前流行的管理模式分为事前防范和事后救济。但是，从公司当前和未来发展的角度看，必须完成向全过程管理模式的转变。

第一节　合同风险的防范模式

公司对外的经营行为均需以合同为依托。公司的绝大多数业务都要通过签订合同来实现。同时，公司所牵涉的大部分法律纠纷都直接或间接地与合同管理的某个环节有关。因此，合同风险是公司法律风险中极其重要的基本风险。有效识别公司面临的合同风险，并选择合适的管理模式，才能建立行之有效的合同风险防范机制，为公司在市场竞争中保驾护航，为公司在控制经营风险、提高管理水平、创造经济效益、提升公司形象等方面产生积极的影响。

一、事前防范模式

随着市场的变化，传统的合同风险防范模式已经不能满足现代企业预防风险的需求，许多企业为了适应市场的变化以及保护企业的利益，已逐步探索出新的合同风险管理模式。我国实践中长期发展形成的合同管理模式并未存在统一的划分方式，一般而言，可以将其归纳为两种方式，即事前防范模式和事后救济模式。传统的风险管理模式的目标在于保证合同的顺利签订以及履行，减少企业因合同签订所带来的损失，但与通过合同管理实现创造价值的目标并不相符，是一种被动的风险防范模式。

1. **事前防范是企业常用的一种风险管理模式。**

事前防范主要是指企业在合同立项、拟定过程中，通过立项审查等方式识别风险并防范风险。主要由专门的部门，一般是法务部门，通过审查前期的合同立项的可行性，以及审查业务部门拟定的合同来进行。事前防范侧重于检查合同条款的合法性以及有效性问题，保证拟定的合同有效，且满足基本的交易目的，保护公司可预期利益。但这种前期审查在内容和形式上仍存在较大问题，对风险控制并未达到预期的目的。

2. **事前防范缺乏全面性。**

合同法律风险贯穿于公司整个业务交易的全过程之中，在寻觅交易对象、合同商谈、合同签订和合同履行等各阶段都避免不了存在相应的法律风险，同时，一些商务条款中潜在的商业风险也涵盖在法律风险之中。这种事前防范模式事实上仍然只是一种形式审查，不是实质性审查。法务人员仅能做到事前对合同法律条款的审核，这种方式并不能发现涵盖合同法律风险和商业风险在内的所有风险，无法对合同风险的风险转化、风险承受、风险救济作出正确评估，也无法对交易对象真实的履约能力进行审查。

在实践中，部分法务部门也没有做到对合同进行全面的审查，工作的重点只是放在了对合同文本和立项资料的形式审查上，很难做到实质性审查。而不幸的是，这种很具有片面性的审查，却是大多数企业认为的法务的“本职工作”。偏于形式的事前审查难以发现合同审核的关键细节问题，包括当事人背景资料、资信情况、前期谈判的焦点、合同履行的技术细节等多个方面。

违约风险是最为常见的合同风险，这种合同风险在某种程度上取决于合同相对方的资信情况。对合同相对方的资信审核是企业法务的重要的日常工作，资信审核是企业所有合同行为之前必要的前置程序。诚实守信是一切法律行为的基础，如合同相对方缺乏诚实守信，则不可能对合同诚实履行。完备的合同是建立在双方诚信的基础上的，如果合同相对方任意违约，即使合同订立得再完备，也只是一纸空文，合同目的难以实现。合同相对方是否诚实守信将是合同行为是否存在风险的决定性因素。资信审核在形态上必须体系化，必须制定资信审核相关的制度，对资信审核的时间、方式、范围、内容、部门、信息过滤处理等作出系统的规定，并严格执行。企业必须认真对待资信审核，避免出现不成体系、没有资料支持的感性判断，要杜绝走过场、敷衍了事的资信审核，从而避免企业盲目地、轻率地进行合同行为。但目前实践中的事前审查很难做到对交易对象资信情况的实质性审查。

3. 侧重于合同订立前的审查把关，缺少对合同履行环节的监管。

不少公司能做到对合同的签订予以足够重视，但这种重视往往停留在文本审查阶段。法务部门虽然制定有基本的合同审批流程制度，但这些制度往往并不涉及合同签订后进入履行过程中的法律风险防控。

在实务中可以看到，大量合同纠纷诉讼案件之所以败诉，主要原因是由于合同履行过程中相关人员对于合同风险管理的疏忽。合同各方在履行过程中都会产生诸如付款票据、货物运输单据等大量的凭证资料，而这些凭证资料就是日后双方发生争议进入诉讼中合同履行情况的证据。在缺乏管理的情况下，合同履行承办人员头脑中没有形成基本的证据法律意识，对己方和相对方出现违约行为后将面临何种法律风险一无所知，更不知道应如何妥善应对产生的法律风险，进而造成合同纠纷进入诉讼后因证据不足或证据存在瑕疵而导致案件败诉的不良后果。传统事前审查模式缺少合同在履行环节的控制机制，未能做到对企业经营风险全程识别、监控，存在弊端。

二、事后救济模式

事实上，大部分公司领导人对法务工作的理解就是事后救济。发生纠纷后，分派任务给法务去打官司，这就是大部分公司领导人理解的法务部门存在的价值。

1. 事后救济存在极大的局限性。

在目前的民商法体系下，一旦发生纠纷，可以肯定损失就会实实在在地发生。合同风险一旦发生之后，企业要全部挽回损失几乎是不可能的。除了合同相对方有意的欺诈之外，即使在正常交易的情况下，对方出现违约也会导致己方不可挽回的损失。这是因为在绝大多数情况下，一旦对方发生违约，主要原因是其自身出现了较大的风险，履约能力已产生了很大的变化，此时再要对方弥补损失，对方客观上已不具备赔偿能力。例如，对方公司因环境污染等被政府部门责令停产。在这种情况下，它是不可能再按合同约定履约的。

在当前我国经济发展环境不规范、法治不健全的大环境下，企业在日趋激烈的市场竞争中面临很多风险，相当一部分企业市场适应能力弱，生存周期短。国家工商总局企业注册局、信息中心发布的2013年6月《全国内资企业生存时间分析报告》显示：截至2012年年底，我国实有企业1322.54万户。其中，存续时间5年以下的企业652.77万户，占企业总量的49.4%；2000年以来新设立企业退出市场的概率呈倒“U”形分布，即前高后低、前快后慢态势。企业成立后的3—7年死亡率较高，随后渐趋平缓，为企业生存的“瓶颈期”；从2008年年初至2012年年底，五年内全国累计退出市场的企业共394.22万户，平均寿命为6.09年；中部地区、西部地区和东部地区企业寿命众数为3年。即企业成立后第3年死亡数量最多，死亡率达到最高。2018年3月1日，国家工商行政管理总局局长张茅在国务院新闻办公室举行新闻发布会上指出“小微企业的生存环境也是营商环境的一部分，企业出生以后能活多长？三年是现在的平均周期，有的到五年、六年，这确实是很重要的问题，必须引起我们的高度重视。”①

当前经济环境下，大部分企业自身的生存都是问题，更谈不上具不具备违约赔付能力。事后救济最悲哀的结果就是对方灭亡了，导致己方的损失无可弥补，这种案例在实践中比比皆是。所以，事后救济只能在一定程度上减少损失，是不可能完全挽回损失的。

2. 事后救济是一种被动的权利救济模式。

任何事情，一旦出现事后处理的情况，都是非常被动的。通常情况下，公司因为合同纠纷导致产生损失，依据所签订的合同进行权利的救济，并不能实现有效防范风险的目的。提起诉讼或仲裁是事后救济迫不得已的手段，能挽回的损失也是极其有限的。最高人民法院发布2017年上半年全国法院和最高法院的审判执行工作数据显示，2017年上半年，全国法院共受理案件达到1458.6万件，结案888.7万件，未结案件569.9万件，结案率60.92%。在执行工作方面，2017年上半年，全国法院旧存执行案件113.03万件，新收执行案件345.28万件，结案229.45万件，未结案件228.86万件，分别较去年同期上升了15.93%、31%、

① 央视网：http：//news.cctv.com/2018/03/01/ARTIHfIdKuk11HFxvHqfZFk2180301.shtml，最后访问时间2019年12月29日。

17.89%、36.86%。[①] 可以看到，在我国当前的司法环境下，“打官司难，执行更难”仍是普遍存在的现象。在各级人民法院均存在大量未结案的诉讼、执行案件，由于各种复杂的原因，当事人除了等待也没有其他办法。

3. 事后救济会造成新的损失。

事后救济不管是诉讼，还是仲裁，都需要付出新的成本。例如，诉讼费、律师费、鉴定费等，还需要一批专门的人员去办理这些事，一个案件往往需要许多次地去不同的地方开庭、取证、鉴定，也是很大的成本。复杂一点的案件，所有程序走下来，往往需要三年到五年的时间，也是很大的成本。公司案件一多，将牵扯领导层花费许多精力来处理案件，影响日常管理。实践中，很多企业耗费大量时间及人力物力好不容易拿到胜诉判决书，但进入执行程序后往往是无财产可供执行，到头来原有的损失没有得到挽回，诉讼成本、时间成本又造成新的损失。

三、事前防范和事后救济的特点

事前防范的特点是在开始的时候尽最大可能防范风险，事后救济的特点是在风险事件发生后尽最大可能挽救损失。但不管是防范风险，还是挽救损失，都是一种被动应对的行为，是否能够达到目的，并不是己方可以单方面把控的。这是一种被动的合同风险管理模式。上述两者通过事前审查、事后救济的方式可以将企业的损失减少到最小，但不可否认的是，风险依旧存在，一旦发生争议，损失是必然的，任何救济手段都不能保证企业可以完全获取签订合同前所预见的利益。

另外，事前防范和事后救济模式虽然在一定程度上起到了防范风险、挽救损失的作用，但鉴于事前审查、事后救济程序中，在事前审查力度不够，事后救济缺乏有效实现手段等现实条件下，救济的手段实际上是极其有限的，甚至根本无法实现救济。风险事件发生后，审查程序不健全、企业防范风险意识不足等问题使得事前防范和事后救济模式，对于部分企业防范合同风险而言形同虚设。对此，为了适应现代化市场的发展需求、有效防范风险，公司的合同管理应积极向合同全过程管理模式转变。

---

① 最高院网站：http://www.court.gov.cn/zixun-xiangqing-54892.html，最后访问时间2019年12月29日。

第二节　合同管理模式的转变

传统的合同管理模式在企业的不断发展中已经开始逐渐显露弊端。因此，转变合同风险管理模式对于公司的健康发展具有十分重要的意义。转变后的合同风险管理模式应当包括识别风险、评估风险和处理风险，涉及合同从签订到完成的各个阶段，是一项全面、系统的防范工程。同时，最重要的是实现控制与管理合同风险由被动状态转变为主动状态，由片面转变为全面。简言之，不同的阶段有不同的风险防范重点，要在各个阶段及时、准确把握和防范合同风险，避免损失，做到事前、事中、事后一体化，着重突出了主动防范风险和合同全过程管理。

一、合同风险管理目标的转变

合同管理必须要有明确的目标，绝大部分企业的总体目标就是维护企业利益不受损害。但是，我们都知道就合同风险而言，风险可能存在于合同的订立过程和履行过程的各个环节之中，如果合同风险管理的目标仅仅停留在维护企业的利益不受损害这一层面，事后的补救往往也会显得事倍功半。合同风险管理目标一般需要满足以下几点要求：第一，要与企业进行交易的总体目标保持一致性；第二，要充分考虑其实现的客观可能性；第三，要具有明确性和层次性。

1. 保证合同内容的合法合规性。

合法合规性包括三个层次的含义：一是合法，即不违反国家的法律法规；二是合规，即符合本企业规章制度的规定；三是不违反企业的社会责任、员工的职业道德。

2. 保证合同得到切实有效履行。

合同是企业经营的依据，签订合同的目的是完成企业的经营目标。但是很多企业对合同履行过程的重视度不足，认为合同一旦签订就可以高枕无忧了。如果合同在签订后没有得到切实有效的履行，这样的合同等于没有签订。企业对合同履行过程的管理，比合同订立过程的管理难度要大得多，主要源于合同的履行是一个长期的过程，履行时间长无疑增加了企业管理的难度，同时也会增加风险控制的难度。

3. 从被动防范向主动阻止、从防范与挽救向创造价值转变。

合同是企业经营状况的直接体现。企业在经营中必然会签署大量的合同，用以规范双方当事人的权利和义务，保障彼此的利益。企业的任何交易都存在风险，只是风险有大有小以及是否可被预计、是否可控。企业的很多风险都是由合同签订和履行不规范造成的，可以说目前合同风险是很多企业最大的法律风险。因此，对于风险的防范和挽救也就理所当然地成了很多企业合同管理的基本目标。

但是，合同管理除了防范和化解风险之外，还有创造价值的功能。因此，为了顺应企业在新时代的发展，应及时将合同管理的目标从单纯的、被动的防范风险和挽救损失转化为主动地为企业创造价值。我们知道合同虽然不直接创造利益，但利益却隐藏在合同的每一个条款之中，合同管理目标从被动向主动转变，不仅可以使企业避免不必要的损失，还能为企业运营风险最低化和利益最大化提供有力保障。

二、合同管理方式的转变

在现代，随着社会经济纵深发展，公司面临的经营环境也发生了极大的变化。相应地，合同管理方式也必须适应这种变化，向创造价值和全过程管理的方向转变。

（一）合同前期管理方式的转变

1. 提高识别风险能力。

风险识别是合同评审和风险管理的一个重要环节，如果没有主动提高风险识别的能力，后续将无法进一步对识别出的风险进行评估：哪些是低层级可忽略的风险？哪些是中层级不影响合作但需要采取措施防控的风险？哪些是高层级直接影响到合作的风险？更没有办法作出相应的风险应对措施方案和建议。

企业的各个部门都应当具备并不断提高识别风险的能力。而健全的合同风险管理机制是及时识别、降低和化解风险的有效手段。在合同拟定过程中，主要风险需要依靠公司各个部门进行判断，根据合同交易方以及合同内容来分析合同存在的主要风险。例如，合同相对人履约能力较差，那么主要风险就体现在合同无法全面履行的问题上；合同标的物是否属于经营范围，其主要风险点在于合同的有效性和履行能力问题上。业务部门和法务部门应主动发现风险，分析风险发生的可能性以及风险发生对于公司造成间接损失和直接损失的程度。通过对比分析，确定主要风险，以主要风险为对象确定防范措施。另外，公司还可以根据需要为各个部门提供提高风险识别能力的相关讲座以及培训。

只有不断提高风险防范意识，以科学的态度和方法开展风险管理活动，公司才能最大限度地提高抵御风险的能力，降低风险的损害程度，从而保障公司健康发展。

2. **全面审查交易相对方。**

任何合同都不能缺少相对方。能否选择最佳的相对方直接影响合同目的的实现和合同风险的防范。合同签订前对于交易相对方的审查主要包括：主体资格审查、信誉审查、履约能力审查等。但是实践中还是会出现诸如在签订合同时，不注意审查当事人的营业执照，或者即使审查，也是流于表面形式，并未审查企业是否进行年审、是否被吊销、是否真实等问题，就匆忙与其签订合同，易导致所签订合同无效，或发生合同欺诈等法律纠纷；也会出现没有审查合同主体生产或经营能力和行为能力，造成所签合同的内容不符合法律或行政法规的规定。例如，部分产品的生产、经营须特别许可或者经过国家有关部门批准，才具备生产、经营资格，如相对方不具备这一能力会导致合同无效。还有不注意审查法定代表人的资格，不注意审查委托代理人的资格、权限等问题。

对交易相对方的审核中，最重要的一点就是对于合同相对方履约能力的审查。履约能力是合同主体履行合同的物资条件和诚信度的统一。与没有履约能力者订立合同，就无法做到合同的全面、顺利履行，公司就很难实现自己的合同利益，甚至可能遭受损失。

对于相对方履约能力的审查，可以从以下几个方面开展：一是以往履行合同的情况。这是判断其履约能力的重要依据。二是财产状况与融资能力。财产状况与融资能力关系到相对方的经营能力，可以根据其资产负债表、贷款情况等对其履约能力进行判断。三是相对方的行业信誉。这也是审查中要注意的，行业信誉是社会对一个企业的评价，因此在选择相对方时，应当注意审核相对方的信誉如何。需要注意的是审查要全面，不能片面化或者流于形式。

3. **拟定严谨的合同文本。**

合同是逻辑严密，文字严谨、简洁的法律文书，公司应该严谨地拟定合同文本，对所起草的合同条款、名词的含义都能做出明确的、无歧义的解释。例如，部分合同缺乏对合同解除条件的约定，许多公司对合同的履行过于自信，对拟定合同条款中的解除条件并未或很少做出规定，导致事后出现问题，想解除合同既无合同依据也无法律依据，救济难以进行。公司之所以要重视严谨地拟定合同条款，除交易是通过合同履行来完成这一因素外，合同还是产生纠纷时最直接有利的书面证据，不完备的合同条款，将会给公司带来很多风险。

因此，在合同文本的拟定问题上，公司应该注意并尽可能地全面做到以下五点：

一是制定合同时，起草人应该对交易双方的权利义务和整个交易过程都要全面深入了解，避免无用条款的出现。

二是合同条款用词必须准确，避免因歧义语句、名词的出现而导致纠纷的产生。

三是不要出现应约未约或者约定不明的情形，这样容易导致合同履行困难。要考虑周全，把可能发生的情形都写入合同，宁繁勿简。

四是违约条款必不可少，违约条款的制定既能督促相对方积极履行合同，又能够在产生纠纷时起到对守约方的补偿作用。

五是谨慎选择解决争议的方式。争议的解决方式通常为协商、仲裁、诉讼，选择时应优先考虑协商与诉讼。在我国仲裁机构公信力不足的情况下，仲裁“一裁终局”的特点容易造成被动的局面。同样，因合同纠纷提起诉讼，原则上应尽量选择己方所在地有管辖权的法院。

在实践中，不同的交易会产生不同的合同，关键在于公司的相关部门和法务部门能否从实际出发，拟定真正满足交易需求的合同文本，为合同的履行及企业实现合同目的提供保证。

（二）加强合同履行阶段管理

对公司而言，签订一个高质量的合同只是良好的开端，合同的履行才是真正重要的环节。其实，合同履行阶段才是最容易出现风险的阶段。合同签订前没有预料到的一些隐藏的风险，会在这一过程中逐渐显现出来。因此，加强合同履行阶段的管理应贯穿于合同管理过程的始终，涉及合同履行过程中的各个环节、各个方面。通过对事中的风险监督，及时发现问题，纠正偏差，使风险得到有效的控制和防范，保证后期双方均可以实现合同签订的目的，保证企业的健康发展。

1. 强化合同履行分析能力，建立合同风险预警机制。

目前合同履行管理中存在的问题，主要是法务人员和合同经办部门、人员缺乏对合同的深入研究，对于自己主办的合同并不熟悉，直到出现问题才去查找原始的合同文件，没有提前做好甚至不会做合同履行分析。法务人员和合同经办人员对合同要做到“烂熟于心”，经常研究对照合同，发现合同履行异常要及时汇报处理。

合同在履行的过程中，会涉及方方面面的问题，公司应当建立合同风险预警机制，慎重对待履行异常，发现问题及时作出相应的处理。合同管理的风险预警机制主要由四个方面构成：证据预警、履行预警、担保预警、诉讼预警。

（1）证据预警。主要指合同履行中双方往来的一些文件都要作为证据进行保存。凡是涉及双方权利义务发生改变的事项，一律采取书面形式。合同履行中的重要文书和函件（包括但不限于合同约定事项的变更，履行合同中重要的情况说明，合同履行的催告或者通知等）是日后一旦产生纠纷最直接、最重要的书面证据，如果不注重法律文件的留存和权利义务的保护，肯定会为此付出高昂的代价。

（2）履行预警。主要指在合同履行过程中，要随时跟进掌握相对方的履行情况。这样做的目的是提前做好应对措施，防止对方出现履约不能的情形。一旦发现相对方没有能够按照合同约定完成的情形，如没有及时支付货款或者没有及时交付货物等，应及时报告公司相关部门和领导，并采取书面发函催告等方式维护权益。

（3）担保预警。主要指在合同履行过程中要定期对担保物的情况进行检查。一旦担保物出现毁损、灭失、减损的现象，应及时要求担保人提供与担保合同标的额相对等的担保物。因此，只有对担保物的价值和完整性进行经常性的检查，才能及时发现其价值变动和物体变化的情况，并要求担保人提供其他的增信措施，防止出现未经权利人同意擅自处理担保物，减少因担保人行为和市场变化带来的担保风险，以此维护公司的利益。

（4）诉讼预警。主要指要随时查询了解合同相对方涉诉的情况（包括相对方的法定代表人或主要管理人员涉诉情况）。一旦相对方因重大纠纷进入仲裁或诉讼程序时，合同履行监督部门应及时向公司发出预警。重大纠纷往往费时费力，会严重影响一个公司的经营和信誉，因此，在相对方出现诉讼时应及时采取应对措施。

2. **选择有效的合同补救措施。**

合同生效进入履行阶段后，随着情况的不断发展变化，有的合同条款已经无法满足当初的预期，因而对合同进行补救的情况还是会时常发生的。合同进行补救的最主要目的是保障合同能够继续顺利履行，同时挽救公司的合同利益以及防范合同风险。

合同补救的方式是多样的。主要包括签订补充协议、变更合同条款、解除合同等，这些都是履行阶段合同管理的重要内容。需要注意的是，不论是何种原因引起的对合同条款的补充变更抑或签订新的补充协议，都建立在双方当事人友好协商的基础之上，协商一致是对变更合同条款及签订补充协议能否完成的前提条件。公司订立合同的目的是通过合同的履行实现利益，但是在一些特殊的情况下，继续履行合同除无法达到预期的利益外，还有可能使公司遭受更大的损失。从公司的角度来说，这时候与其继续履行合同，还不如解除合同。因此，解除合同也是补救方式之一。

公司想要实现自身的合同利益，在一定的程度上光有自身的积极性不行，还需要合同相对方的诚信履行。在合同相对方不履行或者不如约履行的情况下，需要通过各种方式来进一步促使其履行合同，从而保障企业的合同利益。从理论上来说，相对方不履行合同或者不按照约定履行合同，其行为已经构成违约，公司可以通过选择仲裁或者诉讼的方式维护自身的合法权益。在众多的合同救济方式之中，仲裁或者诉讼是最为常见的救济方式，但是公司在选择仲裁或者诉讼的同时，还必须考虑时间、成本以及成功率等种种因素，并不是只要起诉就一定能够成功，获得胜诉后就可以获得利益。

在实践中，公司通过让步来换取相对方的履行，也不失为合同利益补救的一种方式。让步要通过协商，在不影响公司实现合同目的的情况下，以小的利益换取更大的利益的实现。但是采取此方法时也要特别注意，不能一味、无原则、没有底线地让步，而应当在得失之间选择最佳的补救方式。

（三）合同履行后管理方式的转变

1. **重视合同档案管理。**

合同是公司极其重要的法律文件。但是，许多公司在合同履行完毕或者终止后，并不重视合同的归档工作，认为履行完毕即万事大吉。

合同档案管理工作的主要内容，就是按照合同的类别以及签订时间等分门别类地进行归档。合同档案一般包括但不限于：当事人信息、合同正本（含附件）、合同审查意见书、授权委托书、合同履行、争议的情况说明、合同双方往来函件等。

公司之所以要重视合同的归档工作，主要是为了避免合同丢失、合同内容泄密或者合同被盗用的风险出现。控制此类风险，就必须要重视合同的管理与保存。公司要明确规定合同档案管理人员的职责，明确规定合同借阅以及审批程序，实施合同管理的责任追究制度，对合同档案保管的情况实施定期或者不定期的检查。因此，要使完整性、及时性、规范性在合同档案的收集管理工作中得到切实有效的保障，公司需将合同档案管理工作作为合同履行后管理工作中一个需要重点关注的环节，专项进行管理。只有将合同档案管理工作提升至一个系统性的管理层面，才有益于助推合同管理工作的全面开展。

2. **重视合同总结。**

合同标的较大，或事关公司主业发展，或与新的客户签订的合同，可以称为重要合同。重要合同在履行终结或者解除后，应当由法务部门会同合同主办部门对合同的全过程采用书面形式进行总结，总结经验对后续的合同管理工作具有重要的指导意义。当公司的合同目的得到实现后，企业管理人员也不能因此掉以轻心，合同管理的任务仍然没有结束。

合同总结要紧紧围绕合同的要约、签订概况、履行情况、违约及索赔情况，合同履行过程中失败的原因或者有创造性的地方来进行描述。合同总结不应该泛泛而谈，而是要做到对整个合同管理过程中出现的问题作出透彻的分析，就问题产生的原因作出客观的说明。

合同总结，既要对合同签订、履行全过程中失误的地方作出全面分析，找出原因，以利于吸取经验教训、少走弯路、少蒙受损失，也要对合同过程中好的做法进行全面分析，以利于企业在后续的工作中大力推广使用。值得注意的是，合同总结不要掩饰过失或者避重就轻，出现问题不可怕，可怕的是不能正视问题，而是一味地想通过粉饰太平的方式来掩盖问题。这种掩耳盗铃式的做法往往得不偿失，会给公司的合同管理甚至经营带来更大的风险及损失。

3. 重视反馈。

合同履行后，对于在履行过程中出现的具有普遍性的问题，要及时向公司领导和业务部门反馈，以采取措施，防止新的风险发生。不能一再地犯同样的错误。例如，一个工程的建设合同履行完毕后，在后期的合同总结和评估中，发现出现较多的工程变更，则应及时将这一情况反馈给公司领导和工程部门，以便发现变更的原因，提出相应的对策，避免变更的随意性。

三、实现合同事前、事中、事后一体化管理

公司想要防范风险，实现自身的合同利益，就必须对合同的全过程进行有效的管理，实现事前、事中、事后一体化。若有一个阶段缺失、发生问题或者部门之间的工作无法有效地配合进行，都会导致公司无法顺利地实现自身的合同利益，甚至由此遭受合同损失。因此，实现合同风险管理的一体化对于公司而言至关重要。

（一）分工明确，部门协作

绝大多数的合同在签订及履行的过程中，并不是由某个部门独立完成的，而是需要若干部门在不同的阶段共同完成。各部门之间相互协作，才能保证合同全过程管理的顺利完成。

1. 职责不同。

大部分的公司将合同归口管理职责放在法务部门，由法务部门负责制定和完善合同管理的制度和流程。业务经办部门参与合同的全流程管理，负责合同各个环节的连接和合同所涉各个部门的沟通协调工作。因此，在公司建立完备的合同全过程管理体系之下，法务部门与业务经办部门具有不同的工作职责。

2. 工作内容不同。

合同管理全过程涵盖了合同从签订到履行的整个阶段。从合同签订前的立项、洽谈、审核，到合同签订的用印，再到合同签订后的资金支付、履约跟踪、合同变更等，涉及业务经办部门、法务部门、财务部门和用印部门等诸多部门。一般的大中型公司均建立了相应的合同管理制度，制度中专门对公司内部各部门的合同管理工作有明确规定，确保制度落实到实际合同管理工作中，不会存在工

作内容错位的情况。

3. **互相协作、互相监督。**

在理解各部门之间工作职责及工作内容不同的基础上，也要明白业务经办部门和法务部门的工作是相辅相成的，最终目的是维护公司利益。比如，就原料采购合同而言，计划部门和采购部门负责决定采购什么、采购多少、采购什么质量标准，以及选择最好的合同相对方、商定合同文本、合同签订后执行合同。法务部门负责在合同条款中拟设公司合同利益、防避合同风险、审核合同是否履行公司内部批准程序等。业务经办部门和法务部门均是以追求公司利益为目标，以合同的签订和履行为主线，互相协作和相互监控。只有这样，一份原材料采购合同才能健康地履行。

（二）管控合同风险的四个环节

1. **风险识别。**

风险识别是合同风险管理的前提，即识别可能遇到的所有风险源和风险因素，分析风险的性质，对其特性进行判断，同时发现引起合同风险的主要因素。在此基础上利用系统的、规范的程序、步骤和方法查明可能成为合同风险的诸因素，风险识别在任何一个阶段都应当具备，并非只在事前审查工作中需要，而是应贯穿合同管理的全过程。

2. **风险分析。**

在风险识别的基础上，预估风险发生的概率、风险的范围、风险的严重程度、持续时间、发生情况，从而找到合同管理的风险点和影响因素，将风险进行排序，进而确定主要风险，确定可否接受合同风险，或者选择控制合同风险的方法，降低或转移风险。合同管理风险分析能够为整个企业风险管理提供重要的参考。

3. **风险规划。**

各个环节中，只要预见到风险存在发生的可能性，企业就须相应制定规避策略及其具体的实施手段。通常在事前审查中采取预防措施等方式，如合同签订前发现对方履约能力差或商业信誉不足，企业会选择放弃与之订立合同；合同履行中一旦发现担保出现问题，企业会要求对方提供新的增信措施；事后救济则通常采用保全、诉讼等形式进行，企业可以根据不同阶段采用不同的规划方式。

4. **风险监督与控制。**

一般而言，合同风险监督与控制的方式是监督已识别的合同风险，管理残余的合同风险，识别新的合同风险，保证合同风险计划的执行，并时刻评估合同风险，规划对降低和规避合同风险的有效性。实现合同风险管理一体化需要始终坚持在各个阶段中贯彻以上四个环节，及时发现问题，解决问题。

第三节　合同全过程管理怎样创造价值

合同是企业一切经营活动的依据，是企业权利义务的保障，合同管理水平反映着企业的管理水平，也决定着企业的经营成果。合同也是防范企业经营风险的基本依据，传统观念认为，合同管理并不能够创造价值。但合同管理是贯穿于公司管理的全过程的，合同利益也隐藏在合同的各个条款以及整个履行过程之中。因此，公司通过转变固有的合同风险防范思维，可以实现合同管理从单纯的风险防范转向创造价值。

一、改变理念创造价值

要实现合同管理从单纯的风险防范转向创造价值，首要的一点就是转变理念，从思想上向着创造价值的方向努力。只有理念转变了，在实践中才能实现自己的目标。

1. **从被动思维转向主动思维。**

法律思维的一个特点就是被动思维。因此，法律总是落后于现实的。这个特点体现在合同管理中，也同样表现为被动思维。在大多数公司里，法务部门都被认为是灭火队，同时也是被边缘化的部门。只有在公司发生纠纷，需要打官司的时候，法务部门才被重视起来。

通常在公司管理层的观念中，法务人员就是操作层面的员工，不是管理层面的干部。法务人员只要按照公司的安排，做好合同管理、诉讼管理工作就行了，法务人员也往往把自己局限于这种被动的角色中。同时，在工作中担任被动的角色总是比担任主动的角色轻松，更不用承担责任，久而久之，大家就习惯了被动地工作。

在创造价值的语境下，则必须从这种被动思维转向主动思维。合同管理要主动作为，在为公司创造价值的过程中积极做出成绩。从观念上首先要有这个担当，从能力上也要相信自己。真正树立把公司的利益放在首位的思想，真正树立要为公司、为社会做出贡献的思想，就会从被动转向主动。

2. 从否定性思维转向肯定性思维。

合同管理是企业法务部门的一项重要职责，在长期的合同管理过程中，难免会产生固有的思维模式。否定性思维就是法务人员长期形成的惯性思维。长期的法务工作，主要就是日常的审查合同、审查各种各样的法律文件，久而久之，就养成了用审查的眼光看待一切，就喜欢找缺点，找不足，就容易否定别人的思想。

每一份合同都是一个交易过程的体现，从订立到履行的每个阶段，都是风险和利益并存。当一个风险点出现的时候，固有的思维方式容易让我们为了规避风险而轻易做出否定性判断。一味的否定，风险是可以规避了，但是也无法实现预期的合同利益。因此，法务人员一方面要善于发现各种潜在的风险，做到未雨绸缪。另一方面更要转变思维模式，合理分析风险的来源以及可控程度，积极主动找出各种解决风险的方法。

业务部门经办的合同，站在法务部门的立场看，肯定存在许多不足和漏洞，都存在各种各样潜在的风险点。但重要的是不要轻易否定，更不能全盘否定。而要运用自己的专业知识，为业务部门想办法解决问题，想办法堵塞漏洞，把他们没有完善的地方予以完善，把潜在的风险点化解掉。法务部门一定要树立这样的工作习惯，对于业务部门提交审查的合同，首先予以肯定，然后才能有技巧地帮他们完善合同。

3. 从被动应对转向积极作为。

过去，法务部门的工作大多数都是领导交办的，或者是公司业务流程规定的，是一种被动应对的工作方式。这种长期的被动工作，反映在思维方式上，就表现为被动应对的思维方式，从思想观念上就缺乏积极作为的因素。这种思想方式是一种保守的、消极的思维方式，具体表现为坐等领导安排工作，没有主动性。

在推行合同全过程管理时，法务人员必须将这种被动应对的思维方式转变为积极作为的思维方式，从理念上要树立积极作为的思想，这样，在实践中才能做到积极作为。如果从思想上仍然停留在被动应对阶段，一切等候领导安排，合同全过程管理是没有办法实现的。

二、提升效益创造价值

公司的管理是通过一系列的流程实现的。流程对于提升效益有着重要的决定作用。高效的流程，有利于提升公司的效益，从而达到创造价值的目的。合同管理是公司管理的一个重要环节，因此，在合同管理中，通过提高管理效率，也可以提升整个公司的管理效率，从而实现创造价值的目标。

1. 制定规范的合同管理制度。

规范化就是公司管理的一切方面、一切环节都有事先规定好的流程和具体要求，经办人员只要按照流程和要求进行，就能完成一项工作，而不必到处请示汇报，寻求领导的批示。规范化是提升效益最有效的路径。一个经营效益良好的公司一定是规范化的公司。这种规范化体现在公司管理的各个方面、各个环节。合同管理是否规范化也同样决定了合同管理的效益，进而影响到公司的效益。

合同管理制度是企业合同计划、审批、签订、履行的依据。一个有效的合同管理制度既能提高合同的签订效率，也能够有效地预防风险。设计一套行之有效的合同管理制度，是合同管理工作能否做好的基础。同样地，合同不经审批就不生效，就没有实际的意义，只有经过审批才可以正式签订，才能对公司产生权利义务。因此，审批环节是决定合同是否签订的关键环节。

但是就目前的情况而言，很多企业对于合同的管理没有足够的重视，许多企业甚至没有独立的合同管理机构，也没有制定出有效的合同管理以及合同审批制度。管理制度的缺失，导致合同签订的随意性，给企业的经营埋下了风险隐患的种子。随着时代的发展，合同的管理已经不再是单纯地签订合同、履行合同，它是一个动态的、全过程的、系统性的管理。而动态、全过程、系统性的管理又体现在合同签订的整个过程中。一份合同的签订是整个企业的事情，所有与签订相关的部门都应该参与其中。一方面，没有法务部门的积极参与和有效的工作不行；另一方面，单有企业法务部门的努力，离开了其他部门的配合也不行，必须把它们有机地结合起来，使合同管理制度能够在一个科学合理的范围之内施行。对一个企业而言，加强合同的管理以及审批，能够提高企业对市场的适应程度，同时规范有效的合同管理及审批制度可以使企业规避合同中存在的风险，维护企业自身利益。

2. **实现合同管理模式的信息化。**

传统纸质合同管理模式已经不能适应现代企业的业务发展需求，企业实现合同管理的信息化对企业的发展至关重要。实现合同管理信息化，逐步取代传统纸质审批的方式，将大大提高企业管理合同的工作效率，促进公司的合同管理水平，从而更加准确、及时、全面地反映合同的内容，为企业的决策管理提供指导，以实现合同的智能化管理和企业信息共享。

采用合同信息化管理有以下几点优势：

一是实现信息共享。业务部门将所签订合同的文本、合同订立的基本信息、付款期限等工作情况录入系统，实现各个部门的信息共享，有效提高了业务部门的工作效率，保证了数据的真实性、准确性，减少了其他部门如法务部门和财务部门的工作量。

二是实现信息追踪。合同的履行情况和进度录入信息系统，便于各个部门的查询，也便于公司领导实时了解合同签订、履行情况，及时发现问题、解决问题。

三是实现数据的有效保存。信息系统利用大数据的库存储蓄信息，不会出现因为时间的而出现灭失等情况，减少因合同文本丢失给企业带来的不利影响，尤其是履行期限较长的合同，采用电子化信息管理是最有效的方式。

四是明确各类合同的管理权限。系统设计时将合同各部分的权限准确设定，增加管理透明度，提高管理监督能力，避免出现合同审批权利滥用等问题。

3. **制定并实施尽职调查管理办法。**

尽职调查的结果直接决定着合同是否能够签订，因此，制定一个规范化的尽职调查制度，也是提升合同管理效益的重要环节。如果没有明确的、可操作的尽职调查制度，就会导致尽职调查的随意性，不仅会使公司面临风险，而且会影响到管理效益。

规范化的尽职调查制度应该明确哪些事项需要尽职调查，在什么样的情况下需要进行尽职调查，尽职调查的流程是怎样的，由谁来进行尽职调查等。有了这些明确的指引，尽职调查效率就会大大提高。

企业间的经营活动主要依靠合同履行来连接，除合同履行是一个动态的过程外，作为合同相对方的企业或个人，随着时间、环境等因素的变化，也处于一个不断变化的动态过程。鉴于此，在合同签订前适时开展法律尽职调查，有针对性地对目标企业的行业地位、商业信誉、履约能力等方面进行重点、客观、有效的了解，是防范合同违约风险的有效手段。

需要强调的是，法律尽职调查工作除了要严格遵循管理办法的相关规定之外，更应该坚持客观性、独立性和全面性原则，调查内容应当客观、真实、准确，保证调查目标信息的全面披露，信息完整无遗漏且能相互印证，尽职调查结论报告不受其他第三方因素的干扰。公司领导不得事先对尽职调查定调子、定结论。

4. **建立合规的合同示范文本。**

建立规范化的标准合同模板是提高合同管理效益、防范风险的一个有效措施。一般而言，合同起草方掌握主动权，其可以根据双方协商的内容，斟酌选用对己方有利的每一项条款，更充分地考虑和保护自己的利益。因此，为了争取在履约过程中或发生争议时的主动地位，企业应制定适合自己的各类标准合同并要求对方接受自己的格式文本。在制定标准文本时，应充分考虑企业所进行的同类交易行为可能面临的法律问题和风险，以及出现该问题或风险时有利于保护己方利益的最佳处理办法。采用自己的格式文本，不仅能节省交易成本，提高合同评审效率，更重要的是能减少交易风险，以及避免以后可能出现的争议。此外，争取合同的起草权，还可以在合同中充分考虑己方的利益，从而尽量避免己方可能发生的损失，以及在损失发生的情况下如何获得充分有效的救济。

这里需要说明的，一是一些中央部委如交通运输部、住建部等颁布了自己的示范性合同文本，企业在制定合同示范文本时可以适当参考这些示范性文本，但是仍然应该根据企业自身的情况、需求、业务特点以及市场地位等，制定适合自己的示范文本。二是合同范本不是一经发布后就可以一劳永逸的，合同范本的管理需要适时创新管理，即积极推进合同管理的创新，完善范本合同的内容并深化应用。三是合同示范文本一旦颁布，企业在日常的工作中就应该优先使用，原则上不允许对其中的重要条款进行变更，只有严格遵循，才能发挥出示范文本的优势，以最大限度维护企业自身的利益。

三、诉讼、清收创造价值

公司在经营中经常会发生权利被侵犯的案例，这当中被拖欠资金占了相当大的比例。法务在公司中如何创造价值，最直观的表现就是通过清收欠款体现自己的价值。

1. 坚持以合同为依据，实现清收目标。

清收回来的款项，就是公司实实在在的收益，就是纯利润，就是创造价值最直接的体现。因此，应把清收工作作为法务部门的重点工作。以广西交通投资集团为例，2017 年、2018 年两个年度清收回款过亿元，2019 年度更是清收回款达 9 亿元。这些过亿元的回款，全部都是现金。而整个公司的利润尚不过 20 亿元，一些子公司拥有员工数百人，年营业额过百亿元，利润也不过 1 亿元。可见清收工作对公司的巨大贡献。

清收工作也是企业管理的一项重要工作，它与企业的发展建设、经营建设、资金周转和使用效率等密切相关。同时，对清收工作的重视程度也反映了企业管理层对公司的责任心、担当精神。一个企业对自己的应收账款都漠不关心，别人欠自己的钱都不想办法去要回来，这样的企业是绝对搞不好的。

做好清收工作，减少资金的流失压力，在确保企业正常生产经营需求等方面将会发挥重要作用。从国家统计局的公开数据来看，我国工业企业在 2017 年的流动资产为 53.43 万亿元，而 2017 年工业类的应收账款余额总值达 13.48 万亿元人民币，应收账款的比率达到了 25.2%，同比增长 8.5%。从近 5 年数据的变化情况来看，每年的期末余额都呈递增的趋势。这种状况使得企业的资产沉淀损失严重，严重影响企业资金的运转，也严重影响了企业的经济效益。它一方面导致企业交易的支付能力不足，另一方面也加重了企业的负债比例，使企业形成更加严峻的债务风险。

清收的依据就是合同。所以，如果合同管理工作做好了，就会对清收工作带来巨大的帮助。合同管理井井有条，随时掌握逾期应收账款，就能保证清收的及时性。被拖欠资金就是公司的损失，因此，必须及时地将应收账款收回。有些合同管理水平较低的公司，被拖欠应收账款多年，甚至有多少应收账款都不清楚。这样的公司，怎么可能经营得好？合同管理做得好，也为清收工作打下了良好的法律基础，合同中权利义务设置得清清楚楚，就避免了对方的各种拖欠借口，就为清收提供了最有力的保证。

为了加强应收账款的清收，公司应在合同管理的配套制度中确定应收账款达到一定的账龄就进入清收程序，并将相应的材料移交法务部门开展清收工作。从广西交通投资集团的实践来看，逾期一年以上的应收账款，即被列入清收名单，由法务部门牵头进行清收。为了加强清收工作，广西交通投资集团还专门成立了清收工作领导小组，由总经理担任组长，总法律顾问担任副组长，直接领导清收工作，取得了良好的效果。

2. **通过诉讼追回欠款。**

诉讼是法务人员的专业。在公司的应收账款中，许多是必须通过诉讼才能收回的。诉讼中，双方订立的合同是最主要的证据。己方的主张要通过合同来证明其合法性，对方也必然通过合同进行抗辩。因此，诉讼请求能否得到法庭的支持，合同就是最主要的证据。

规范化的合同管理，能够在合同签订、履行的各个阶段充分保障自己的权利。在可能发生的诉讼中，保存对己方有利的证据，这样，在诉讼中才能立于不败之地。相反，一些公司合同管理混乱，所订立的合同漏洞百出，所需要的证据也没有得到很好保存，发生证据灭失，从而导致自己的权利无法得到法律救济，造成损失。现实中，也发生过有些公司将合同原件丢失的事件。在这种情况下，要通过诉讼保护自己的权利就变得非常困难。

为了保证诉讼的胜利，在合同的各个阶段，都应该要求按照诉讼的要求管理合同，按照庭审对证据的要求管理好合同及其附件。法务部门在此过程中起着关键作用。因为其他业务部门并不熟悉诉讼要求，往往只是根据经验管理合同，需要法务部门对他们进行专业指导才能达到要求。

虽然一些应收账款必须通过诉讼才能收回，但是要清醒地认识到，诉讼是最后的手段，因为一旦进入诉讼程序，则会面临漫长的起诉、上诉、执行程序，一个案件拖延数年甚至十年以上不能结案是常见的现象，更遑论执行难的问题了。

3. **通过非诉手段追回欠款。**

在清收过程中，如果能够通过谈判、协商收回欠款，当然是最佳选择了。但是，在谈判、协商的过程中，可能要作出适当的让步，这也是理性的选择。

即使谈判、协商收回欠款，也要以合同为依据。谈判、协商的过程必须有理有据。这个据，就是合同。谈判、协商的基础就是合同约定的对方的义务及其应尽义务的履行条件。法务人员和业务人员和对方谈判、协商，也必须首先研究透合同，对条款熟记在心，并且能够熟练引用法律条文，让对方感觉来清收欠款的人是合理合法合情地协商解决问题，从而才可能积极配合清缴欠款。

合同订立的条款，直接决定了法务人员和业务人员协商、谈判的成效，也在主观上影响着协商、谈判人员的心理。合同条款严密，则谈判人员底气就足，对方也会觉得理屈。如果合同条文混乱，约定不明，就会给对方极大的辩解机会，对方就会利用约定不明的条款，反复为自己辩护，甚至将无理变成有理。这种约定不明的合同条款，会使谈判、协商陷入僵局，很难实现自己的目的。

4. **清收必须有奖励措施。**

清收是一项极其艰难的工作，轻轻松松是要不回来钱的，清收需要投入超长的精力和时间，清收人员也必须具备超常的能力和坚强的意志。如果没有相应的奖励措施，清收工作肯定不会取得预想的效果。在实践中奖励不能落实到位的误解主要在两个方面，一方面认为清收就是法务部门的本职工作，既然领了工资，就不应再奖励。这种思想听起来蛮有道理，但对于清收工作于事无补。法务人员大可拿着工资，搞好日常的法律事务就是了，何必再另外付出精力清收呢？再说那些应收账款也不是他们造成的，最该去清收的是种下恶果的人。但这些人好多都已经关进牢房，他也不能清收了。给予奖励是理性的选择，因为从公司的角度看，收回资金，就是公司的收入，就是利润。如果不大力清收，就会形成坏账。

另一方面就是担心从事清收工作的人所得到的奖金过高，形成不平衡，这种思想在国企中尤其严重。其实拿的奖金高不高不是问题的本质，本质是能否为公司创造价值。公司可以制定一套制度，规定公司的任何人都可以去清收，所得到的奖金都是一样的，调动一切积极因素去清收。

最有效的奖励必须满足两个条件：一是奖励必须落实到个人头上，二是奖励必须能够不打折扣地兑现。这样的奖励才是最有效的，才是最能起到激励作用的。拿钱去奖励团体，属于奖励浪费，没有任何激励作用。激励必须精准到个人，必须把奖金发到个人手里，这样的激励才是有效的。大街上见到送外卖的，个个电动自行车骑得飞快，送餐都是一路小跑，何故？原因就是采用了最直接的现金激励。送外卖的员工心里很清楚，送一单多少钱。多送就能多得，因此，跑起来特别卖力。

任何管理的本质都是一样的，即一手拿大棒，一手拿胡萝卜。在国企里，管理人员手中的大棒是非常沉重的，看起来位高权重，但大棒却是海绵做的。因为过于沉重，很难被举起来，更难真的打下去。又因为是海绵做的，即使打下去也没什么威力。在国企现有的体制下，管理者调动员工积极性的唯一有效手段就是加大奖励的力度，除此之外，别无选择。对于清收工作，尤其如此。

第四章
CHAPTER

合同全过程管理的组织架构

任何管理行为，如果没有把管理主体落实到具体的人，都等于零，等于没有任何管理。广义的合同管理人员包括公司一切参与合同的人员，包括董事长、总经理等公司高管在内，狭义的合同管理人员特指法务机构的人员，包括总法律顾问、法务部门负责人和法务部门其他直接参与合同管理工作的人员。公司只有建立完整、高效运转的组织架构推进合同管理才能真正将管理要求落到实处，真正实现合同全过程管理的目的。

第一节　公司法定代表人

在依法治企的背景下，公司法定代表人是合同管理的第一责任人。依法治企是依法治国方略在企业管理中的具体实施，是公司法定代表人的法定职责。

一、公司法定代表人是依法治企的第一责任人

公司的法定代表人必须充分认识到自己是依法治企的第一责任人，并切实履行自己的职责。公司法定代表人作为依法治企的重要组织者、推动者和实践者，在公司经营管理过程中应当认真落实国务院关于法治建设的各项要求，自觉运用法治思维和法治方式深化公司内部体制改革、推动经济发展，把公司各项工作纳入法治化轨道。国务院国资委在“法治央企”的目标中提到，法治建设要从主要依靠总法律顾问推动，向公司主要负责人切实履行第一责任人职责转变。国务院

国资委于2017年7月印发了《中央企业主要负责人履行推进法治建设第一责任人职责规定》，大力推动中央企业主要负责人履行推进法治建设第一责任人的职责。

公司法定代表人有权必有责。法定代表人一般来说由公司董事长担任，相较于公司其他高级管理人员，对公司的生产经营决策往往有重要决定作用，且在日常经营管理中直接代表公司对外进行活动。如果未按法律规定正确履行其职责，将会被首要地、直接地追究相应的民事、行政和刑事责任。

1. **民事责任。**

一般来说，公司法定代表人的行为视为公司行为，民事责任是由公司承担的，但我国《民法典》《公司法》中明确规定了法定代表人侵犯公司利益情形下所应承担的民事责任。例如，根据《公司法》规定，公司法定代表人作为股东，滥用公司法人独立地位和股东有限责任损害公司债权人的利益的，应对公司债务承担连带责任。《公司法》第149条规定，董事、监事、高级管理人员执行公司职务时违反法律、行政法规或者公司章程的规定，给公司造成损失的，应当承担赔偿责任。

因此，如果法定代表人违反法律、行政法规或者公司章程规定而造成公司损失，法定代表人不能以执行公司职务行为为理由进行免责。公司对外承担相应责任后，公司和其他股东有权就其损失部分向法定代表人进行追偿。

2. **行政责任。**

由于法定代表人是代表公司从事民事活动的负责人，因此公司的一些民事行为，可能导致法定代表人被采取行政措施，比如公司存在债务违约或者偷税漏税等问题，法定代表人也可能会被行政机关采取限制高消费、限制出境等措施。

此外，法定代表人作为公司经营管理的直接责任人员，《安全生产法》规定了公司定代表人应全面履行安全生产管理职责，否则有可能受到行政处分、处罚。

3. **刑事责任。**

一般情况下，以公司名义从事的犯罪行为应由公司承担刑事责任。例如，生产销售伪劣产品罪、偷税罪、侵犯著作权罪、非法经营罪等罪，除对单位进行处罚外，还可能追究“直接负责的主管人员和其他直接责任人”的刑事责任。

对于上述“直接负责的主管人员”的具体范围，虽然法律未明确规定，但是司法实践中通常将法定代表人认定属于单位“直接负责的主管人员”，并据此判定法定代表人对公司的行为应承担刑事责任。这是符合中国公司治理的实际情况的。权力大则必定责任大，作为公司法定代表人必须充分认识到这一点。

以上所述说明法定代表人对其行为及公司的违法违规行为要承担相应的民事、行政和刑事责任。在现行中国法律体制下，公司法定代表人对公司经营管理负全面领导责任，并且肩负着无数“一岗双责”，也承担着较大的法律责任和风险。

二、合同管理是依法治企的题中之义

综观公司发展当前所处的历史阶段、社会和舆论环境，“依法治企”对于公司经营管理比以往任何时候都重要。公司法定代表人具体践行依法治企的要求，依照国家法律法规和公司章程来治理公司，需要将依法治企理念融合到公司经营管理的方方面面。作为公司最日常、业务比重最大的合同业务，理所当然成为公司依法经营管理的重要内容。同时，合同管理水平也直接反映着公司的管理水平。

1. 依法治企为强化合同管理提供新契机。

依法治企的主要表现即为依法经营、依法管理。这里的法是一个外延较大的概念，既包括法律法规，也包括公司章程和规章制度。公司在经营管理活动中各类合同的起草、审查及管理需要法律和公司规章制度的规范和保障，因此公司落实依法治企具体措施的过程在合同管理方面的体现，实际也是加强合同管理的过程。

其实，依法治企为公司经营管理提供一个公平竞争的环境，只要始终规范经营，公司经营管理者坚定依法从严治企的意志和信念，使依法治企成为一种管理惯性，它不仅能够在外部确保公司经营规避法律风险，而且还能有效改善公司内部不合理的经营现象，让公司在激烈的市场竞争中脱颖而出。当前依法治企被提到了前所未有的高度，公司经营管理者应当借助这一契机强化公司内部合同管理，杜绝合同管理中打擦边球和试探“红线”的情况，使公司合同管理逐渐趋于规范化，树立员工法治意识，从而推动公司整体经营管理法治化建设。

2. 深化合同管理有利于提升依法治企水平。

现代公司的经济往来基本是以合同形式进行的。合同的谈判、起草、修改、签订、履行以及后期管理无不体现出双方整体实力和经济利益的博弈和合作。规范的合同管理保证经营活动依法进行、依规开展，充分发挥了法律法规和公司内部制度的保障作用，将公司经营管理纳入法治化轨道，也最大限度地保障了公司获取经济利益。

现实中，一些公司负责人忽视合同管理，甚至认为依法依规管理影响了公司经营，降低了效率，限制了公司获取利润最大化。因此，千方百计钻法律的空子，打擦边球开展违法经营活动。这种行为从短期来看是为公司带来了可观的经济利益，可一旦“东窗事发”，这点可怜的经济利益在巨大的损失面前就不值一提了，更可能给负责人自己招来牢狱之灾。

合同管理是一项政策性、专业性较强的工作。充分发挥合同在经营管理中的桥梁和纽带作用，对合同进行全过程集中控制管理，长期下来对公司的法治化建设具有重要促进作用。如果全公司经营管理按照法律法规、规章制度运行，公司法定代表人依法决策、依规办事，公司内部就会形成良性互动，公司合规经营和依法治企水平就会逐步提升。

三、公司法定代表人的合同管理职责

合同最终是由法定代表人批准后生效的。因此，不管最终在合同上签字的是谁，法定代表人都是合同的最终责任人。许多公司的法定代表人只认识到了自己位高权重的一面，在合同上签字的时候气宇轩昂，一副舍我其谁的感觉，却对自己在合同管理中所应承担的责任认识不足。现在，法定代表人必须认识到在合同管理中，自己是第一责任人。法定代表人要落实合同管理职责，防范公司和自己个人的风险，必须做好以下工作。

（一）建立合同管理机构

公司法定代表人应在公司内部建立起总公司、子公司及项目部等各个层次的合同管理机构，任用符合职位要求的专业人员，明确合同管理相关人员的职责，形成一个合同全过程规范管理的网络组织，最终达到有效防范风险，提高决策效率，实现维护己方经济利益与合法权益的目的。

根据不同公司的管理体制规定，有的公司单独设置了总法律顾问并建立独立的合同管理部门，有的则是直接将合同管理职能放在某个业务部门。从规范管理的角度来说，合同管理机构一般包括以下几个部门：

1. **总法律顾问。**

总法律顾问最重要的工作是主导公司建立起规范、全面的管理制度，通过制度建立起公司运营的权力架构和公司的业务流程。2002 年 7 月 18 日，国家七部委联合发布《关于在国家重点企业开展公司总法律顾问制度试点工作的指导意见》，在此背景下，近些年大型央企、地方国企纷纷设置总法律顾问职位。这些职位通常要求懂法律、懂经济、懂公司管理的复合型人才。但按照一般央企、国企的薪酬制度，又未必能提供高薪相匹配。因此，本职位吸引力并不大。而美国的大型公司中多数总法律顾问是副总裁级别，直接向总裁汇报工作，总法律顾问的收入水平通常会与大公司其他 C 字头高管的水平看齐。这在国内是难以企及的。

从依法治企的要求和世界企业管理发展的趋势来看，大中型公司设立专职总法律顾问职位是非常必要的。总法律顾问是公司高级管理人员，在国企，总法律顾问应该是领导班子成员，这样，在协调公司内部关系方面才能具有明显优势，才能够更有力地推动依法治企工作，也才能够更有力地规范公司的经营管理工作。

总法律顾问是一个很难招聘到合适人员的职位。因此，近年来，为了达到国资监管部门对设置总法律顾问的要求，许多公司由副总经理级别的领导兼任总法律顾问，也算是一个折中的办法。但是，从专业管理的角度来看，仍然要向专职总法律顾问发展，招聘专业人员来担任总法律顾问。

2. **法务部门。**

根据不同公司的管理体制，有的单独设置了法务部门进行合同管理，有的直接将合同管理职能放在某个业务部门。规范的公司会将所有合同指定一个部门来审核，并由专门的部门来进行管理。大中型公司必须设立专门的法务部门，并由法务部门管理合同。

现代公司最明显的一个管理趋势是公司内部管理精细化和专业化。很多大中型公司甚至小型公司都设置了专门的法务部门，它在公司管理体系当中的重要性是十分明确的。大中型公司如果没有专门的法务部门，在现在看来是很奇怪的现象，在对外交往中会让对方产生这样的公司管理水平是否规范的疑问。

3. 公司内部其他管理部门。

公司内部的业务部门、财务部门和纪检监察部门等虽然不直接履行合同管理职责，但对整个合同管理工作发挥着不同的作用。合同是经营行为，也是管理行为，公司也必须有机构对管理、经营进行监督。公司的经营管理必然牵动所有的业务部门和职能部门。法务部门与这些部门之间的沟通、协调也影响着合同管理能否发挥实效。同时，这些部门的工作也在合同管理中发挥着重要的作用。如果没有这些部门的参与，合同管理就没有办法进行。

公司和各部门必须明确这些部门也是合同管理部门，也有合同管理的职责。绝不可以自认为我是财务部门只管财务，我是监察部门只管案件。在日常合同管理中，这些部门必须履行它们的合同管理职责，从不同的角度对合同管理进行规范。

（二）建立健全合同管理制度

依法治企的基本前提就是所有的治理行为都必须有法可依、有规可循。因此，必须立法先行。先立规矩，然后再要求按规矩办事。人人都必须按规矩办事，这就是法治和人治的区别。公司法定代表人要实现合同管理工作规范有序，必定要先建立和落实合同管理制度。对于合同管理工作高效运行的公司来说，完备的合同管理制度已在每个职工心中生成一把戒尺，合同的立项、签订、履行、变更、解除、中止等都须按照制度要求来进行，不得违反规定内容，不得逾越既定的流程。合同管理制度就是合同管理工作的运行轨道，对于公司的各部门工作开展均有规范作用。

这里需要注意的是，通常人们认为合同管理制度的内容即指合同全过程管理的各个环节。但我们认为不能将合同管理制度孤立地理解为某一个制度文件，而是应当结合整个公司有关合同管理的所有规章制度来理解，也就是说合同管理制度是公司规章制度的集合体。例如，财务制度中关于财务结算的规定，实际是根据合同内容约定条款来进行的，虽然合同管理制度中并未对此明确规定，但财务结算是合同履约的具体表现，有无按财务制度进行财务结算是合同管理中合同履行的重要内容。因此，在财务类制度、业务类制度中都有可能穿插着合同管理的内容，将合同管理制度仅仅理解为单一的关于合同管理的制度未免过于片面。整体地看待合同管理制度与公司其他制度之间的整体性才能真正实现合同“全过程”管理。

合同管理制度容易出现弊端的地方主要体现为无相关的惩戒措施，即只有正激励，而没有相应的惩戒措施。实践中由于体制性的问题，尤其在国企，如果合同经办人员并未按制度签订合同而给公司造成损失，公司经营管理者对于发生的经办人在主观上的过错及由此给公司造成的损失，极少对有关人员进行惩戒。长期以往的结果是公司员工对合同管理制度的权威性产生质疑甚至轻视，制度就得不到有效执行，合同管理的漏洞就会越来越大，最后，所有的规章制度就会形同虚设。

（三）签订合同或相关法律文书

公司法定代表人代表公司行使职权，无须另行授权即可代表公司做出意思表示。以法定代表人名义签订合同或相关法律文书，不论是对内还是对外，均有法律效力。这也是公司日常管理中，法定代表人最经常遇到的合同管理内容。

法定代表人本人签订合同或相关法律文书的，首先，应当着重审核对方资信条件以及合同重要条款，尤其是公司各部门在合同审核中提到的风险事项应引起重视，反复斟酌。往往有公司法定代表人过分注重经济利益而忽视合同风险或没有加强风控措施，继而导致合同签订后发生风险。也有一部分法定代表人对于合同文本不进行全文审阅，只凭部门意见就签署合同，这样的盲签带给个人的风险也是极其之大的。法定代表人对所有合同进行详细的审核，在实际工作中是不现实的。因此，把大量事务性的工作交给部门负责无可厚非。但是，对于合同的基本要素进行把控，还是非常必要的。如合同的相对方是谁，交易标的是什么，交付、支付条件是什么，以及最重要的是该合同是否经过了法定的流程。法定代表人对合同进行详细的审阅无须亲力亲为，但对合同要点，是否走完规定的流程，却是要重点把握的，也是一定要仔细看看的。

其次，规范管理法定代表人的印章。在法律上，盖章是公司行为而不是法定代表人单个自然人的行为。法定代表人的印章不得随意交给他人使用，在交给符合条件的工作人员使用后，要及时收回。此外，还需注意的是，公司在存续期间若更换法定代表人的，应及时到工商部门办理变更登记，否则不得对抗第三人。

公司法定代表人授权其他人员签订合同或相关法律文书的，需注意：首先，要严格限制授权对象。因签订合同是直接影响公司经营的行为，授权对象应限于公司的董事、总经理、副总经理等高管和其他相当职位的人。不可授权给其他工作人员，更不可授权给公司以外的人员。当然，特殊委托除外，如委托律师事务所办理诉讼业务等。其次，授权应有明确的授权范围和授权期限，否则容易引起争议，可能出现被授权人超越授权范围或授权期限签订合同却被认定为表见代理，给公司造成损失。再次，应避免转授权。授权本是基于对授权对象的高度信任进行的行为，允许转授权将无法控制其中可能产生的重大风险，因此，不可允许转授权。最后，要落实法定代表人授权管理工作。公司应建立起法定代表人授权委托管理制度，对授权委托书的办理程序、管理和撤销、文本管理、追责等方面进行规范管理。

（四）制止不合规合同行为

公司在运营中不可避免地会出现不合规的合同行为，原因是极其复杂的。出现一些不合规的合同行为并不奇怪，重要的是公司法定代表人应及时对不合规的合同行为进行制止，防止造成公司损失。对此，法定代表人应从加强法律意识和合同风险意识两方面提升自己的法律敏感性。

1. 法定代表人的法律意识。

首先，法定代表人要了解公司经营的法律空间。一切经营管理行为都必须在法律空间内进行。法律空间是公司外部环境的重要组成部分，公司具有社会性，每个公司都要在一定的外部规则的约束下经营运作，受各种各样法律法规的规制。例如，一些公司在非洲开展业务，就要考虑到有些非洲国家的人民具有固定时间做礼拜的习俗，对他们来说，最大的事是做礼拜，公司的业务肯定要排在做礼拜之后，对此，公司就必须予以重视，予以尊重。如果不尊重，就会引起非常麻烦的纠纷。再如，一些涉外公司的法定代表人要了解一些必要的国际规则，如果把国内的理念照搬到国际商务活动中，就会造成许多不必要的损失，也会严重影响中国企业的国际声誉。2018 年最具有代表性的案例就是美国对中兴通讯的制裁。

其次，法定代表人要清楚公司经营的法律雷区。公司进行各种市场交易行为则会确立各种合同关系，而不同的合同关系可能遭遇不同的法律风险。作为公司的法定代表人，要受到各种法规的规制。除法律层面的规制外，在公司内部，法定代表人在公司管理中应避免因违反公司章程、违反公司法规定的忠实勤勉义务所引起的风险，以及发生安全事故、违规交易、财务问题引起的风险。国有企业还有国有资产流失等问题导致的法律风险。法定代表人实际上是一个高风险职位，因此，法定代表人在履行职务时，务必如临深渊、如履薄冰，清楚什么可以做，什么不可以做，坚决不能踩法律红线，避免陷入各种法律雷区，给自己带来麻烦。

2. **法定代表人的合同风险意识。**

首先，法定代表人应有“决策先问法，违法不决策”的决策意识，在公司内部建立决策合法性审查机制。未经合法性审查或经审查不合法的，不得提交合同签订意向。法务人员要参与决策论证，提供法律意见，促进依法办事，防范合同风险。

其次，法定代表人应强化合同风险思维。合同风险思维其实就是做最坏的打算、尽最大的努力。针对公司经营中的风险类别，法定代表人要注意识别合同风险的程度，采取不同的措施避免合同风险。根据风险程度不同，风险可以分为绝对风险和相对风险。绝对风险就是存在法律法规禁止的合同内容，或合同相对方存在没有履约能力的风险；相对风险就是合同本身的商务条款存在风险，或合同相对方存在主体方面的瑕疵。绝对风险不会因合同内容变通或时间流逝而得以修正或消除，若合同存在此类风险应拒绝签订。而相对风险若公司控制措施得当则可以被有效防范，始终处于“潜在”的状态，或随着合同的顺利履行风险因素消失。

最后，注重培养员工的合同风险意识。我们常说“按合同办事”，而实际合同重要条款的拟定、重大风险的警示均与公司员工尤其具体经办人员的工作分不开。合同条款约定不完整、不严密、不公平，合同履行不严格、不持续跟踪，这些与员工的合同风险意识不足有关。因此，法定代表人不仅要从自身出发加强学习，还要注重通过法治专题培训、知识讲座、建立奖惩制度等手段培养员工的合同风险意识。

（五）监督、检查合同签订和履行情况

合同全过程管理是一个全面、动态的管理过程。合同管理机构的精力往往不足以全面监管合同履行过程，合同经办部门在发生纠纷时一般都会立足于自己先解决，在没有办法解决时，才会将情况反映到合同管理机构寻求帮助。从大量的公司合同实务来看，轮到合同管理机构出面的时候，往往损失就是不可避免的了，基本上就是要启动事后救济程序。公司法定代表人加强事前控制，通过一系列的检查可以事先发现合同风险，防止给公司造成损失。

第一，推行重大合同巡查工作。重大合同巡查工作不应只是由法务部门参与，而应联合财务、审计、监察等部门对公司合同履行情况进行检查，以及对重大标的、高风险合同进行重点评估，通过定期或不定期的现场巡查可加强对合同签订和履行的监管，亦有助于督促合同相关人员强化职责意识。

第二，建立合同履约检查制度。合同业务部门定期对其本部门合同履行情况进行跟踪检查，整理成相应检查情况报告后提交法务部门归档。合同业务部门在履行过程中遇到的一些问题应及时与法务部门和外聘律师沟通，以便发现问题及时处理。而法定代表人对法务部门报告的重大合同可能产生的法律风险应当有所警觉，提前商讨方案采取有效措施控制风险。

第三，严格落实奖惩制度。在所有的公司中都制定有大量的奖惩制度，关键在于对这些制度的落实，尤其是惩罚制度的落实。对于违反公司规章制度的行为，如果不进行惩罚，等于是鼓励后来的人继续违反规章制度。法定代表人作为公司的最高领导人，不能做老好人，不能到处和稀泥，不能怕得罪人，必须担起自己的责任，对违反规章制度的行为零容忍。

第二节　法务机构

公司的法务机构一般包括总法律顾问、公司法律事务部、子公司法律事务部。按照分工，在董事会的领导下履行合同管理的职责，在公司治理中发挥主要领导的参谋和助手的作用。

一、总法律顾问

公司总法律顾问是全面负责公司法律事务的高级管理人员，是公司合同管理的核心与关键。

（一）总法律顾问制度的起源和发展[①]

1. 总法律顾问制度的起源。

总法律顾问制度是社会经济发展到一定阶段后的必然产物。随着社会的发展，公司面临的法律问题越来越复杂，公司内部的法务管理也越来越复杂。因此，公司经营的实际要求一个能够进行综合性法律事务管理的职位，这样，总法律顾问就产生了。

总法律顾问制度起源于美国。1998 年，通用汽车在世界上首次设立了专门的法律高级管理职位——总法律顾问。随后美国各大公司也相继设置了总法律顾问职务，负责全公司的法律事务。

2002 年 7 月，经过国家经贸委等七部委联合印发了《关于在国家重点企业开展企业总法律顾问制度试点工作的指导意见》，力争在“十五”期间有 80% 的国家重点企业建立起与现在公司制度相配套的企业总法律顾问制度。其后，国务院国资委大力推行总法律顾问制度，并从 2006 年第一次在全世界范围内公开招聘总法律顾问，从此开启了全面建立企业总法律顾问制度的新篇章。

2. 总法律顾问制度的发展。

2009 年，广西壮族自治区人民政府面向全球公开招聘省属大型国有企业总法律顾问，经过层层考试、考核，最后有 5 人被聘任为自治区直属企业总法律顾问。

2017 年 11 月，广西壮族自治区国资委提出把全面提升依法治企能力摆到更加突出的位置，在深入研究、系统梳理、广泛借鉴的基础上，出台《关于全面推进依法治企的指导意见》和《2017 年依法治企工作要点》，以企业总法律顾问制度建设为关键，积极指导企业将总法律顾问制度写入公司章程，落实总法律顾问的职责，积极探索建立企业总法律顾问履职评议制度。目前，除 3 家文化公司外，广西壮族自治区国资委下属 22 户出资公司已经全部建立了企业总法律顾问制度并设立总法律顾问职位，人员全部到位。

根据全球企业法律顾问协会 2013 年《21 世纪总法律顾问技能》的调研报告，

---

① 闫周秦：《公司法律事务管理应用全书》，中国法制出版社 2012 年版，第 64—65 页。

总法律顾问承担了法务部门领头人、首席咨询师和商业策略师三大角色。从总法律顾问制度的实践来看，总法律顾问全面参与了公司的经营管理，有力地保证了公司的依法决策、依法经营和依法管理，成为公司经营管理中的重要岗位。

（二）总法律顾问的工作原则[①]

总法律顾问的作用，更多地体现在公司的宏观管理方面，通过规划公司规章制度、管理架构、权力架构，总法律顾问事实上已经成为公司管理体系的总设计师。实践中，公司实际上是按照总法律顾问的理念进行运营和管理的。总法律顾问有两条基本的工作原则，即宏观性和综合性。

1. **宏观性。**

总法律顾问不是法务部门的部门经理，因此，对法律事务的管理应站在整个公司的层面，具有宏观性。法务部门经理是微观管理，主要只管法律事务。总法律顾问是宏观管理，全面管理公司的风险，并不限于法律事务，不可颠倒角色。

2. **综合性。**

总法律顾问是公司的高级管理人员，不是单纯的法律事务管理人员，对于公司的经营管理应有综合性的理解，不可仅仅停留在法律事务层面，而应进行综合性的管理。在公司的经营活动中，总法律顾问不能只发表法律意见，而应发表综合性的意见。

（三）总法律顾问的合同管理职责

1. **选拔法律人才，组建合同管理组织机构。**

公司的合同管理组织机构不能仅设总法律顾问一个职位，公司的法律需求也无法仅靠一两个法务人员解决，而是需要一支专业的法务团队为公司日常经营管理提供法律支持。总法律顾问应根据公司经营的特点，从法务部门经理、法务人员配备、人才培育、团队运转模式、外聘律师管理等多个角度组建合同管理组织机构。

实践中，有些公司的总法律顾问对下属单位法务部门的组建、人员有任免建

---

① 闫周秦：《公司法律事务管理应用全书》，中国法制出版社2012年版，第67页。

议权，这一点应成为总法律顾问制度建设的发展方向。因为只有在总法律顾问的专业指导下，下属单位才可能建立专业性的机构，才能真正选拔专业人员从事法务工作，避免照顾性地安排人，占位置。目前国企存在的一个问题就是为了安置人或照顾关系，而将一些没有任何法律背景的人安排在法务机构，对法务机构履行职责没有任何积极的帮助。

2. **制定合同管理总体规划。**

做好管理的前提是要符合公司发展的战略。在战略的总体要求下，才能做好具体的管理工作。因此，必须先制定战略，所谓谋定而后动。总体规划就是战略，没有战略就不会有系统性的管理思路。

公司合同管理总体规划属于公司经营管理的顶层设计，总法律顾问需要进行深入研究，通过与有关领导、业务部门的沟通，准确把握公司发展方向和现状，充分利用法律专业知识，分析研究本公司交易对象和管理的特点，对公司合同管理通盘研究，发现本公司合同管理中的一般性问题，提出公司合同管理总体规划方案，并通过合同管理组织结构落实规划内容。

3. **建立合同管理制度体系并督查其落实。**

总法律顾问的一项基础性工作就是设计并建立公司基础管理制度，一个高水平的总法律顾问，一定会把建立规章制度放在首要的位置，一定会把自己的管理理念贯彻在公司的规章制度体系中。在合同管理方面，建立合同管理体系是总法律顾问的基础性工作。没有一个合理、高效的合同管理制度体系，合同管理工作是没有办法得到执行的。

当然，仅仅只是建立一个合同管理制度体系，对公司来说意义不大，关键的一点是要把这个制度体系落实到管理实践中去，为公司经营服务。总法律顾问是高级管理人员，比起法务部门来说，在督查下属单位执行合同管理制度方面更有话语权，也能发挥更大的作用。在合同管理制度体系建立后，总法律顾问应将工作重点放在合同管理制度的落实上，并要下大力气对落实情况进行检查、督促，务必在公司营造严格按照合同管理制度办理合同业务的氛围。

4. **参与公司经营重大决策和重大合同谈判。**

公司总法律顾问主导或参与公司经营管理中的诸如重大决策和重大合同谈判等重大事项，站在专业角度发表独立法律意见。国务院国资委《国有企业法律顾问管理办法》第 21 条、第 24 条规定：参与公司重大决策、起草公司重要规章制度，参与重大合同的谈判或者草拟重要合同，是公司总法律顾问的工作职责。例如，公司制度中一般规定了董事会审议事项涉及法律问题的，总法律顾问应列席会议并发表独立法律意见。但实际上，公司董事会审议的所有事项都涉及法律问题，所以，总法律顾问要列席所有会议。公司的商业本质属性，决定了总法律顾问须立足于商业角度去发现、思考和解决问题，站在更高层面来看待公司经营风险。

5. 签署合同审查最终法律意见。

合同审核会签是公司合同管理的日常工作，也是总法律顾问工作量最大的事务性工作，其重要性显而易见。合同经过公司各部门会签后，由总法律顾问签署合同审查最终法律意见，排除违法、无效因素，决定合同是否进入下一流程。对于总法律顾问提出的有保留的法律意见，业务部门自行评估有无其他可替代方案。对于总法律顾问明确否决的法律意见，业务部门应执行。如有异议可以向总法律顾问解释，但最终决定应由总法律顾问拍板。

6. 推动合同管理信息化建设。

一些大中型公司每年签订和履行的合同数量往往比较多，合同类型也多种多样。随着信息技术的发展和普及，现在的合同管理信息系统，改变了过去依靠人工和纸质工具的传统方式，借助技术工具，实现对合同审核、合同履行、合同统计等多方的实时监控，大大提高了公司内部办事效率，降低了法务部门与其他部门的沟通成本，从而增加了公司竞争力。在公司内部推行合同管理信息化建设，需要总法律顾问将其列入公司合同管理总体规划，并和公司总体信息化建设相衔接，由法务部门和信息管理部门具体执行。

二、法务部门

法务部门一般是指公司法律事务部。实践中，其名称和职能并不统一。有些公司建立的是法务审计部，有些叫法律风控部，有些叫法律部，有些叫法务部，但其职能应是主要从事公司的法律事务管理工作。

（一）法务部门的管理模式

目前在实践中普遍采用集中管理和分散管理相结合的模式管理法律事务。即母公司和子公司各自建立法务部门，但业务按照授权分级管理。这种模式的特点是母公司对子公司法律事务实行直线式垂直领导，重大法律事务由母公司统一处理，而日常事务由子公司自行处理。这种模式保证了公司的政令畅通，保证了制度贯彻执行的一致性，在实现资源优化配置的同时又能提高效率。如可以对内部有专业特长的法务人员进行统一调度，也可以统一对外选聘律师事务所，以保证外聘律师的服务水平，争取最优服务和报价。从长远来看，能够保证公司整体战略的实施，保护公司整体权益。

（二）法务部门的自我定位

目前许多公司法务部门在合同管理工作中时常被误解，主要表现在：第一，公司内部其他部门只有在合同事项可能涉及法律风险，甚至必须打官司时，才希望法务部门来介入，在其他环节都不希望法务部门介入。因此，法务部门很难全面了解合同的签订、履行背景和执行情况。

第二，被业务部门视为“绊脚石”。业务部门订立合同时不重视法律风险，总想绕过法务部门，认为法务部门的参与会影响合同效率。因此，为了消除误解，更好地为企业服务，法务部门必须对本部门在合同管理中作合理定位，以得到业务部门的理解和支持。

1. 内部定位——各部门之间的桥梁。

法务部门的人员要明白自己在公司的经营中起到的是辅助作用，是公司业务部门的支持单位，是辅助单位。因此，要主动配合公司业务部门的工作，要甘当配角，甘当绿叶。

公司的经营活动通常涉及业务、研发、生产、财务等多个相关部门，当公司与他人签订合同或履行各项合同义务时，法务部门应为公司把好关，就各项交易可能涉及的法律风险提请公司相关部门注意，并且适时地协调各相关部门，避免因各部门之间的不协调而造成本可以避免的法律风险。但法务部门不是直接决定重大经营决策的有权部门，对于具体事项有建议权，不宜越俎代庖直接做出决定。

为了全面掌握公司的生产经营情况和人员情况，公司法务部门就不能只局限于法务工作，而是平时就应当深入了解公司经营活动的内容，掌握公司各部门主管或负责人的行事风格和思维模式，在平时做好合同管理基础工作的同时，适时地将法律精神传达给各部门员工，帮助其认识法律规则、培养合同风险思维、重视合同管理工作。如果法务部门的工作受到公司其他部门的肯定，这不仅可以减少公司合同风险发生的可能性，也可以在合同纠纷发生之际，及时取得各相关部门的配合迅速解决问题。

2. **外部定位——公司与外聘律师之间的桥梁。**

现在，较大的公司几乎都聘有外部律师处理一些法律事务。法务部门的一项重要工作就是做好外聘律师的管理工作。法务部门一方面应当能够协助公司甚至代表公司对外聘律师所提供的法律服务品质有所监督，甄别、选聘有专业能力的顾问单位服务于公司；另一方面法务部门更要能够将公司合同管理目的和预期效果正确地传达给外聘律师，协助外聘律师达成公司的合理期待，从而帮助公司从合同纠纷中成功脱困。

（三）法务部门的主要管理职责

1. **取得公司高层的全力支持。**

法务部门要实现自己的管理职责，首先必须取得公司高层的支持。能否取得公司高层的理解和支持是法务部门贯彻合同管理理念的关键环节。没有高层的全力支持，不管理念有多先进，都是不可能变成现实的。客观地说，公司高层管理人员在通常情况下不会将法务工作当作重点来抓。这是可以理解的，也是符合公司性质的，毕竟法务部门在公司属于辅助部门。法务部门可以从以下几方面争取公司高层对合同管理工作的支持：

首先，必须做好公司高层的思想工作，使他们接受合同全过程管理的理念。但是，对高层的思想工作不同于对公司其他员工的工作，法务部门日常的宣贯活动很少能让公司高层每次都参加。但是，可以采取其他手段，如各种小册子、案例汇编等。最重要的是建立与合同全过程管理理念相配套的规章制度。因为公司高层可以不听法务部门的宣贯，但不可能不学习公司的规章制度，何况规章制度从订立到颁布都要经过他们的审核。他们审核的过程就是一个学习的过程。因此，通过公司规章制度的制定、学习，可以达到影响高层理念的目的。

其次，要多宣传，多汇报取得的成绩。任何领导都喜欢听下属给自己汇报成绩，而不喜欢汇报问题和困难，这是人们正常的心理需求。因此，法务部门要多向公司高层汇报合同管理给公司带来的积极作用，用实实在在的成绩来说服公司高层。不管你说你的理念多么先进，最终都是要通过实施这个理念给公司带来的利益来证明的，只要有了实实在在的成绩，就要把它实事求是地汇报给领导。一方面是证明这一先进理念的实际作用，有利于继续发扬光大；另一方面也是让领导掌握自己治下的成绩。下属单位的成绩就是领导的成绩，就是领导能力的体现。因此，工作中必须多多宣传法务部门取得的成绩。有了成绩要广而告之，让最多的人知道法务部门的成绩。法务部门要克服过往低调、严肃的作风，在成绩宣传方面多发声。

再次，要敢于说真话，对公司高层不按照规章制度决策的事项要提出来，要汇报清楚不能如此决策的理由。这才是对领导负责的做法，否则就是给领导挖坑，就是害了领导。当然，也要讲工作策略，要给领导台阶，不可直言领导的错误，最好让领导转个弯自己纠正，要讲究谏言的艺术。

最后，法务部门在做公司高层思想工作时要有客观性，切忌言过于实。领导最反感说空话、大话的人。法务部门，包括总法律顾问在内，对自己定位要适当，就是公司的辅助部门，就是主要领导的参谋和助手，不可片面强调自己的重要性，给人喧宾夺主的感觉。但在实际工作中，法务部门要把自己当作主要部门来做工作，要有担当，切不可推卸责任。

2. 宣传、贯彻合同全过程管理的理念。

公司法务部门的基本任务其实有两个：一个是从事法律实务，如参加谈判，进行尽职调查，拟定法律文件，制定公司规章制度等；另一个是管理公司的法律事务，如组织人员进行尽职调查，选聘律师打官司、进行合同管理等。法治宣传，贯彻依法治企理念也应该属于法律事务管理的工作。

现实中存在的一个突出问题是公司员工，甚至一些管理人员对公司的规章制度不熟悉，或者对于发布的规章制度不学习，而是按照自己的生活经验办事，遇见办不通的事就去找领导汇报，要求协调。但实际上他要求的事情在规章制度中已经写得清清楚楚，只要按照规章制度的指引去办就没问题，但他没学习当然就不知道了。针对这种情况，对于新入职的员工要有专门的规章制度培训，对于老员工，则要在每一个新的规章制度颁发后，要求各个单位必须组织学习。对于管理人员而言，则要有更高的要求，他们必须熟知公司的所有规章制度。对管理人员每年进行一次规章制度的考试是一个有效的办法。考试要求所有管理人员参加，形式可以多样，可以充分利用信息化手段，进行网络考试。考试成绩要公布，让大家看到每个参考人员的成绩，以起到督促作用。

合同全过程管理的一个基本观点就是全员管合同。因此，必须使合同全过程管理的理念深入所有员工的思想中。人的思想观念不是与生俱来的，而是通过后天的学习才建立起来的。对于公司大部分员工来说，他们并不具备法律专业知识，也不具体管合同。但是，要防范合同风险，要管好合同，就必须要他们都参与进来。对于员工的法律教育和规章制度教育，是法务部门的管理工作之一，并且是一项非常重要的管理工作。

要在全员树立合同全过程管理的理念是一项非常艰巨的工作，也是一项长期的工作。对于世界观已经形成的人来说，要改变思想是非常艰难的。除了持续不断地进行宣传教育之外，没有其他任何有效的办法。因此，法治宣传、教育应该成为公司法务部门的一项日常工作，要利用一切手段和机会宣传依法治企的理念，达到对员工潜移默化的效果。

法务部门和法务人员应起到依法治企的带头示范作用。教育、引导、示范是改变对象思想的基本路径。法务人员除要教育、引导全体员工，包括自身要树立依法治企理念外，示范是更为重要的环节。试想天天教育别人要依法治企，而自己却不遵守规章制度和流程，别的同事怎么会信任你呢？法务人员要有对法治的理想信念，要终生坚守自己的理想信念。坚定的理想信念也是对其他人良好的示范。

3. 建立有效的规章制度体系。

法治应该包括健全的法律体系、法律被公正地执行、所有公民对法律的信任和人人在法律面前平等这三个方面的内涵。法治就是能够让人们根据法律来确定地预测到自己行为的结果，即行为的结果是由法律事先规定的，具有确定性。因此，法律应该是确定的、是公之于众的。人治就是人们难以确定地预测到自己行为的后果。行为的结果并没有事先的规定，或者即使有事先的规定，但结果却并不是按照事先的规定可以预测的。对于公司来说，公司的规章制度就是法律，依法治企就是按照公司的规章制度治理公司。

制定一套有效的规章制度是最基础的工作。这种有效性应包含五个方面的意义：

第一，全面。规章制度应该对公司的运营实现全覆盖，使公司的一切经营活动都有规章制度的依据，一切流程都是事先设计好了的。

第二，适合。所制定的规章制度要适合本公司的特点。不同的公司有不同的特点，这个特点既包括公司经营范围、经营风格的不同，也包括风险管理理念的不同、经营管理者对管理模式的喜好不同，所有这一切因素，都决定了不同的公司应有不同的规章制度。

第三，稳定。规章制度是公司的内部法律，具有严肃性。一旦制定颁发后，应保持稳定，切忌朝令夕改。如果非要修改，也必须履行规定的程序后才能修改。

第四，层次性。不能把规章制度笼统地都叫制度，而是要根据其效力和渊源区分为不同的层次。一般来说，从效力来说，从强到弱应该是制度、规定、办法。名称不可乱用，要保持名称的严肃性。

第五，统一。随着公司的发展，规章制度会越来越多，由于制定主体的不同，往往会出现规章制度之间互相矛盾的情况。在公司的规章制度中，这是一种很普遍的现象，不仅仅是历史悠久的老公司如此，许多新设立的公司也是如此。这种混乱的规章制度严重影响到其执行效果。造成这种问题的原因就是部门立法，没有统一的、更高阶的制定者或审核者。而部门制定规章制度的人也很少能将全部的规章制度掌握，从而避免互相矛盾。其解决之道在于设立更高阶的制度委员会，制度委员会是董事会的下属机构，从顶层设计的角度把控规章制度的内容。制度委员会的领导应是公司主管法务的领导。制度委员会内要有专门的人负责所有新制定规章制度的审核，避免出现互相矛盾的现象。

制度委员会还有另外一项重要的工作就是及时修订旧的规章制度中和新制定的规章制度之间的不统一，从而避免出现新旧制度打架的现象。如果只管制定新规章制度，而不回顾旧制度的内容，并将旧制度和新制度统一起来，也会造成规章制度之间的矛盾。

4. 按照全过程管理的理念和制度管理合同。

建立理论体系的最终目的是要把这种理论用来指导实践。传播合同全过程管理理念，最终目的是要把这种理念变为现实，并在经营活动中有效防范风险，给公司带来收益。落实在合同管理中，就是要严格按照全过程管理的理念管理合同，要把这种理念贯彻合同管理的始终。理念反映在制度中，落实在实践中。所以，在实践中必须严格遵守规章制度，严格按照制度规定的程序和决策落实。

坚持理论和实践的统一，才能真正做好每一项工作。理论指导实践，实践又不断将实际工作中遇见的新情况反馈于理论，不断使理论得到提高，进而又更好地指导实践。没有一个正确的理论指导，实践就是无头苍蝇，只会乱飞乱撞。合同全过程管理理论就是管好合同的有力理论武器，必须很好地用这一理论指导合同管理工作。

5. 做好业务部门的协调工作。

合同管理是一项系统工程，涉及公司所有部门。如果没有各个部门之间的合作，合同也是管不好的。法务部门不能把自己的业务单纯化，只局限于法务，单纯的业务是不存在的。公司的一切业务板块都是交织在一起的，是没有办法严格区分职责的，职责总是交叉的。所以，必须有大局观，必须站在顶层看问题。多做一点工作没有什么坏处，只会赢得领导和其他部门的尊重。在工作中出现了问题，不能推脱，不能回避，要主动去沟通、协调，取得各个部门的支持。

法务部门的工作人员要有任劳任怨、不求名利的境界。法务部门不是公司的核心部门，而是辅助部门。任何一个人在进入公司从事法务工作时，就应该明白这一点，并有相应的思想准备。所以，法务部门的人要有甘当绿叶、甘当配角的境界。一切以公司利益为重，个人的名利不应是法务人员追求的目标。心态好了，姿态自然会低，工作自然就好做了，就不会斤斤计较得失，就不会计较主次，就便于和其他部门协调了。

6. 做好合同制度执行的检查工作。

有效的管理必须与有效的检查督查环节相配合。否则，一切管理都难以得到有效执行。合同的履行是一个动态的过程，及时发现不正常履约是非常重要的。如果出现违约不能及时发现并采取相应措施的话，可能就会造成巨大的损失。这就需要对合同的履行情况进行全过程监督。法务部门作为合同的主管部门，要采取定期检查和不定期检查的方式对合同的履行情况进行督查，及时发现异常。

合同检查应分为三个方面：

第一，是否按照合同制度制定合同。包括合同的立项、尽职调查等内容。在合同审查环节，检查是否应签署意见的部门都签署了意见，特别是根据公司管理制度，是否是有权签署意见的部门领导签署的意见，还要检查合同是否按照部门所提意见进行了修订。

第二，是否按照合同制度签订合同。包括合同文本拟定、合同的批准、签订等内容。有些公司有自己的格式合同，在检查的时候就要检查是否使用本公司的格式合同。如果没有使用，则要说明情况，并进行整改。在批准环节，是否由有批准权的领导批准并签字。合同用章是否规范、合同签字日期是否规范。原则上来说，合同上签字的日期应该是实际签字的日期，不得提前或倒签日期。

这里特别需要注意两点：一个是合同用章和落款是否一致。如果不一致，就可能会存在潜在的风险。如比较常见的案例，合同落款是某集团公司，而印章则是其子公司的印章。另一个是签字人是否将自己的名字签在自己的位置上。如甲方签字人，冒号后面应紧跟其签字，如果签字的位置很远，甚至签到乙方的位置上，就会存在风险。

第三，是否按照合同制度检查合同的履行情况。在合同签订后，是否按照约定履行合同，主办单位是否有专人负责合同的履行过程管理，有没有建立高效的合同履行异常反馈机制并落实等内容，都是检查的重点。

检查是做好一切工作的必要环节。只有工作安排，没有监督检查的工作是务虚工作，就是没打算做好这个工作。做好合同管理，检查是必须要做好的。检查的重点在于发现存在的问题，提出相应的解决方案，避免再犯同样的错误。检查属于事后救济。当然，对于检查中发现的工作亮点要及时总结推广，对相应的工作人员也要做出相应的表扬、奖励。

三、法务人员

大多数公司的法务人员往往不属于核心人员，有的公司甚至没有独立的法务部门。在这样的内部环境之下，对有经验的法务可能影响不太大，因其早已对职业特点适应了。而对于经验较少的尤其是年轻法务来说影响就大了，往往只能在逐步摸索中前行。不管是有经验的还是没有经验的法务，合同管理是每一个法务人员都需要面对的日常工作内容。

（一）法务人员的基本功——合同审查

作为公司法务人员，最基本也是最重要的一项技能就是合同审查。无论是初出茅庐的新人法务，还是公司总法律顾问、法务部门负责人，合同审查均放在岗位职责和要求的重要位置。一个法务人员专业水平的高或低，从其审查一份合同的过程中就能看得出来。

1. 法务人员要懂业务。

公司在招聘时侧重于对法务人员法学专业知识、逻辑思维能力、文书写作能力、口头表达能力等多角度的专业技能考查。法务人员入职时的个人专业条件基本大同小异，而真正决定法务人员职业前景的是融合专业知识和业务知识的能力。当然，对于一个初出校门的年轻法务人员来说，要求他掌握本公司的业务是不合实际的。但是，作为法务人员来说，一旦进入本公司，就应该积极主动地去尽快学习本公司的业务。合同审查是法务人员深入了解业务的最好机会。

合同的根本作用就是业务实施的指引。一份合同体现了签订双方谈判的所有要点。法务人员只有和业务部门进行深入沟通，了解合同背后的业务逻辑、法律关系、关键环节、交易风险等，才能在合同审查时将业务论证和设计嵌入合同条款，起到事半功倍的作用。在此过程中，法务人员通过沟通加强了与业务部门的感情，提出的建议也能更好地被业务部门听取，避免了部门之间信息不通造成的矛盾。

2. 法务人员要讲策略，要抓重点。

由于法律人的思维严谨，所以审查合同通常都会力求面面俱到。但面面俱到并不意味着“胡子眉毛一把抓”，审查合同能抓住重点才能体现法务人员的工作价值。

在公司重大业务之中，合同双方往往订立复杂、严密的合同，此类合同条款完善、风险较小。但公司日常业务合同一般较为简易，法务人员审查时经常感觉无从下手，或者堆砌更多的条款去补充完善合同。

在没法做到完美合同的情况下，法务人员合同审查重点应该是合同的商务条款。因为法律条款的缺失很容易引用相关法律规定进行弥补，但如果商务条款缺失则很难通过援引法律规定进行弥补。比如，合同没有约定诉讼管辖，完全可以根据法律规定在被告所在地、合同履行地起诉。但双方若对于价款或计价方式约定不明，即使可以援引法律规定进行处理，但最终结果可能与双方签订合同的预期有很大差距。

（二）法务人员的智慧——管理合同

合同管理是公司法务人员的经常性工作，十分考验法务人员的智慧。如果处理不好合同管理中的问题，将会造成法务人员工作量的剧增、工作效率的降低，同时影响法务人员无法做好其他法律事务工作。

首先，做好制度建设。法务部门一般是公司规章制度制定的部门或主要参与部门。法务部门要充分利用自己的这一优势，在充分调研公司领导和各部门人员合同管理意见的基础上，整理形成适用于本公司的合同管理原则和流程，明确到制度中并严格地加以执行。在这个过程中，法务部门要把自己的思想贯彻进规章制度之中，使规章制度成为自己思想的具体化，成为可操作的条文。这是从根本上、源头上改善公司合同管理的举措。

其次，做好流程设计。合同管理流程直接影响合同管理效率，业务部门一方面希望更多的部门参与合同审查共同分担风险，另一方面又不乐意各部门提出太多意见造成合同反复修改耽误审查时间。因此，设计科学合理的审查流程非常重要。如何兼顾效率和风险防范，是流程设计中的一个难题。对于国企来说，应该始终把风险防范放在首要位置。

最后，做好授权委托。公司不管规模大小，都不可能让法定代表人一个人签署所有的合同。因此，什么人来签、怎么签的问题，是公司授权委托管理的重要内容。法务人员要将授权委托管理的规定落实到具体管理合同的工作中。否则，放任无权限人员拿着空白合同对外谈业务、签合同，这样的管理存在巨大风险。很多诉讼案件中由于授权委托管理不规范导致被法院认定为表见代理，公司被判赔偿也是“有苦难言”。

（三）法务人员合同管理工作的终极目标——为公司创造价值

订立合同的目的是固定双方的交易内容，保证交易安全，从而实现合同约定的权利义务，实现双方的期待价值。最终得到合同利益进而为公司创造价值是合同管理工作的终极目标。

法务部门工作价值的体现是逐一落实在法务人员具体的合同管理过程中的，法务人员不仅要精通法律，而且要有经营的概念和商业头脑，通过科学、专业、务实的合同谈判和合同管理，为公司降低经营成本，创造价值。法务人员的合同管理工作，不论工作内容是事前审查、事中预防还是事后补救，终归是围绕着提高效益、降低成本、保护经营成果、创造利润、商业竞争保护五个方面来进行的。在合同风险发生后，通过法律手段保护公司经营成果，通过清理和调查掌握公司资产价值寻找最适合公司资产运营的商业模式，通过各种有效手段打击竞争对手、为公司争取商业先机，这些都可以为公司创造价值。

第三节　其他部门

合同内容涉及合同标的质量、标准、规格、价款等诸多要点，合同履行涉及运输、交付、支付、验收、结算等多项业务，仅靠法务部门难以全部通晓。因此，合同管理需要公司各个部门依据部门职责分工合作、协同进行。作为合同主管部门的法务部门，如何在公司内部进行有效沟通，以实现合同管理目标，进而帮助公司实现经济目标，是法务部门的日常工作之一。

一、业务部门

在公司内部设立有多个业务部门，合同通常不是一个部门能够办理的，必须要经过多个部门的审核、会签，才能最终提交有批准权的领导批准。作为法务部门，在整个流程中就存在一个如何正确处理好和业务部门关系的问题。

（一）业务部门与法务部门

1. 业务部门与法务部门的关系状况。

合同业务部门即我们经常说的合同承办部门，指公司内部具体承担办理合同业务的部门。每个部门都有自己的职责范围，都会主持办理自己职责范围内的合同。因此，任何一个部门都有可能是业务部门。在此探讨的是除法务部门以外的其他部门作为业务部门与法务部门的关系。

作为法务部门，经常遇到的被误解的情况之一是被业务部门视为“拦路虎”，认为法务部门天天强调风险，强调流程，影响了决策效率。因此，业务部门通常情况下遇到合同缺陷问题能避则避或者含糊其词。在经办人员眼里，如果法务部门认为合同存在风险提出相关建议的话，很大程度上意味着要完善各种资料、修改合同条款、与签订方重新磋商等一系列工作量的增加。而业务部门的人通常会认为，法务部门提出的意见，都是万分之一的发生概率，只要自己注意加强监控，就能防止发生风险，重新走一遍合同流程没有必要。

被误解的情况之二则是由于业务经办人员自身法律意识不强或对法务部门有

依赖心理，更多的是把合同管理的工作推到法务部门，忽视了自身责任。如经办人员对合同关键条款的把控力不足，合同出现前后内容矛盾、合同价款明显计算错误、称谓不统一等问题。再如，业务部门不重视履约管理，合同签订后就认为本部门合同管理工作已经全部完成，合同拖很长时间也没有完成归档环节，更没有对合同签订方的资金支付情况、经营状况是否恶化等信息进行跟踪，到发生合同纠纷时才发现相关证据没有进行保存，自然难以实现己方诉求。

从合同签订前的立项、洽谈、审核，到合同签订的用印，再到合同签订后的资金支付、履约跟踪、合同变更等，涉及业务部门、法务部门、财务部门和用印部门等诸多部门。一般来说，大中型公司均建立了相应的合同管理制度，制度中专门设置一章对公司内部各部门的合同管理职责有明确规定，但制度落实到实际合同管理工作仍存在职责错位的情况，从而导致日常工作中部门之间各种推诿扯皮。

2. **业务部门与法务部门的关系。**

首先，要厘清各个部门之间的不同职责。大部分的公司将合同归口管理职责放在法务部门，业务部门参与合同的全流程管理。因此，在公司建立完备的合同全过程管理体系之下，法务部门与业务部门是管理与被管理的关系。

其次，在理解部门之间职责不同的基础上，也要明晰业务部门和法务部门的工作是相辅相成的，最终目的是维护公司合同利益。以一份原料采购合同为例，采购部门负责决定采购什么、采购多少、采购什么质量标准，以及选择合适的合同对方、商定合同文本、合同签订后执行合同，法务部门负责在合同条款中拟设公司合同利益、防范合同风险、审核合同是否履行公司内部批准程序等。业务部门和法务部门均是以追求公司合同利益为目标，以合同的签订和履行为主线，互相协作和相互监督。只有这样，实现公司的合同利益才有保障。

再次，法务部门和业务部门之间，关键是都要充分认识到自己的职责，明确自己在合同管理中的任务。既相互理解，又相互制约，既不越位，也不推卸责任。有无法协调的矛盾，可以提交给上级领导解决。

最后，公司经营管理者要有清醒的头脑。部门之间不可避免地会出现各种推诿扯皮，部门之间的冲突仅靠部门自己是解决不了的。在这种情况下，作为分管领导，必须要有担当，必须保持头脑清醒，不能怕得罪人，不能推卸责任，而是要主动承担责任。作为分管领导，要坚持原则，不和稀泥，不偏向任何一方，说公道话，解决问题。更不能把责任都推给下属，自己只做好人。

（二）业务部门的合同管理职责

1. 合同签订前。

合同签订前，业务部门的主要工作有四项。

（1）审核合同相对方信用资质。业务部门在签订合同之前应对合同相对方的主体资格、资质、信誉、履约能力等情况进行详细的尽职调查。目前，完成这一工作的手段很多，也很方便。可以利用企业信用信息公示系统核查公司信息，通过失信被执行人系统查询相对方征信情况，还可以通过其他方式核查合同相对方的信用信息。即通过搜索工具，通过关键词也能收集到相对方的许多有用信息。大数据时代，没有秘密可言。业务部门必须充分利用大数据。

（2）与合同签订方进行商务谈判。在进行商务谈判时，业务部门应提前充分掌握法律依据、市场风险等背景材料，确保双方当事人充分表达其真实意思表示。可根据需要邀请公司的财务、法务等相关部门人员参加合同谈判。重大合同必须邀请法务部门派人参加。必要时，总法律顾问也应参加谈判。总法律顾问有权随时了解谈判进程和谈判情况。

（3）起草合同文本，完成合同初步审查。谈判在重大条款上取得初步一致后，业务部门应根据实际情况选择合同文本，起草合同条款。起草完成后，提交合同审签流程前要对合同进行初步审查。合同中合同标的的规格、单价、数量、收付交付条款、交易内容等重要商务条款应核对无误。避免合同条款缺失、约定不明或前后矛盾造成的合同风险。

（4）完成合同审签流程。在审签过程中，参与审签的合同业务部门、会签部门、财务部门、法务部门等环节，应一次性提出修改意见或有针对性的风险提示。业务部门应根据其他部门提出的意见或建议对合同进行完善或补充相关资料。合同审签流程的制度化推行，是提高公司工作效率、降低合同签约风险的有效管理手段。

2. 合同签订。

合同签订环节主要有两项工作。

（1）完成合同用印。按照公司合同管理相关制度完成审签流程之后，业务部门应按规定到印章管理部门申请用印。在申请用印时，要注意合同生效条件中关于盖章的约定。用印类别有公章、合同章、法定代表人印章等，合同多页时还应加盖骑缝章。不完整的用印可能导致合同无效。如对方已经先行用印，应注意对方签字日期、印章和文字落款是否一致，法定代表人印章是否和公司登记信息上的一致。

（2）合同归档管理。合同完成双方签字、用印后，业务部门应在规定时限内按照时间、类别、重要性将合同及相关资料进行归档。归档前应将合同编号，进行部门内部合同台账登记，方便查找。归档时对孤本合同、原件合同重点保管。已经推行合同管理信息化的公司可借助信息平台进行线上归档，以防止纸质材料的丢失、损毁、霉变。

3. **合同签订后。**

合同签订后业务部门的工作并不是就结束了，而是合同实际风险的开始，当然，也是公司利益得到实现的开始。要重点关注两项工作。

（1）合同履约风险监控。合同签订后，业务部门要警惕合同对方有无按约定支付、交付，因第三方原因导致合同不能履行、对方重要管理人员发生人身或财产损害、泄露商业技术秘密等可能导致合同无法履行的情形。总之，相对方出现任何异常情况，都要引起重视。如私人控股企业的大股东身体健康、个人婚姻出现危机，也都可能导致履约异常。业务部门应如实记录履约异常情形，并告知法务部门，及时防范，制定应对措施。

（2）合同纠纷处理。合同发生纠纷后，合同纠纷的原发部门（业务部门）、法务部门和其他配合部门在法律纠纷处理过程中应分工负责、各司其职。业务部门对引发纠纷的核心事实负有管理职责，应收集、整理纠纷案件的原始证据和相关事实材料，并和法务部门、外聘律师协同分析论证应对。庭审过程中配合外聘律师做好各项庭审工作，为准备诉讼、仲裁文书、证据材料提供可用信息。要注意的是，业务部门应将自己掌握的所有有关案件的材料全部移交给法务部门和主办律师，不可有选择性地移交。因为哪些材料是有用的，哪些是无用的，哪些需要提交给法庭，哪些不需要提交，必须由法务部门和律师决定。业务部门并不掌握证据原理。

二、财务部门

通常情况下，财务部门负责关于资金收付、资产的购置（投资）、资金的融通（融资）和经营中现金流程（营运资金）及利润分配的管理工作，是公司中最为重要的职能部门之一①。

在公司经营管理中，日常与法务部门联系最紧密的莫过于财务部门。很多情况下，进行重大经营决策时，公司领导会召集这两个部门发表意见。合同管理涉及的人员、部门众多，而合同往往涉及公司资金往来。资金收付是合同履行的核心要素，也是最关键的合同履行节点。因此财务部门在合同管理中的重要性是显而易见的。

（一）财务部门与法务部门的互通点

作为两个独立的部门，虽然财务部门和法务部门处理的公司事务有各自的职业专业性，但存在以下几个互通点。

1. 全面参与公司业务。

财务部门通过资金管理参与公司各个经营管理环节，而法务部门则是通过合同管理参与。不论是公司哪一类业务均会涉及这两项，即使是人力资源管理也都离不开资金和合同。因此，财务部门和法务部门对整个公司的业务全面参与程度超过了所有的相关部门。

在现代公司中，涉及重大事项讨论时，财务部门和法务部门都是必须参与的。一个管钱，另一个管法。尤其是投资、融资项目普遍具有复杂性、专业性、市场风险性高的特点，投资、融资文件法律条款具有非常强的专业性，非专业人士无法正确诠释文件和保证公司的权益。因此，这类业务从开始磋商就必须要邀请财务和法务部门的人介入。

2. 同为风险管控职能部门。

财务部门和法务部门都有管控风险的职能，站在公司风险控制的第一线，只是侧重点不同。

---

① 陶光辉：《公司法务部：揭开公司法务的面纱》，法律出版社2016年版，第193页。

财务部门主要管控财务风险。通过风险识别、风险评估、风险驾驭、风险监控等一系列活动严防公司在融资、投资、资金回收和收益分配方面的风险。财务风险客观存在于公司财务管理工作的各个环节。

法务部门主要管控法律风险。法律风险已经成为中国公司走向失败的重要原因之一，它往往给公司带来难以估计、难以承受的损害。一个大的法律风险就可能导致公司不能正常运营，甚至破产。

从风险的内涵来分析，公司经营风险一般表现为商业风险和法律风险，而商业风险最终都会转化成为公司的法律风险。不论是哪一类型的风险，财务部门和法务部门均是从本部门职责出发，通过规范管理达到管控风险的目的。一旦公司出现风险，这两个部门均是风险处置的责任部门。法务部门最后成为收尾的部门。

3. **财务知识与法律知识的交叉。**

从职责行使角度来看，财务和法务的工作是非常紧密、有关联性的。由于各自专业背景不同，对于同一个问题财务和法务往往在理解上存在偏差。比如，发票和付款的问题，财务部门的规定是“先收票，再付款”，收到发票之后才能挂账、付款。而从法律的角度来说，发票与付款并无必然的联系，哪个先哪个后完全取决于合同支付条件如何约定。问题的答案其实没有对错之分，只有立场、角度的不同。但是如果两个部门因为这种理解上的不同而坚持已见、互不退让，则肯定不利于公司内部管理。

有经验的财务人员、法务人员会将公司业务当成一条线来看，姑且不论掌握程度如何，财务知识是法务人员参与公司经营的基础，法律知识则能帮助财务人员规避业务中的风险。所以都要学习各方面的知识。

财务人员缺乏基本的法律知识，如不能理解公司的股东财产跟公司的财产是截然不同的两个概念，公司的资金股东不能随便动用等，财务人员不懂这些情况就会存在巨大的法律风险。法务人员如果缺乏基本的财务知识，看不懂财务报表、不了解资产负债表，就无法对投融资这类重大公司经营行为提供全面、专业的法律意见。所以，不论是财务部门还是法务部门，基础的财务知识和法律知识都是应当掌握的内容。财务和法律知识融合是必然趋势。

（二）财务部门在合同管理中的作用

1. 为合同签约提供可信依据。

公司经营项目在进入实际实施阶段之前，会组织内部相关部门进行充分的研究与讨论，目的是为项目签约提供有力的信息支撑。财务部门在合同签订前可以通过对方提供的财务报表等财务资料来具体评估对方的实际经营状况，为公司签订合同提供财务方面的依据。交易对象的财务状况直接关系到其是否具有履约能力。如一个交易对象，其上一年度的营业额仅为500万元，那么，如果要与其签订标的1000万元的合同，就会面临履约相对方能力不足的问题。一般来说，公司都会对交易对象的财务有基本要求，满足要求的交易对象才可能与其签约。不要和小商人签订大合同，这是公司经营必须坚持的底线。

2. 出具合同审核建议，防范风险。

在公司的合同会审或会签制度中，财务部门一般都是必经部门。财务部门对合同条款进行严格把关，尤其重点审核财税条款、财务风险控制措施等。财务部门在审核后提出相应的修改建议，业务部门应根据财务部门的修改建议完善合同相关条款，防范因条款缺陷而导致的合同风险。

3. 监控合同履行。

除了业务部门，实际上财务部门对合同管理工作从订立到履行终结的全过程也在进行监控与管理，并通过资金收付情况、合同结算等对合同进行风险监控。具体来说，在公司内部，财务部门监控公司各部门，防止公司违约风险和经办人业务操作风险。在公司外部，财务部门监控对方公司，发挥财务专业优势，主动关注汇率、利率和宏观经济数据变动情况，及时与对方核对往来账，并针对一些风险事项提出预警。

4. 处理合同纠纷。

如果发生了合同纠纷，财务部门可以提供完整的财务资料作为证据支持，以保障公司实现自身诉求。但也要注意到的是，财务证据大多来自会计资料，作为证据的话，法务的要求和会计的要求存在较大差距，这也意味着实务当中财务部门对一些证据保存的方法有待改进。对此，法务部门要多和财务部门沟通，指导他们保存证据。

三、纪检监察部门

公司的纪检监察部门和法务部门、财务部门、审计部门等均是负有监督职能的部门。但纪检监察部门的职能、方法和效果与其他部门的监督活动大不相同，在合同全过程管理中发挥的作用也不尽相同。

（一）纪检监察部门的工作内容

公司的纪检监察部门兼有纪律检查和监察两种职能，主要工作内容是开展党性、党风、党纪教育工作，公司领导班子廉洁自律工作，反腐倡廉工作，处理查处的违纪违规问题，以及公司效能监察工作等。①

综上，纪检监察部门的监督工作覆盖公司运行的方方面面，在公司经营管理过程中无处不在、无时不在。

（二）纪检监察部门在合同管理中的作用

大部分国有企业都会在内部设置一个典型的监督部门，即纪检监察部门。有一些公司这两个部门是分设的，也有一些公司则是合在一起的，但职能是一样的。

首先，纪检监察部门的职能中包括对生产经营、合同管理等管理环节的效能监察。纪检监察部门通过开展纪检效能监察，促进公司降本增效，提升公司整体利益。具体来说，则是在监察过程中进一步规范合同签订、履行、续订、变更、终止等程序，强化合同内容的履行，完善合同档案管理，纠正合同管理的偏差，优化合同管理措施。更好地发挥合同在公司经营管理中的作用，达到合同订立程序完整、合同执行有力、合同档案齐全的目的。

其次，纪检监察部门通过宣传教育工作加强党风廉洁建设和反腐败工作，实际上也是合同管理的普法化和规范化过程。一些公司领导班子和相关经办人员在重大项目决策、物资采购、招投标、项目资金使用等领域中暴露的贪污腐败问题，最终也体现在合同的不规范管理过程中。例如，不经过规定流程签订合同、

① 朱伟：《纪检的效能监察与财务的审计监督异曲同工》，载《重庆财会》2002年第12期，第36页。

越权签订合同、签订“阴阳合同”、先履行后补签合同、不经决策擅自变更合同主要条款等行为，主要还是由于公司领导和相关经办人员法律意识淡薄，对法律的敬畏心不足。

最后，纪检监察部门通过案件处理工作警示公司内部人员，预防合同风险和职业道德风险，防止员工违法犯罪，起到监督作用。案件工作本身是一件“治标”工作，但是公司纪检监察部门运用案件工作的成果开展警示教育活动，通过案件工作发现合同管理过程中的漏洞，使公司提升管理水平、完善合同管理相关制度，降低合同风险发生概率，也能起到“治本”的作用。

第四节　外聘律师

律师是专业的法律工作者。外聘律师区别于公司内部法务人员，是公司通过聘用方式增加法律事务管理能力的手段。外聘律师对于合同全过程管理来说是必不可少的。在一些小型公司或者没有条件单独设置法务部门、配置专职法务人员的公司，整个合同管理工作主要依托外聘律师。甚至在有法务部门和法务人员的情况下，有些公司经营管理者也更倾向于倚重外聘律师，更重视外聘律师的意见。在一些重大合同的谈判过程中，外聘律师参与也是必然现象。因此，如何更好地发挥外聘律师在合同全过程管理中的作用，也是法务部门的一项重要职责。

一、外聘律师的特点

外聘律师和法务人员同样都是参与合同管理，但由于职业背景、出发点、专业化程度皆不相同，对合同管理发挥的效果也不尽相同。要区别这两者在合同管理中的作用，首先要了解外聘律师的特点，我们从优势和劣势两方面来分析。

（一）外聘律师的优势

1. 合同业务的专业性。

首先，外聘律师专业性的前提是其保持客观性。公司通过法律服务合同与外聘律师建立平等的权利义务关系，费用已在合同中明确约定，不与公司业绩相联系。外聘律师并不是公司经营行为的直接受益者，因而更能以一个局外人的身份对合同管理中的问题提出客观建议。

其次，外聘律师保持专业上的专一性。法律专业种类繁多，合同类型也多样复杂，房地产、建设工程、知识产权、财税等方向都是需要投入大量精力去研究的。近年来外聘律师专业化的趋势越来越明显，“万金油”律师逐渐被法律服务市场所淘汰。聘请的专业律师通常从业经验丰富且具有更丰富的诉讼实战经验，能够提供更专业的法律服务。

最后，外聘律师在广泛的业务活动中具有较高的专业技能。专业的外聘律师法律服务对象广泛，涉及各行各业的企事业单位和政府部门的战略部署、生产经营、日常管理等各个阶段，业务中接触和处理的合同案件种类繁多、合同纠纷重大复杂，这相应地使外聘律师练就了应对合同实务中问题处理的工作技能，能够提供更全面的法律服务。

2. **诉讼业务的专业性。**

公司通常通过聘请常年法律顾问的方式确定为其提供法律服务的外聘律师，从而参与公司的日常合同管理。相较于合同纠纷发生之后再聘请处理诉讼案件的律师，已事先参与合同管理过程的外聘律师对合同的签订、履行过程比较熟悉，一旦发生纠纷，可以立即提起诉讼，及时止损。

首先，事先预防。外聘律师帮助公司完善合同审批制度、审查制度，并且在合同签订前即参与合同订立的磋商、合同条款拟定等活动，充分了解合同风险点，站在诉讼需要的立场上，提前制定防控风险措施，以防止公司签订合同可能引发的诉讼。

其次，事中控制。合同履行中一旦发现对方有违约行为，外聘律师就应发挥作用，建议公司立即停止执行合同，必要时终止合同。在与对方协商无果的情况下可及时采取诉讼或者仲裁等对应措施，以免延误时机，保护公司的权利和利益。同样，如果公司在履约过程中发现己方无法继续履行，也可在第一时间与外聘律师沟通商讨出有效的解决方案，争取将损失减到最小。

最后，就诉讼程序而言，外聘律师在大多数情况下比公司法务人员更有经验，更能充分利用程序达到己方目的。另外，外聘律师出庭时更能发挥自己的优势，在举证、质证、辩论环节，其经验一般也比公司法务人员更为丰富。

（二）外聘律师的劣势

1. 不了解公司文化。

关于公司文化有五花八门的定义，在此姑且不去讨论。公司文化主要反映了公司经营管理者群体尤其是高层管理者群体的意志，是公司全体员工共同奋斗认可的价值观。

外聘律师通过合同管理参与公司的经营管理和各项经济活动中。虽然外聘律师与公司之间是一种平等地位的委托关系，但在一定程度上外聘律师不受委托人意志约束。在外聘律师的职业生涯中，有可能设计出上万份合同，而其中许多合同包含相似的语言碎片，或者已经形成模板化的合同。如果这些合同条款脱离公司文化的内涵，公司经营管理层则很难认可和接受这样的条款，最终导致合同不被使用、律师工作不被认可。譬如央企、国企依赖于国家财政，其文化总能让人感觉出意境上的统一。而私企等由于经营者风格和经营理念的不同，表现出来的公司文化也多种多样。面对不同的公司类型，外聘律师要具体分析公司文化的内涵，才能使合同内容更符合公司经营管理的需求。

2. 不了解公司业务流程。

与公司内部的法务人员相比较，外聘律师更为了解外部公检法机关以及其他行政机关的业务流程。而对于公司内部的业务流程，由于各个公司情况都不一样，外聘律师只有熟悉公司制度才能够熟练掌握。但由于外聘律师通常不可能只服务于一个公司，不可能对每一个公司的业务流程都熟悉。

从专业性来说外聘律师是毋庸置疑的，但在实际合同业务办理过程中仍会出现外聘律师的建议无法有效发挥作用的情况。因为合同流程涉及多个部门的多个环节，有的还涉及母、子公司之间的跨级管理。如果律师的建议仅仅从法律专业角度来看是没有问题的，可实际操作起来跨多个部门、多个环节，甚至可能要沟通多级公司领导，反而降低了工作效率，使其无法达到预期效果。譬如审查一份成套工业设备采购合同，区别于一般的货物采购合同，外聘律师更多地需要结合公司内部对于此类交易细节的规定以及公司相关部门实际运作对合同进行审查。

3. 不了解合同背景事项。

外聘律师审查合同的目的是帮助公司实现合同目的，降低可能发生的交易风险，因而了解合同背景和合同交易内容是十分必要的。实际上，外聘律师更多的是将注意力放在程序性条款上，容易就法论法，对交易背景很少关注。

多数情况下，外聘律师得到的信息并不全面，并不是公司的业务部门故意不告知，而是大部分人是非专业人士，他们不知道律师需要一些什么具体信息。当然还有一些情况是经办人员无法说清楚的。在此种情况下，外聘律师仅收到“我有一个合同，请帮忙审查一下”的请求而无其他需求说明，如果就此埋头审查合同，不进一步主动打电话或者通过邮件获取更多关于合同事项的信息，有可能面对事倍功半的窘境。

4. **不熟悉合同管理工作。**

合同管理工作属于公司内部管理的内容，而外聘律师的工作内容则主要是书面审查合同文本，他们对于合同管理并不熟悉。因此，很难站在合同全过程管理的角度去开展工作。

由于合同业务是最基础的律师业务，收益并不高。参与公司合同管理的外聘律师通常由团队组成，有些律师团队不重视合同审查工作，在工作分配时将此类业务分配给从业经验较浅的律师，甚至是初出茅庐的新人律师锻炼，仅在重大合同项目或者是有可能涉及发生合同纠纷时，再派经验丰富的律师来处理。在这种情况下，一方面有可能因为经验不足而出现合同漏洞，无法有效防范合同风险；另一方面公司可能对此种做法颇有微词，逐渐丧失对外聘律师的信任，在对外聘律师考核时也会有影响。

二、外聘律师在合同管理中的作用

合同全过程管理是一个动态过程，需要各方角色各司其职，围绕合同管理这个共同主题发挥作用。外聘律师在公司合同管理中的作用主要包括以下几个方面。

（一）帮助公司梳理合同管理原则

当公司需要对合同管理制度进行修订时，首先要确定的就是合同管理的原则。原则确定了，才能开展操作层面的工作。外聘律师的这种帮助应该体现在两个方面：一是有形的，即在公司的管理制度中贯彻合同管理的原则；二是无形的，即在日常的宣教、合同管理实务中影响公司员工的思想。

1. **依法管理原则。**

依法管理原则包含三个方面的意义：一是遵守国家法律法规和相关行业监管规定；二是遵守公司内部的规章制度甚至包括商业行为准则；三是遵守职业操守等道德规范。

合同管理实施过程实际上也是一个执行法律、规范和技术标准的过程。外聘律师帮助公司完善合同管理制度、对合同进行合法性审查和处理合同纠纷等，保障合同管理的合法性，逐步实现在公司内部建立依法管理原则的目的，使公司经营管理纳入法治化建设。同时，外聘律师对公司合同管理中出现的违法违规行为也要通过适当途径及时告知公司，以起到防范作用。

2. **全过程管理原则。**

目前大部分公司内部只注重合同文本审查而忽视合同的全过程管理。对相对方的资信情况缺乏整体评估、对合同履行情况缺乏动态监控、对合同档案材料缺乏规范管理等，往往导致合同纠纷发生之后公司处于被动地位。

外聘律师参与合同管理的过程，即使参与的是合同管理中的某一个环节，但律师的职业特点决定了他们会充分考虑合同签订前、签订中和签订后的法律、市场等方面诸多因素可能潜在的风险。通过不断的风险提示，外聘律师警示公司不应只注重合同文本审查工作，而应将合同管理的观念和思想贯彻到公司运行的每一个环节。从公司领导层面到一般员工，从重大经营决策到日常事务性工作，都要重视合同管理。

3. **注重效益原则。**

合同管理制度建立的目的不是为管理而管理，其最终目的是实现公司的经济利益。通过加强对合同工作的管理而帮助公司创造价值，成功规避经营风险，减少合同纠纷的发生，防止损失，最终实现经济效益增长。国有企业不仅要重视公司自身利益，更要重视国家和社会公共利益、员工的合法权益。

外聘律师参与公司合同管理使公司以较小或较少的投入（律师服务费）获得较大或较多的产出（止损），满足公司对经济效益的需求。尤其在合同纠纷诉讼阶段，外聘律师可以从多种可能出现的后果上筛选优先解决的方案，并对各个方案的结果进行预测，最终帮助公司选择较为合理、经济的方法来解决诉讼，以较少的投入，促进公司经济效益的最大化。

（二）帮助公司建立合同审查规则

合同审查是合同管理中的日常性工作，合同审查的目的是要尽可能发现合同中存在的问题并修改以供决策，因此是所有合同工作的基础。审查合同必须有章可循，必须有基本的审查制度和工作指引。否则，就会出现随意审查的现象，业务部门就会感觉合同审查具有不确定性。

实务中由于对合同及交易的理解程度、发现问题的能力等因素影响，相同角色的人员（如不同的法务人员）审查同一份合同会得出不一样的审查意见。即使是同一个人在不同时间阶段审查同一份合同，审查结论也未必相同。外聘律师的合同审查工作基本参考中华全国律师协会经济专业委员会《律师承办合同审查业务指引》，可以帮助公司在内部建立起合同审查工作的基本标准。

1. 合同内容合法有效。

合同内容合法有效，这是合同的关键和核心。一方面，合同相对方是否具备签订合同的合法资格，以及是否具有履行合同的能力，是合同审查的首要问题。另一方面，合同当事人必须在合法的前提下订立合同，否则将因为违法而达不到交易目的。因此合同在审查中应当注意对相关的法律法规进行充分的调查和分析。

2. 权利义务对等平衡。

在交易过程中，通常具有优势地位的一方在设计合同条款时会倾向于保护己方利益，这本是正常的利益体现。但民事主体之间的权利义务设立的基本原则是平等，因此，在合同中各方权利义务的设定要保持基本平衡。合同审查时要了解双方的利益平衡点，寻求各方共赢，否则合同很可能由于显失公平而被撤销或者条款过于苛刻而无法实现交易目的。

3. 双方约定具体明确。

内容清晰、条款齐备、逻辑严密，是合同文本最起码的要求。因此，审查合同时要注意对约定不明、条款内容表述不当、条款无可操作性以及其他无法识别具体约定内容的情况的审查，防止影响交易安全。

这里要强调的一点是，实务中许多合同在文本上逻辑混乱、因果颠倒。这和合同经办人员，甚至一些法务人员缺乏逻辑思维能力有关。对此，外聘律师应在合同文本中严格把关，并将具有普遍性的问题提出来，以利于提高公司内部合同经办人员的业务能力。

（三）帮助公司建立风险管理体系

风险管理是一个系统工程，需要各方面的工作配套。宏观来说，就是要有一套完整的规章制度，实务层面就是要有可行的操作规程和熟练的诉讼风险应对机制。

一是帮助建立合同管理规章制度。使公司建立管理层次清晰、职责明确、程序规范的合同管理制度。

二是对合同管理相关人员的培训。通过加强合同法律知识和签约技巧等方面的培训提高合同管理人员的业务素质，强化风险意识。

三是合同的签订和谈判。在谈判前外聘律师对项目进行论证、调查对方资信情况。在合同签订时与法务部门、业务部门等共同参与，仔细研究合同主要条款，形成逻辑严密的合同文本，避免合同漏洞。

四是合同纠纷的处理。在合同纠纷发生后，外聘律师应按公司要求，及时采用协商、诉讼或仲裁的方式，维护公司合法权益。

三、正确处理与外聘律师的关系

外聘律师在公司合同管理中的作用日益显著，让许多公司逐渐重视对外聘律师的管理工作，纷纷通过聘请常年法律顾问的方式帮助加强内部管控。但外聘律师毕竟不同于公司内部的法务人员，在管理方式上应有较大差别。公司可从以下四个方面采取措施。

1. 选择符合公司需求的外聘律师。

首先，公司要明确聘请律师所要达成的目的。公司在选择外聘律师时要考虑的因素比较多，如律师的专业水平、知名度、过往业绩、职业道德以及所在律师事务所的整体实力等。但是，在选聘外部律师时，重点要考虑拟选择的外聘律师是否符合公司需求，也就是说考虑能否达到公司聘请律师的目的。如果公司拟通过聘请常年法律顾问的方式对整个合同管理过程的风险进行管控，而某位外聘律师擅长的领域是刑事诉讼，虽然法律业务上有共通之处，律师们往往也都声称精通所有法律，但实际效果显然会达不到公司预期。

其次，选择外聘律师应和选择律师事务所结合起来。往往名声在外的律师业务来源也比较多，能够集中在某一项业务上的精力很容易就被分散了。而合同管理不同于专项法律服务，需要律师投入长期的时间和精力。如果律师没有足够的时间和精力专注于公司的合同管理事务，而这些事务最终是由外聘律师身后的团队来完成的。在这种情况下，选择外聘律师时不要仅选择律师个人，而要看背后的律师事务所和律师团队整体的实力。

2. **外聘律师服务合同的条款设计。**

外聘律师的服务费用一般在法律服务合同或常年法律顾问合同中明确。合同是明确公司与外聘律师权利与义务的最重要的法律文件。所有的关于合同管理的法律服务质量体系打造可以从这里入手，故而合同的细节应当谨慎敲定。

拟定合同条款应当经过公司法务部门的详细讨论，并报总法律顾问最后审定。在合同中根据公司需求明确外聘律师提供法律服务的工作范围、工作方式、响应速度、合同审查质量、与法务的配合方式、违约条款等。大型公司由于业务量较大，亦可约定律所委派律师在公司坐班，从事日常合同管理工作。通过可量化的方式将服务内容锁定，这样在以后履行过程中才能更好地保证法律服务工作成果质量，充分保障公司权益。

3. **合同业务分工的主次之分。**

外聘律师和公司内部法务人员都有管理合同的职责。为了协调工作，提高效率，就必须将两者之间的工作界限厘清。哪些是外聘律师的工作，哪些是内部法务人员的工作，必须区分得清清楚楚。当然，不可避免地会有相互交叉的情况，在相互交叉的情况下，也要区分清楚各自的工作职责和范围。简单地讲，就是外聘律师管公司以外的事，内部法务人员管公司内部的事。

处理合同管理事务，主要还是公司内部合同管理组织机构的工作，外聘律师的工作是辅助性的工作。区别合同业务分工的主次之分，目的是协调公司内部合同管理组织机构和外聘律师的工作配合，从整体上保证合同管理工作成果质量。

合同全过程管理的规章制度制定、标准合同示范文本的制作、合同谈判和审核等工作，涉及公司组织机构的架构和权力分配，是公司内部合同管理组织机构的日常性工作，正如前文所述外聘律师有其天然劣势，不了解公司内部情况，因而此类业务应以合同管理组织机构为主。而关于合同项目的尽职调查、合同纠纷处理等事务，涉及许多复杂的程序性问题，也会花费大量时间，外聘律师办理有较大优势，因此此类业务以外聘律师为主。

4. 外聘律师的日常管理与考核。

没有日常的严格管理和考核，任何工作都不可能有好结果。在合同管理过程中，公司应加强对外聘律师的管理和考核，以督促其尽职工作，同时，也在后续业务中对是否继续聘用其提供依据。通过动态的日常管理和可量化的考核方案，公司对未尽职履行职责的外聘律师要及时解除委托，造成损失的还应当依法追究其责任。

在日常管理中，充分的信息交流有助于法务部门及时掌握外聘律师的动态，便于全面掌握其服务情况和业务情况。具体来说，公司要通过与业务部门的交流了解外聘律师的服务水平，通过与行业主管机关的交流了解外聘律师的奖惩情况，通过与司法机关的交流了解外聘律师的业务水平。

考核时要区分不同法律服务内容。外聘律师的考核包括年度考核、专项考核等。公司法务部门负责对外聘律师的考核，应当建立专门的考核制度。考核时应会同有关部门共同考核外聘律师在职业道德、服务能力、服务水平、办结情况等方面的表现。考核结果作为公司是否继续聘用该律师的依据。

第五章
CHAPTER

合同风险概述

合同管理的目的有三个：一是创造价值，二是防范风险，三是实现经营目标。对于公司法务部门而言，防范风险应放在考虑的首要位置。因为一旦发生大的风险事件，合同目的肯定不能实现，经营目标无法达成，甚至会造成严重的损失，创造价值也就无从谈起。

第一节　合同风险产生的原因

合同行为是由当事人一系列复杂的行为构成的动态系统，是由人和其所处的环境所决定的，是当事人之间利益平衡的结果。因此，合同风险的产生，既有客观原因，也有主观原因。

一、合同风险产生的客观原因

合同是一个客观的存在，合同的背后是利益的博弈。人类世界的利益关系是极其复杂的，合同各方的背景、实力也是极其复杂多样的。同时，合同本身也是一个动态的签订、履行过程，所面临的社会、经济环境也是复杂多变的。这些因素都决定了合同风险是必然存在的，是由客观世界的复杂性所决定的。

（一）合同事务的复杂性

各类合同业务本身具有不同程度的复杂性，这是由合同对应的社会关系所决定的。体现在合同主体利益诉求的复杂性和内外部关联关系的复杂性，合同风险可能产生于复杂社会关系和关联关系的博弈之中。

以公司法人为例，公司的本质决定了它的主要目的就是追逐利润。公司发生经济行为的同时必然带着明确的利益诉求。换言之，公司法人存在与利益相关者交易以实现其合法的利益诉求。例如，公司参与政府采购业务与政府形成利益关联，授信获取贷款与银行形成利益关联，提供公共服务又与社会公众形成利益关联，参与商业行为又与其他法人主体之间形成利益关联，等等。公司与各类社会组织、个体基于不同的客观条件所形成的合同法律关系，与其所处的社会利益关系的复杂性密切相关。

此外，公司法人还可能存在复杂的内部利益关联。主要表现在股权结构上同时存在不同的自然人和法人股东，出资方式除现金出资外，也可能存在货币、劳务、设备等出资的复杂情形。合同风险往往因未及时全面审核股东出资及股权结构的合理性，对公司内部的关联性缺乏正确的认识而产生。股东与股东、股东与公司之间关联关系的客观存在会打破合同权利义务关系的平衡。此类关联关系如不加以约束，会让合同履约过程出现重大的违约事件，直接损害公司利益。如牵扯到公司与股东之间的交易，就可能使具有关联关系的一方获得经济利益，逃避债务，对合同业务的资金流向和交易质量都会产生影响，成为引发公司合同交易风险的客观因素。

关联公司参与合同业务会增加合同履行的法律风险。关联关系的认定主要分为两种，即显性关联和隐性关联。显性关联主要是指股权被他人或第三人控制，被主要投资人或利害关系人直接间接控制的方式。产权关系可以从公司章程、持股比例中得到验证。与此类关联公司开展非公允价格的合同业务，容易受到关联控制人的控制，损害另一方合同当事人的合法利益。隐性关联是公司之间一种表面上不显露的关联关系，而实际上隐含有投资关系或在经营决策、资金调度、生产经营等方面存在控制或影响关系的关联方式，如通过隐名出资、交叉持股、委托代理等形式达到间接控制公司的目的。关联公司间长期维持控制与被控制关系，使得关联业务的合同普遍存在资金混用，串通交易，关联融资，过度运作股权与资本等高风险现象。

案例 **银行信贷关联公司与风险控制**

信贷客户是银行未来信贷业务拓展的重要领域。但实践中，客户普遍存在关联关系复杂、财务管理不规范、银行和税务“两套账”、提供虚假资料等情况，使得信贷风险较为集中。A公司为银行新近营销客户，主营业务为液化天然气的生产、运输和销售等。该公司向银行申请办理一笔流动资金贷款，期限1年，用于采购阀门、钢管等，采用抵押担保方式。

从表面来看，该客户经营财务情况良好、抵押物足值，业务风险较低。但凭借对国家产业政策的了解，审查人认为我国的天然气领域准入门槛很高，一般民营公司很难进入。审查人员通过外部信息渠道对申请人的股东及其实际控制人关联关系进行了进一步查询，发现该公司牵涉关联公司多达几十家。审查人员会同调查人员对公司进行了实地走访，了解到实际控制人原为某大型国有石油集团的下属全资子公司的总经理，而实际控制人控制的公司最初基本均由其他公司出资设立，后经多次向关联公司转让股权将国有股权稀释。

经审查，银行认为难以清晰把握借款人的实际经营和财务状况，无法控制还款来源，且关联关系极为复杂，存在较大的关联交易风险，业务风险较大，因此否决了该笔业务。在这个成功的风控案例中，银行内部的合同审查人员在对相关行业有充分了解的基础上，充分利用外部信息渠道，挖掘出公司复杂的关联关系和背景，将业务风险更充分地暴露。为信贷业务的审批提供了良好的依据，牢固树立了风险意识，保持对信贷风险的敏感性，体现了法务人员的积极作用。

（二）外部环境的复杂多样性

无论在何种市场环境下，企业面临的外部环境都是复杂多变的。这些复杂多变的外部环境，会引发企业许多难以预计的风险。

1. 市场环境的多变性。

在市场经济的大环境下，要素市场的频繁变化和不规则波动是极为普遍的现象。由于市场波动的不确定性引发合同风险的情况也会普遍存在。例如，在工程建设项目的大宗商品贸易中，大宗商品买卖合同一般会约定具体的材料价格调整规则，或约定价格随行就市，或约定价格在一定期限和波动幅度内可调整。如对此没有预见或约定，则在材料价格出现较大幅度波动的情况下可能出现需求方止付，供货方停供，最终发生影响工程进度等连续性合同风险。近年来我国进行大规模基础设施建设，导致河沙、碎石等材料大幅度上涨，许多材料供货商未能及时预判进而引发集中违约，造成市场合同风险。此外，除商品价格波动的原因外，还存在银行利率调整、汇率波动、股价下跌和信用危机等市场不确定因素，也会对合同目的的实现造成不利影响。

2. **行业竞争的残酷性。**

商场如战场。竞争主要表现为市场主体间在争夺市场占有份额、确保经营利润等方面的博弈交锋。市场竞争越激烈，竞争双方所面临的合同风险就越大。竞争的基本动机和目标是实现最大化收益。竞争本身会使处在市场环境中的公司面临不能实现其预期利益目标的危险，甚至在经济利益上受到损失。对于市场竞争主体来说，面对竞争对手在价格和市场占有方面直接的挑战，会对能否顺利签订的业务合同产生实质影响。合同合作方在选择合作对象时会有一定倾向性，在业务合同谈判的过程中，谈判对象往往倾向于选择市场占有率高的一方作为合作对象。由此可见，若没有相应的市场地位，很难保证合同的签约机会，合同签约风险便难以得到控制。

二、合同风险产生的主观原因

因为一切合同行为都是人的行为，因此，除客观原因可能导致合同风险的产生外，主观因素对合同风险的产生也是客观存在的。

1. **认识的有限性。**

合同所面对的复杂环境是无限的，而人的认识能力是有限的。尽管在大数据年代人们获取信息的渠道变得通畅，但要对合同相对方的情况全面把握，仍然是一项艰巨的工作。在认识活动中主体和客体之间必然存在信息不对称的情形，具体到合同行为中，合同各方当事人之间所掌握的信息也是无法完全对称的。

每一个人受其所处历史时代、知识结构、人生经验等限制，都会有其自身的局限性。人永远不可能达到对事物本质的完全认识。比如，法务人员绝大多数是学法律的知识背景，而面对的业务范围却是十分复杂的。对于涉及工程、电子信息等领域，需要大量数学、物理知识的业务，可能就彻底被绕晕了。初入职场的学生，思想比较单纯，面对无所不在的陷阱，也可能对人性恶的一面认识不足。大数据时代带来了获取数据的便利，但同时，面对大量的数据，如何区分其真假也是一个难以解决的问题。

2. **逻辑思维欠缺。**

法务人员尽管经过了专业学习，但我国高等教育在课程设置上对逻辑学的轻视导致了法务人员实际上逻辑思维能力仍显不足。对于理性思维所需要的定性、定量分析，以及概念之间严格的区分和界定，都是极其缺乏的。从实务来看，现阶段存在的最严重的问题是对概念没有严格的界定，模糊性、随意性很强。

3. **职业道德。**

首先，职业道德是法务人员做好合同管理工作最重要的基本条件。一名法律人，即使专业知识再全面，个人能力再出色，但是，如果没有良好的职业道德，对公司而言就是最大的风险，无法胜任合同管理工作。良好的职业道德首先表现为有崇高的法律信仰和理想信念。

其次，良好的职业道德表现为能够尽力做好自己的本职工作，能够将公司的利益放在第一位。而不能在公司利益受损时事不关己，高高挂起。毋庸讳言，目前在各类公司中，这样的人是大量存在的。各种推诿扯皮，就是职业道德低下的反映。

最后，良好的职业道德表现为丝毫不利用职权谋取私利。如果一个人时时处处盘算着利用自己的职权谋取私利，搞利益输送，那肯定就会监守自盗，化公为私，内外勾结，严重背离公司合同目的，损害公司利益，中饱私囊。这种内部大盗难以预料、难以防范，对公司造成的合同风险和合同损失将会是非常致命的。可以客观地说，凡是发生大的、违反常识的合同风险，都毫无例外的是内外勾结的产物。没有内部人员的积极配合，大的合同骗局根本不可能得逞。

第二节　风险的分类

分类是认识事物的基础，也是管理合同风险的基础工作。不对风险进行分类，合同管理工作就无从开展，也难以提升管理水准。

一、分类的必要性

不对合同风险进行分类，认识风险、防范风险、化解风险就无从谈起。只有进行了科学的分类，才能对合同风险进行科学的分析，才能提出相应的解决方案。

（一）分类是认识合同风险规律的基本方法

分类是按照事物的内部联系，认识事物本质的方法。分类法是一切科学研究的基本方法。在合同风险管理中，采取分类法，对合同法律风险进行分类研究，从根本上有利于帮助合同管理人员认识风险的本质，把握其规律。在实务中也有利于对同类风险及时响应，有助于避免再发生同类风险。

分类法首先是根据类型化的属性进行具体归纳。完成归纳后通过演绎又可以把分类的结果运用于管理业务实际。分类就是将被研究的客体按照其特征联合为一个同类总体（组）。在进行分类研究之前，通常要对被研究的问题进行详细的逻辑分析。在分析过程中要确定分类基础，即确定基本特征和意义单位等，然后根据意义单位将被研究总体分成几个同类组。遵循一定的分类基础是识别合同风险的必要前提。将合同风险进行分类，可遵循的分类的依据主要有：

1. 法律法规的具体规定。

我国《民法典》合同编规定了十九种有名合同的基本类型，具体包括：买卖合同、供用电、水、气、热力合同、赠与合同、借款合同、保证合同、租赁合同、融资租赁合同、保理合同、承揽合同、建设工程合同、运输合同、技术合同、保管合同、仓储合同、委托合同、物业服务合同、行纪合同、中介合同、合伙合同。前述典型合同是法定的合同分类，各类合同具有不同的特性，对合同当事人的签约资质和履约能力要求各不相同。

法定的分类可对合同行为提供最直接有效的指引和规制，方便合同当事人选择正确的合同类型实施交易，避免经济行为的无序性，对防范各类合同风险具有直接的指引作用。以立法文件确定合同分类，对公司合同管理的意义在于可直接指引公司合同管理人员正确适用关于各类典型合同的具体规定，最大限度确保合同行为的合法合规性，杜绝犯低级的错误。在《民法典》通则不能全面覆盖合同风险时，参照各典型合同的具体规定更有利于具有指向性地执行合同。

2. **公司的合同业务实际。**

一方面，《民法典》规定的典型合同中并不能涵盖所有合同类型；另一方面，各个不同的公司业务各有侧重点，实际的合同管理也要根据公司自身特定的战略侧重点来进行。故要求法务人员根据业务特点对合同进行分类管理。

随着公司规模的不断发展，公司作为市场主体的体量日益强大，就会面临业务多元化发展的现实需要。而根据公司经营业务的具体范围，可直接作为公司合同分类的依据。例如，集团化公司法人的各个业务部门、各子公司所签订的合同也各不相同，从集团化公司合同全过程管理的角度出发，有必要对各部门、各分子公司的合同进行匹配性划分。如经营部门和商贸物流类公司主管贸易物流合同，投资部门和投资管理公司主管投资与资产管理合同，工程管理部门和各工程项目公司主管项目建设合同，等等。根据公司不同的业务板块，分类出不同的合同类型，设置权限不同的合同审批流程，匹配不同的合同风险防范措施，能够切实防范合同风险。

3. **特定合同相对方风险管理实际。**

在公司的经营管理实践中，不可避免地会存在这样一些合同相对方，与其签约后合同风险事件发生概率较高，但公司又不得不与其发生业务往来。这样，为了对其进行及时的履约跟踪，就必须将其作为特定的风险管理对象来进行分类。这类相对方可以在风险分类时将其归入高风险对象标签类。如政府的 PPP 项目合同即可归入此类。

（二）分类是识别合同风险的基本工具

分类是认识上升到理性的一个重要阶段。只有分类才能抽象出各类合同风险的本质，进而有效防范风险。分类法在合同管理工作中的工具属性主要体现在：

1. **分类为合同风险的归纳提供可行方案。**

分类就是按照事物的性质、特点、用途等作为区分的标准，将符合同一标准的事物归纳为一类，不同的则分开的一种认识事物的方法。[①] 对合同风险按类型

---

① 百度百科．分类法。[EB]/[OL]．https://baike.baidu.com/item/%E5%88%86%E7%B1%BB%E6%B3%95，最后访问时间2019年10月28日。

化的标准进行归纳，实质上就是根据不同合同的概念、特征和使用情形进行风险点排查，在此基础上将合同业务的风险点进行归纳提炼，并再回到现实中进行演绎。分类法为合同风险梳理提供了全面有效、具体可行的方法，可尽最大可能地避免合同管理过程中出现遗漏。

2. **分类为合同风险防范提供类型指引。**

在各类合同的谈判阶段、条款审核完善阶段、订立与履行阶段，风险防范的侧重点各不相同。通过对不同类型的合同流程的细分，可以充分提示处在不同履约阶段的合同当事人应该采取何种对应的风险防范措施，梳理出不同类型合同的风险点在哪里。例如，买卖合同侧重对支付和交货条款的履行风险防范、资产转让合同侧重资产交割程序是否合法合规的法律风险防范等。

3. **分类是合同审查的基本技能。**

合同审查人员借助基本的分类方法，抽象出合同风险的本质，有利于提升合同审查效率和水准。运用分类法，可以全面、系统地预见和排查出各类合同风险点。例如，通过对合同文本的分类解读，可以将买卖合同的审查要点分为主体条款审查、标的条款审查、质量条款审查、包装条款审查、交付条款审查和检验条款审查。同理，对其他类型的合同也要求合同审查人员运用分类法具体分析。精准预测出合同各部分存在的不确定性。合同风险识别是一项系统性、专业性的工作。而分类法为这一系统工作提供了全面、专业的方法论。

4. **分类为合同管理提供了便利。**

分类是我们日常生活的一个基本方法，有效地分类可以为我们的工作和生活提供方便和快捷，使工作和生活变得井井有条。同理，在日常合同管理中，按照类别管理也是基本的管理方法，进行了有效分类的合同，可以方便地进行检索，从而为跟踪合同流程提供了便利。

5. **分类是将合同管理的实践提升到理性认识的基本方法。**

公司在合同管理的实践中，对于长期签订、履行的合同进行分类，能够将其及时上升到理性认识，发现各类合同的特征，发现在合同签订、履行中规律性的变化。从而才能在以后的实践中，更好地管好合同，并将成功的经验分享给社会。同时，更重要的是，通过分类，并上升到理性认识，能够将不同类型的风险及时归类，找出其发生的规律，从而有效防范风险，并避免再犯同样的错误。

案例　分类法对识别风险的作用：以区分建设工程合同与承揽合同为例

常见的建设工程合同，从合同本质上讲可理解为承揽建设工程的合同。但考虑到建设工程对我国经济发展的重要作用，同时为了规范建设市场，解决建设工程质量不合格和拖欠工程款等方面的合同风险。基于此目的，我国民事法律规定将建设工程合同从承揽合同中单列出来加以规定。一方面考虑到建设市场迅速发展对合同业务规制的现实需要，另一方面指引建设行业从业人员对建筑工程合同的风险进行专门研判和防范。此外，我国《建筑法》《招标投标法》《建设工程质量管理条例》等法律法规继续提醒合同实务工作者重点防范工程建设合同中普遍存在的质量缺陷风险和拖欠工程款风险，对识别风险起到了更细的指引作用。这是分类法在规制合同行为立法文件中的具体运用。

（三）分类是合同管理的基础工作

1. **分类是合同档案管理的基本要求。**

从合同全过程管理的角度出发，公司合同管理的一项基础工作是合同正副本、合同附件（如往来信件、电邮、交付凭证、合同款项承兑承付凭证等材料）的归档管理。一般来说，公司都会制定严格的合同归档制度，妥善保管合同档案，必要时逐个建立档案。考虑到审查业务的重复和烦琐，在公司内部细分业务的同时，对应的业务合同审查工作必然要相应分类和归纳总结。而分类法是此项工作的基础方法。公司合同事务管理工作中，公司律师或法律顾问最主要、最基础的工作应该是各类合同的审查。合同业务人员和审查人员每年都会面临成百上千份各种类型的合同。因此，有必要在实务当中明确根据特定的合同类型采取特定的审查标准和归档管理标准，一方面方便开展合同基础管理工作，另一方面便于合同业务的追溯和倒查管理。

2. **分类能简化合同风险识别流程。**

在当前追求效率的市场经济大环境下，合同业务纷繁复杂，数量众多。合同风险事件层出不穷，根据一项公开的调查数据表明，实践中有90%以上的公司或多或少存在合同风险引发的纠纷。由此可见，在公司合同管理实务工作中难以要求所有的合同业务人员、公司法务人员和法律顾问在短时间内识别并及时防范所有合同风险。为了给合同业务匹配更高效、更简化的风险识别方法，合同管理工作中往往采用分类法作为基础方法，对经营范围内不同类型的合同匹配相应的风险识别流程，结合业务需要系统归纳出各种合同风险可能发生的具体情境和时间节点，在业务开展过程中最大限度地节省员工识别合同风险的成本，提高风险识别的精准度。

3. 分类能指导合同当事人采取风险应对措施。

提前做好风险分类，能最大限度地帮助合同当事人在风险发生时，根据风险分类指引第一时间找到对应的风险分类及相应的风险应对措施，有效避免合同风险处置不当，贻误损失挽救良机。

比如，近年来在互联网经济快速发展的趋势之下，网络资金抽逃、断裂的风险事件频发让人措手不及，做好新型互联网合同的风险防范至关重要。国家从2014年至2018年发布了一系列关于网络投资者权益保护、民间借贷管理、证券和基金的法律法规，并由相关互联网自治协会发布互联网支付业务风险防范指引等文件。通过对网络集资合同、借贷合同、保险合同、直销基金合同、第三方支付买卖合同等新型互联网合同的区分和界定，有效提示了网络消费者和投资者及时预警风险，并及时采取相应的风险防范措施，进一步提升互联网业务合同风险集中爆发时网民的应对和自救的能力，稳定整个互联网金融市场。

二、分类方法

从合同风险管理工作的实际出发，一般采用标签法进行风险分类。采取标签法进行合同风险分类的普遍做法是：对属于同一类合同的风险点，根据合同目的、合同风险发生的可能性和影响结果进行排序，使得排在前面的标签与相应的公司业务实例相关，提醒合同经办部门重视风险分类排查。

评估特定的合同风险时，如果多类合同均存在类似的风险，则在风险分类时将特定的合同进行标明和对应，并将最容易发生的风险排在前列，使得公司业务人员更容易关注和识别此类风险。

评审某一份业务合同对风险进行识别时，在合同文本的全部框架结构和主要通用条款中，分别标注出法律效力条款、违约责任条款、合同变更解除和终止条款、争议解决条款、合同通知条款等部分的风险点标签，根据类型合同风险防范的重点将最容易发生的风险标签排在前列，使得公司业务人员在评审具体业务合同过程中能及时识别和排查该风险。

三、常见合同风险类型

公司合同管理人员、法务人员在对合同进行审查时，往往从合同全生命周期着手。概括地讲，一般的双务合同生命周期从与合同当事人签约开始到具体履行阶段再到合同履行完毕，风险的主要表现为缔约过失风险、主体风险、支付风险、交付风险、履约保证风险、变更风险和抗辩风险。

1. **缔约过失风险。**

缔约义务是合同签约前以先合同义务的形式表现的。合同当事人对合同不成立、无效、被撤销或者不被追认有过错的，应赔偿受害方的损失。

缔约过失责任作为独立的追责制度，主要目的在于保护“成交协商”的过程。公司在前期谈判过程中，必然会围绕合同目的开展必要的磋商，因此会存在各相对方互相协助、互相通知，以及诚实信用，履行先合同的义务。在公司商业谈判中，合同相对方可能存在恶意缔约，假借订立合同而进行磋商，未按规定办理合同生效的手续，或不正当使用商业秘密等违背诚实信用的行为。这些缔约过失行为侵犯了合同主体之间的信赖利益，可能造成合同不成立甚至合同无效的风险，间接增加缔约成本，进而危及交易的安全。这一风险主要出现在前期合同业务洽谈和合同准备过程中，是合同管理人员容易忽视的风险。

2. **主体风险。**

任何合同都不能没有合同相对方。选择合同相对方是合同全过程管理最重要的内容之一。能否选择最合适的合同相对方，直接关系到公司交易活动能否顺利进行，进而直接影响公司合同经营发展目标的实现。

合同主体是否具备签订及履行合同的合法资格，是合同风险管理中最应该优先考虑的风险审查事项。主体资格如存在法律上的缺陷，将导致合同无效或者效力待定，从而使合同出现无法挽回的风险，最终致使合同目的根本上无法实现，也为后续的合同纠纷解决埋下巨大的隐患。主体风险主要体现在：

第一，自然人民事行为能力欠缺，担保资质和履约能力不足。当公司选择自然人作为合同相对方时，应当注意自然人是否具备完全民事行为能力，是否可以自行订立合同。

值得注意的一点是，实践中自然人从事的个体经营或者承包经营业务需要相应的营业执照，因该营业执照不是自然人主体获得的执照，即营业执照上的个体工商户和自然人并不是同一个主体。因此公司原则上不能与自然人订立从事经营活动的合同，自然人履行合同义务的范围是有限的。同时，作为合同管理的要求，大公司一般要尽量避免和自然人签订大额经营合同。尽管我国法律对自然人签订合同没有年龄上限的限制，但公司在和自然人签订合同时，也要注意其自然年龄，应避免和高龄人士签订合同，避免因其年长影响履行合同的民事行为能力。

第二，法人主体欠缺合同业务相关的营业资质，不具备签约主体资格。《民法典》第76条规定了“营利法人”是当前经济合同的主要签约主体。在具体审查合同时应重点关注法人主体是否经《公司法》相关规定登记为合法、有效存续的公司。同时通过“国家企业信用信息公示系统”① 及时查询公司信用信息，谨慎评估其签约主体资格。

值得注意的是，法人分支机构是否具备合同签约的主体资质一直以来是实务关注的焦点。法人的分支机构是根据法人的意思在法人的总部之外依法设立的法人分部，其活动范围限于法人的活动范围，依法人的具体授权开展业务。分支机构可以以自己的名义进行民事法律行为，从事民事活动。即意味着可以以自己的名义签订合同，从事生产经营活动。但是分支机构民事责任依法由所属法人承受。这就意味着，我国相关立法承认法人的分支机构具有合同签约主体资格，不具有独立的责任主体资格。

第三，实力与合同标的不相匹配风险。在认识主体风险时，一个非常重要的问题必须引起高度重视。即所拟签订合同相对方的实力与合同标的不相匹配的问题。通俗地讲，就是和小商人签订大额合同，存在极大的履约风险。因此，在签约前的尽职调查阶段，应对其经营实力进行详细考察。在实行认缴制后，公司的注册资本并不能真实反映公司的实力，而要通过对其实际的业务状况进行考察才可能得到客观的结论。

---

① 该网址为：“http：//www. gsxt. gov. cn/index. html”。

这个问题里另一个值得重视的就是资质借用和挂靠的问题。实践中这种情况非常多见。即小型企业甚至自然人借用一些大公司的资质和公司签订合同。这样造成的结果就是签订合同的主体和履行合同的主体不具有同一性，也会存在极大的履约风险。

第四，内部选择风险。合同是由公司内部人员办理的。在公司合同业务开展的实践中，公司合同业务人员违反法律法规和公司规章制度规定，签订无效合同，甚至损害公司利益合同的情况并不罕见。具体表现为，在交易主体及合作主体的选择上没有严格按照招标投标法或者公司规章制度执行，没有对应采取竞争性谈判和询价的方式“货比三家”，使公司没有实现利益最大化的，甚至影响后续合同履行，造成合同损失。

此外，也不排除在业务实际中存在选择合同签约主体时故意降低主体资质标准要求，故意选择交易条件不良的合同相对方订立合同等情形。此类内部选择上的风险值得公司警惕。其原因除业务水平低下外，更重要的可能是业务人员存在职业道德风险。

3. **支付风险。**

这里所称的支付风险，主要是指对于接收价款的一方，无论是买卖合同、服务合同还是其他涉及支付对价的合同，按照合同约定手段的付款方式将无法优先获得合同对价的风险。公司避免支付风险最直接的做法就是追求“款到发货”和“货到付款”的交易模式。目前，随着经济发展水平的不断提升，催生出诸多复杂万分的网络交易模式，注定了现实中合同付款流程更便捷的同时，也面临着复杂的安全风险问题。例如，比较常见的承兑、信用证支付在实现付款的程序上均具有一定的复杂性。因此通过合同约束双方的权利义务，避免支付不能或支付延迟就显得非常必要。在拟定付款方式条款时应注意以下风险：

第一，价款无法确定，支付不能的风险。合同价款或者报酬对合同交易双方非常重要，但实践中存在对合同价款确定方式约定不明或有歧义的情形。根据我国合同相关法律法规规定，合同成立后发现对价款或者报酬没有约定或约定不明的，可以按照优先顺序采取：（1）协议补充；（2）合同条款或者交易习惯确定；（3）按订立合同时履行地的市场价格履行，依法应当执行政府定价或者政府指导价的，按照规定履行。根据该条可知，价款确定的原则具有合意性，也具有一定的时效性。确定并锁定合同价款，才能从根本上具备支付的前提。

第二，支付条件不明确的风险。合同支付必须以合同履行到相应阶段，实现相应目的为前提。支付条件不明确会导致合同支付环节出现扯皮、拖延的情况，使合同丧失履行的连贯性，严重时导致交易目的落空，合作终止。在大型公司中，如果缺少对合同履行过程的有效监控，这种情况就极易发生。往往会发生早付、多付的情况，给公司造成损失。

第三，付款时间无法固定的风险。在需要支付对价的合同里，对付款时间应根据合同的实际情况合理表述为“合同节点事实发生之日起若干日内支付”并在前期合同谈判中明确。若采取分期支付的模式，须结合实际需要综合考虑付款间隔的周期性和分期次数，确保合同买受人的期限利益。同时，需明确一个法律规定的底线：根据《民法典》第634条规定，买受人未支付到期价款的金额只有达到全部价款的1/5并须经催告后，出卖人才可以要求买受人支付全部价款或者解除合同。对分期支付的条款设置需以此设置相匹配的违约责任条款。

第四，付款担保风险。在合同里涉及大额支付的情形时，为确保支付方依约支付，向支付方主张提供合理担保，防范支票、汇票等票据使用不规范，背书不连贯，票据无因性等可能造成的风险等。

4. **交付风险。**

在以交易为目的的合同业务中，常见的交付行为往往表现为标的物存在瑕疵。由于复杂的主、客观原因，大多数合同均存在延迟交付或者交付不能的风险。尽管我国合同相关法律法规对交付操作和所有权转移的规定非常明确，但交付风险还是普遍存在于提供标的物和提供服务的合同中。

以商品房买卖合同为例。商品房买卖中的交付，是房地产开发公司依法依约将符合交付使用条件的房屋按期向商品房买受人交付，商品房买受人检验商品房并接受房屋的行为。但在实际情况中，经常出现房地产开发商逾期交付、不符合法定交付条件即交付、房屋出现质量问题无法完成交付等风险，严重侵犯业主合法权益。总结起来，交付风险主要表现为：

第一，不符合合同目的或法定交付条件的风险。特定类型的合同，如建设工程合同以及房地产项目商品房买卖合同，根据《城市房地产管理法》以及《建筑法》的相关规定，国家对于建筑工程行业的法定交付设定了具体的工程质量标准，在设定合同条款时，必须考虑合同符合法定交付条件。

第二，运输标的物损毁、灭失无法交付的风险。在货物买卖合同中，常常出现因未约定合同一方或第三方负责标的物的运输责任，未设置合理的运输期间和运输期间货物的风险负担规则，进而在货物损毁、灭失后合同货物无法交付，无法追责，还可能间接引发运输合同纠纷。

第三，所有权转移规则不明的风险。我国《民法典》合同编确立的交付货物所有权转移的基本规则为标的物的所有权自标的物交付时起转移，但实务中法律亦设定了例外条款，允许合同当事人对货物交付所有权转移的规则进行约定。一般情况下，合同当事人可约定动产所有权自交付之日发生转移。这里的动产包括建材、大宗商品、汽车、轮船、飞机等特殊动产。不动产适用登记主义，不动产自登记之日所有权发生转移。

第四，涉外交付风险。在进出口贸易合同中，作为主要的国际交付结算方式之一的信用证将进、出口商的商业信用转换为银行信用，较好地解决了进出口商之间的信用危机，促进了国际贸易顺利、长期的发展，并且已被广泛应用于涉外支付实务。

国际贸易中最常见的涉外交付风险体现为“信用证欺诈”。关于“信用证欺诈”，我国法律并没有明确的定义。《最高人民法院关于审理信用证纠纷案件若干问题的规定》中用列举的方式对信用证欺诈作了定义：“凡有下列情形之一的，应当认定存在信用证欺诈：①开证申请人和受益人或者其他第三方串通提交假单据，而没有真实的基础交易；②受益人未交付货物，或者交付的货物基本无价值；③受益人伪造单据或者提交记载内容虚假的单据；④其他利用单据进行信用证欺诈的情形。”[①] 此外，来自进口商和出口商伪造单据或单据不齐全的风险也较为常见。信用证交易流程主要依赖开证申请人（进口商）的指令进行，在市场价格变化或者国际汇率波动等情况的影响下，为规避市场风险，进口商从自身利益出发，故意不开证或以各种理由拖延开证。在出口商环节，亦可能出现伪造信用证、伪造单据、发假货等欺诈行为，以此来欺骗开证行、议付行、付款行和开证申请人。

5. **履约保证风险。**

为了保护合同各方当事人的合法权益，其中一方当事人可在合同中约定要求合同相对方提交保证履行合同义务的保证。其目的在于防止对方当事人在合同履

---

① 张晗甦：《信用证欺诈风险防范》，载《当代经济》2007 年版，第 78—79 页。

行过程中违反法律规定或违反合同约定，并弥补对方违约所可能造成的经济损失而设置相应的履约担保，从而最大限度地保证己方利益。实践中常见的担保风险主要有：

第一，提供担保的主体不适格风险。根据我国《民法典》第十三章的规定，首先，保证人不能是合同主债务人。如主债务人同时为保证人，意味着担保的财产并未实质增加，提供担保的主体就不适格，保证的目的落空。其次，《民法典》第683条规定，机关法人和以公益为目的的非营利法人、非法人组织不得为保证人。即我们常见的国家机关、学校、幼儿园、医院等以公益为目的的事业单位、社会团体不得作保证人。最后，不具备独立承担民事责任能力的法人分支机构和内部职能部门原则上也不宜成为保证人。对此，我国担保相关法律法规也审慎规定，公司法人的分支机构职能在法人授权的范围内提供保证。除了主体不适格的风险，也要高度警惕适格主体提供虚假担保、不足额担保致使担保无法实现的情况。

第二，担保效力风险。在经济行为或金融活动中，债权人为了防范违约事件发生，降低交易资金风险，往往由债务人或第三人提供履约保证或者承担责任。但在实务中，未对保证人资质进行审核，可能会出现保证人存在严重诚信缺失，担保的效能就会出现瑕疵，从而引发担保效力的风险。

第三，担保不足以覆盖违约损失的风险。在办理合同担保时，对主合同业务存在潜在的违约损失未能充分预见，导致办理具体担保时与所担保的债权债务不相匹配，发生损失时担保不足以覆盖损失，致使被担保人面临重大合同损失。

6. **变更风险。**

变更在公司合同业务中广泛存在，也是必需的。一般情形下，合同会约定当事人在协商一致的情况下，可变更合同标的物的数量、质量、价格和履行方式等条款。针对合同变更可能带来的风险，应重点排查、评估对合同较大变更所引发的合同将来效力的不确定风险，以列举的形式谨慎设置合同允许变更的情形。

根据《民法典》对合同变更的规定可推知，变更属于高度尊重意思自治的范畴，法律赋予合同各方当事人协商一致确定变更的原则。当事人请求变更合同的理由难以列举，但总体而言对合同的变更会带来合同目的发生根本改变的风险。主张变更的乙方可能基于恶意逃避原合同义务的履行，企图规避原合同条款的约束。

实务中绝对不允许合同变更显然是不理智的，但应对合理变更后存在的风险正确识别。在识别变更可能带来的风险时，应主要关注三种情形：

第一，变更后的合同对未变更条款的权利义务应继续有效。防止出现以合同变更之名，行篡改未变更合同条款之实。对已经履行的债务不因合同变更而失去原来的法律依据，即变更不能轻易溯及既往。

第二，合同变更不应影响合同当事人要求赔偿变更产生的损失。合同发生变更时，有可能对当事人履行合同的预期利益产生损害，当事人根据公平原则有权要求适当的补偿和补救。合同变更不溯及已履行部分，但对未来可能造成的损失，当事人可以约定合理补偿。

第三，合同变更不能否定原合同的目的。在订立合同时，双方肯定对所订立合同可能实现的目的有所预期。如果变更后原合同的目的将无法实现，则不应进行变更，而应另行订立新的合同。

7. 抗辩风险。

合同履行过程中，根据合同履行情况，另一方可行使抗辩权。我国《民法典》第526条、第527条规定了当事人互负债务时有先后履行顺序的后履行抗辩权和不安抗辩权。其中，应当先履行债务一方未履行的，后履行的乙方有权拒绝其履行请求。在实务中，先履行一方在无法充分证明其已履行合同义务的情况下，极有可能面临后履行一方恶意提出抗辩权主张的风险，致使合同履行出现障碍。而先履行债务的当事人如提供确切证据证明对方出现经营状况恶化、转移财产、抽逃资金、丧失信誉等影响其履行债务能力的情形，也可以主张中止履行。可见我国民法赋予了各方当事人相互制衡、各自主张抗辩权的法定权利，因不可预见的原因引发合同当事人主张抗辩普遍存在于合同履行的全过程。行使抗辩权的会导致合同中止、承担违约责任甚至解除的法律后果，最终影响合同根本目的的实现。

四、刑事法律风险

刑事法律风险也属于合同风险的一种。但是，在实践中并没有引起必要的重视。公司管理人员一般认为自己的刑事风险集中在职务犯罪方面，只要不贪污受贿，就不会有刑事方面的麻烦。这种认识具有极大的片面性。因此，有必要将刑事法律风险在合同管理方面的风险作为单独一个问题予以论述。

1.《刑法》中关于合同罪名方面的规定。

我国刑法中涉及合同方面的犯罪较多。这里仅就最直接的涉及合同的罪名，也是可能使得公司管理人员被追究刑事责任的罪名予以阐述。

第 167 条：国有公司、企业、事业单位直接负责的主管人员，在签订、履行合同过程中，因严重不负责任被诈骗，致使国家利益遭受重大损失的，处三年以下有期徒刑或者拘役；致使国家利益遭受特别重大损失的，处三年以上七年以下有期徒刑。

第 168 条第 1 款：国有公司、企业的工作人员，由于严重不负责任或者滥用职权，造成国有公司、企业破产或者严重损失，致使国家利益遭受重大损失的，处三年以下有期徒刑或者拘役；致使国家利益遭受特别重大损失的，处三年以上七年以下有期徒刑。

根据前述第 167 条、第 168 条第 1 款的规定，这两个罪名的犯罪主体都是国有公司、企业、事业单位直接负责的主管人员。

2. 立案标准。

我国《刑法》第 167 条、第 168 条规定的追诉标准，一般是造成国家直接经济损失数额在 50 万元以上的即构成重大损失。在大中型公司，所签订的合同涉及的金额动辄上千万元甚至上亿元，可能造成 50 万元损失的合同，可以说比比皆是。因此，因这两条规定而被追究责任的情况是有极大可能发生的。至于实践中很少有管理人员因这两条的规定而被追究刑事责任，则是另外一个层面的问题。但国企领导人员必须清醒地认识到，这种风险是实实在在地存在的，这把剑随时都可能落下。因此，绝不能掉以轻心，不能有丝毫侥幸心理，今天没有追究责任，不等于明天也不追究，更不等于终身都不追究。

案例　　李某、刘某某合同诈骗案

事实：2012 年 12 月，时任广西某公司煤炭部经理的刘某某负责以该公司的名义与成都某公司签订一笔 100 万吨的煤炭贸易合同，在该合同框架下成都某公司提供了一份虚假的 12 万吨货权转移证明，从对方领取承兑汇票 7000 万元；后李某又以其实际掌控的上栗某公司的名义与广西某公司签订一笔 10 万吨的铁矿石贸易合同，从对方领取承兑汇票 5000 万元。截至 2013 年 5 月，成都某公司尚欠广西某公司4480余万元煤炭款、上栗某公司尚欠广西某公司3322余万元铁矿石款未交付。刘某某因害怕公司出事便催逼李某还款，李某即说明此前提供的12万吨煤炭货款还未向购煤方付清。此时刘某某意识到李某已无实际履约能力，仍继续追要；2013年10月，李某用骗取河南某公司的煤款共计4249余万元归还了广西某公司；刘某某明知该笔款系李某诈骗河南某公司的赃款仍予以接受。刘某某身为该公司煤炭部负责人，在签订合同时，对虚假货权转移证明等没有进行严格审查、认真履行职责，造成广西某公司特别重大损失至今无法追回。

判决：经查，刘某某明知李某已无能力归还给广西某公司造成的4000余万元损失，在李某用河南某公司的巨额煤炭款归还所欠款时，刘某某明知该还款系李某诈骗得来，属于赃款，仍予以接受、掩饰、隐瞒，其行为构成掩饰、隐瞒犯罪所得罪。被告人刘某某作为广西某公司煤炭部负责人，在成都某公司提供货权转移证明时没有亲自到场办理，没有进行严格审查；且未认真审查对方有无履约能力，造成广西某公司特别重大损失。

被告人刘某某犯掩饰、隐瞒犯罪所得罪，被判处有期徒刑三年，并处罚金10万元；刘某某犯签订、履行合同失职被骗罪，被判处有期徒刑四年，执行有期徒刑六年，并处罚金10万元。

3. 公司管理人员应如何避免刑事责任。

首先，必须在思想上高度重视刑事责任问题。必须明确党纪国法是绝对不可逾越的红线，不可有丝毫侥幸心理。也不可以自认为为了公司的利益而不是为了个人私利，就不会被追究刑事责任。上述案例中，刘某某接受李某用骗来的钱归还自己公司货款，其行为出于履行公司业务职责考虑，但实际上被追究了刑事责任。

其次，要认真履行职责，严格按照交易规则进行交易。任何情况下，都不可逾越规定的程序进行交易。上述案例中，刘某某就是对成都某公司提供的货权转移证明没有亲自到场办理，没有进行严格审查，且未认真审查对方有无履约能力，所以被追究刑事责任。作为公司管理人员，在对方履行合同时，绝对不可以有任何侥幸心理，该有严格审查的必须严格审查，不可照顾情面，不可偷懒不去。

最后，必须建立相互制约的监督、履行制度。不可一个人说了算，也不可一个部门包揽全部流程。没有互相监督、制约，就必然会出问题。相互监督、制约绝不是为了给交易设置障碍，而是为了保护公司的工作人员。

第三节　合同风险的识别

风险识别，是风险管理的第一步，也是合同全过程管理的一项基础工作。精准识别风险是合同风险防范的前提。具体而言，风险识别流程需要依靠合同经办人员或审查人员的专业分析和识别能力。因此，必须采取正确的风险识别方法，通过合理的途径完成该项工作。

一、精准识别风险是防范风险的前提

正确地认识事物是指导实践的基础。精准识别合同风险，是防范合同风险，采取有效措施处置和应对风险的前提。合同语境中的“风险识别”，是指在合同风险事件发生之前，合同经办人员或审查人员综合运用各种方法全面地、持续地认识所面临的风险以及分析风险发生的潜在原因的过程。风险识别过程包含感知风险和分析风险两个环节。其中，感知风险可通过人的感性认知和主观判断来实现，也可通过对各种客观存在的合同信息和类似风险事故的客观规律来归纳和分析。基于感性认知获得的合同信息，经过合理分类、识别，逐步总结出各种明显和潜在的风险及其损失规律，进一步评估、量化风险的可变性，并重复前述两个环节以识别出新的风险。

对合同风险的感知主要通过“判断合同相对方是否具备促成交易、实现合同目的的真实意思表示”来实现。合同相对方自始没有实现合同目的的合意，带着诈骗的主观意图签约，就必然会导致虚假交易行为，发生合同的根本性违约。例如，卖方完全没有能力交货，买方无理拒收货物、拒付货款，其结果给受损方造成实质损害，对合同守约方当事人产生潜在的风险。

前几年许多公司陷入融资性贸易的泥潭而难以脱身，教训是非常惨痛的。现在看来，这些从事融资性贸易的人，绝大多数从一开始就是准备诈骗的，根本就没有履约能力，根本就没打算履约，公司从事融资性贸易，一旦操作不当，就会成为他人合同诈骗的牺牲品，造成无法挽回的巨大损失，最终追偿无门，落入“走单、走票、不走货”的实质。实务中将托盘交易的性质通常认定为借贷合同

关系或者买卖合同关系，但是其标准目前并没有统一的定论，从各地方法院和最高院的判例中也难以寻找到一个可循的认定思路，甚至诸多判决相互间出现矛盾的结论。其根本原因在于合同全过程中，业务人员完全无法判断合同相对方的主观意图。例如，甲方有真实的买卖需求和意思表示，乙方仅有的真实意思表示是融资而非买卖，乙方实质上不想付款。为达成交易，乙方迂回曲折地拉进信用等级较高的公司丙方参与进来。甲方与丙方签订买卖合同，赊货给丙方；丙方与乙方签订买卖合同，加价转赊货卖给乙方，形成连环买卖。一旦乙方收货后不付款，导致丙方无法付款给甲方的，甲方便会起诉丙方，要求付款，形成纠纷。显然，在这种交易模式中各方并未对合同业务的开展形成共同的意思表示，合同的目的既不指向“融资”也非“融物”。可见，防范合同风险首先要具备与合同业务匹配的感知、判断和分析能力，对各方合作的真实意思表示做出精准判断。

二、如何识别合同风险

风险识别，是风险管理的第一步，也是合同全过程管理的一项基础工作。只有在正确识别风险的基础上，处在合同关系中的当事人才能够主动选择适当、有效的方法处置风险。合同风险存在于合同全过程的哪个环节，是怎样产生的，这是我们开展合同风险管理首先要搞清楚的问题。

（一）从相对方的主体特征识别

民事行为能力。合同签约相对方为自然人时，法律要求其必须是完全民事行为能力人，在特殊情况下可以为十六周岁以上的未成年人。根据《民法典》规定，十八周岁以上的成年人为完全民事行为能力人，可以独立实施民事法律行为；十六周岁以上的未成年人，以自己的劳动收入为主要生活来源的，视为完全民事行为能力人。可见，行为能力是识别相对方是否具备合同主体资格的最重要的主体特征，也是识别自然人主体风险的核心要素。

公司在绝大多数情况下当然不会和未成年人、不能辨认自己行为的人签订合同。但是，公司要高度重视的一个问题是要审慎地和高龄人士签订合同，包括法定代表人或主要股东为高龄人士的公司。

民事权利能力。合同签约相对方为法人主体时，应该重点识别其民事权利能力和民事行为能力。依法独立享有民事权利和承担民事义务的组织，应当依法登记有自己的名称、组织机构、住所、财产或者经费。法人主体从事特殊行业还需要获得相应的行业资质和许可。这些要素都是识别法人主体是否具备完整的合同签约资质，分析其签约和履约风险的特征信息。

经营范围。根据《最高人民法院关于适用〈中华人民共和国合同法〉若干问题的解释（一）》第10条规定，除非违反国家限制经营、特许经营以及法律、行政法规禁止规定的，否则要尊重当事人超过经营范围订立的合同的效力。因此，应以“经营范围不违反法律强制性规定”作为评估经营范围风险的主要特征。

（二）商事行为能力

商事行为能力的判别在公司经营中并不具有普遍性。公司应将判断相对方的商事行为能力放在首要地位。所谓商事行为能力，是指商事主体具有和自己能力相匹配的履行商事义务的能力。除了商事主体必须是依法成立的之外，其商事行为能力主要表现为经营业绩、现金流、利润、资产总量及其可流动性。

在考察合同相对方时，应该将其商事行为能力作为主要的考量指标。如一些重资产的公司，尽管其资产总量很大，但却不具备流动性。因此，在其要求将资产作为担保时，就应慎重考虑。比如，一些地方政府提出将市政工程作为担保物，这种担保就是没有意义的。因为事实上根本不可能将市政工程变现，法院也是不可能对本地的市政工程进行拍卖的。

（三）从相对方的历史沿革识别

通过对相对方经营历史的考察，可以了解到它的现在，预见到它的未来。可以通过官方渠道或非官方渠道调查，充分了解合同相对方从设立至今所经过的发展阶段和机构沿革，包括改制、改组、分立、合并、股权变更、注册资本增减、经营范围变更等情况，从而掌握它的过去、现在、未来。重点根据《公司法》第3条、第28条规定对有限责任公司是否足额出资，股东是否具备承担相应法律责任的能力，及时发现可能存在影响其资质和履约能力的重大股权变动，以获得该主体是否正常存续、公司权力机构是否正常运转等原始信息。对于出现机构变更异常，并存在违法违规经营历史的公司，需重点考量其违法严重性对合同业务的影响，谨慎与其缔结合同。

信用情况。根据《公司信息公示暂行条例》和《公司经营异常名录管理暂行办法》的有关规定，对公司法人历史上出现的经营异常情况纳入经营异常名录。针对未按规定期限公示年度报告或公示信息隐瞒弄虚作假的情形，也将列入经营异常名录并通过公司信用信息公示系统向社会公示。目前对于被纳入信用“黑名单”的公司，根据法律规定在政府采购、工程招标投标等领域均依法予以限制或者禁入，从而影响其签订合同的资质。

经营情况。除从公开渠道了解相对方的经营情况外，在重大合同的谈判中，还应要求对方提供一定时段的财务报表。例如，一个公司的经营收入大部分不是其主业，则要引起警惕。此外，从相对方的合作伙伴处也可以获取有用的信息。

（四）从基本的合同法律常识识别

凡是违反生活常识的行为都是骗局。在合同行为中，凡是违反基本经济、法律常识的合同也都是骗局。

在探究识别合同风险的切入点时，不仅要从合同签约主体的身份和资质特征入手，更要从基本经济常识和法律常识去考虑。绝大部分合同风险都存在明显违背法律常识和基本法理的情形。常见的风险有以下三类。

1. 应当采用书面形式订立的合同而选择了口头形式。

例如，在选择与业务匹配的合同形式时，首先要考虑“法律规定应当采用书面形式的必须采取书面形式”，如违背这一法律常识采用口头形式，必然会产生口头合同不确定的潜在风险。后续发生纠纷时则会遇到难以认定合同关系、无法证明合同履行情况的真实性、无法划分违约责任的巨大风险。口头合同履行到业务后期，因为没有书面明确的约定，各方对合同履行必然存在不同的理解，合同相对方甚至会趁机实施合同诈骗。

2. 与未进行过和其在公司登记机关登记的经营范围相一致的经营活动、未产生过相应的现金流量的主体签约。

在对合同主体所做的前期尽职调查中，若发现一家成立时间极短（通常为2年以内），且没有开展过与其注册资本、经营范围相匹配的经营活动，也没有产生过正常的、与其注册资本相应的现金流的公司，极有可能就属于典型的“空壳公司”。如若仍然与其签约，就会发生签订合同无效或者对方不具备履约能力的重大隐患。这种公司都不具备相应的履约能力，突然冒出来和你做生意，肯定是骗局。最乐观的情形，也就是没做过生意，想和你做一笔练练手。

3. 与法律纠纷案件较多或者由于诉讼、仲裁、欠缴税款，被法院、银行或税务部门查封、冻结，而导致其资产明显不足以保障履约的主体合作。

在业务实践中，对合作方涉及的重大违法违规行为，以及重大诉讼、债权、债务的调查往往不够深入。并且因为无法了解到对方涉诉被执行的情况，存在严重高估其履约信誉，低估其违约风险而轻易与之开展合作，都会产生重大风险 。我们通常理解的“重大债权债务”可以理解为基于目标公司重大决策、重要项目安排和大额度资金所形成的债权债务情况。一般情况下主要调查和评估可能对合作相对方产生负面影响的债权债务情况。

现实中，许多目标公司的债权债务无专人管理，债权债务混乱不堪的现象比较严重。有的虽然成立了债权债务管理机构，但形同虚设，没有发挥应有的作用。至于公司什么时候该履行债务偿还义务，什么时候该行使权利则无人问津。债务到期时，因难以调度经营资金和其他资源，往往因不能立即履行债务而产生额外的违约责任或经济纠纷。此外，由于对债权债务的管理不够重视，债权债务往往拖的时间比较长，这样就很容易产生呆账、死账以及无法消化的成本费用，造成长期挂账的资金数额大，严重影响公司正常合同业务的开展。

延伸　　公司信息公开制度与风险识别

在互联网时代，为更好地保障市场经济下合同各方的知情权和交易安全性，法律早已明确规定了公司信息公开制度。公司信息公开已逐步成为公司需承担的法律义务。法律对公司公开的内容和范围规定也越来越细致。如何有效筛查公司公开信息，并用以判断和分析合同风险，是当前公司合同管理人员的一门基础课。在公司合同管理实务之中，通过互联网渠道查询合同相对方的信息已成为合同审核业务的常规操作。这项操作的核心在于：通过官方、权威的大数据平台获取合同相对方设立和存续的基本形态、出资和经营状况、信用记录信息等基本数据，为预警和应对风险提供初步判断的依据，降低前期合同风险识别的成本。常用的公司信息查询平台有：

1. 国家企业信用信息公示系统（网址：http：//www. gsxt. gov. cn）。

该系统提供了全国范围内最权威的公司基本信用信息、经营异常信息和严重违法记录信息。包括公司的存续（在营、开业、在册或注销等）状态、营业执照信息、股东及出资信息、分支机构信息、公司年报信息、行政许可及其变更信息，等等。其中，能反映合同相对方业务资质和合同履约能力的重要信息主要有：注册资本、经营范围、股东结构及出资额、经营异常信息和行政许可（处罚）的具体情况。该系统的信息虽然列举全面，但可能存在更新不及时的情况，只能作为前期资信调查的辅助和参考。实务中，还应结合业务中的实际调查谨慎采纳。

2. 全国法院被执行人信息查询系统（网址：http：//zhixing. court. gov. cn/）。

执行信息公开是人民法院司法公开的重要内容，对涉案主体执行信息的公示，是提升交易安全性、促进契约社会诚信体系建设的重要手段。2014 年 11 月 1 日，中国执行信息公开网正式开通，成为全国统一的执行信息公开平台。通过该平台，公众可以查询全国法院失信被执行人的名单信息、涉及案件流程信息和执行裁判文书。社会公众可通过中国执行信息公开网查询自然人或者法人的未执结案件和执行裁判文书的具体内容。还可以通过姓名、身份证号码、执行案号登录查询案件的流程信息，包括执行立案、执行人员、执行程序变更、执行措施、执行财产处置、执行裁决、执行款项分配、暂缓执行、中止执行、执行结案、执行费缓减免的条件和程序、执行风险提示等，该网站对识别合同主体的履约信誉，评估履约风险具有重要意义。

3. 中国人民银行征信中心（网址：http：//www. pbccrc. org. cn/）。

2004 年至 2006 年，中国人民银行组织金融机构建成全国集中统一的公司和个人征信系统。该征信系统已经成为世界规模最大、收录人数最多、收集信息全面、覆盖范围和使用广泛的信用信息基础数据库，基本上为国内每一个有信用活动的公司和个人建立了信用档案。目前征信系统收录自然人超 10 亿人，收录公司及其他组织近 5000 万户。征信系统全面收集公司和个人的信息。其中，以银行信贷信息为核心，还包括社保、公积金、环保、欠税、民事裁决与执行等公共信息。接入了商业银行、农村信用社、信托公司、财务公司、汽车金融公司、小额贷款公司等各类放贷机构；征信系统的信息查询端口遍布全国各地的金融机构网点，信用信息服务网络覆盖全国。形成了以公司和个人信用报告为核心的征信产品体系，征信中心出具的信用报告已经成为国内公司和个人的“经济身份证”，在反映主体信用信息方面最具权威性。

第六章 CHAPTER

合同签订前的管理

合同在签订前的管理，主要涉及交易对象的选择、尽职调查、合同文本制作等事项。签订前的工作成果直接决定着合同后期的履行。先天不足的合同，会给后期履行带来无法弥补的风险。因此，要把合同签订前的管理作为一项重要的工作来抓。

第一节　审慎选择交易对象

做生意的人，最忌讳的其实是主动送上门来的大买卖，那个往往是所谓的“买命钱”。好的生意，好的大客户，都是历经辛苦争取、经营来的，不是天上掉下来的。因此，合作前必须审慎选择交易对象。

一、一切风险都是人的风险

在合同全过程风险管理中，人的行为起着决定性的作用，人的作用同时也是导致风险产生的根本性因素。人的风险是指因人的主观因素而带来的种种风险。这些风险虽然表现形式和影响范围各不相同，但都离不开人的思想和行为。例如，因合同条款之间产生的矛盾和合同条款拟定漏洞所带来的风险，抑或合作前期未能主动进行尽职调查而引发的风险，都是人的行为引起的。既然合同的主观性风险是人为因素引起的，那么就能通过前期防范来减少或避免合同管理过程中产生的风险。

1. 来自交易对象方面的风险。

来自交易对象方面人为的风险包括两种情形：一种是故意的诈骗行为；另一种是因工作人员能力、工作态度引发的风险。

交易对象在大多数情况下都是公司。但是，公司的交易活动是通过人的行为来实现的。作为对方的合同经办人员或管理人员，他们的动机、能力、工作态度都会对风险的发生产生影响。从主观动机来说，有些交易对象从一开始就是打算通过合同进行诈骗的，这种情况下，产生风险就是必然的。从近年来的实践看，各种合同诈骗行为层出不穷，给许多公司造成了难以挽回的损失。前几年经营中所谓的融资性贸易或托盘贸易，绝大多数就是这种风险类型。这种类型的风险一旦发生，损失几乎完全无法挽回。例如，某国有公司与上下游两家公司开展贸易，周转资金全部来自该国有公司，上游是对方父亲控股的公司，下游是对方女儿控股的公司，国有公司从父亲那里买货，然后卖给女儿。这种所谓的贸易，如果不是为了诈骗就难以理解他们为什么要大费周折这样做了，最后血本无归就是必然的了。

另外则是相对方主观目的并不是要诈骗，而是工作人员的能力、工作态度引发的风险。不可否认的是，除工作人员的能力、工作态度除影响己方的业务外，对相对方的影响也是非常大的。风险很可能就在对方漫不经心的过程中隐藏下来了。

2. 来自己方内部的风险。

来自己方内部的风险也包括两类：一类是工作人员的能力、工作态度引发的风险；另一类是职业道德引发的风险。

公司各个部门的业务经办人员、领导的业务能力是参差不齐的。有些合同，从文本拟定开始到尽职调查的结果，都会存在先天的瑕疵，想要在后期得到完全纠正几乎是不可能的，这与个人的能力、态度都有关系。真正能认真对待公司事业的人，现实中确实是不多的。一些工作人员，包括一些业务主要负责人，对合同很少能够认真完整地看一遍，都是草草翻阅，随后就是大笔一挥，签名同意。对自己同意的是什么都不清楚，甚至自己同意了、签字了的合同，第二天就忘记了，你若再进一步问他为什么同意，他更是一脸茫然。

至于道德风险，更是广泛存在于公司的经营中。道德风险并不局限于国企，民企、外企同样也会存在道德风险，也同样存在贪污、受贿、内外勾结、雁过拔毛、中饱私囊、出卖公司的利益的情况。所谓“家贼难防”，这些人是公司内部最危险的风险点，他们对公司的危害是致命的，所有大的风险事件，没有内外勾结都是不可能完成的。

二、全面审查交易对象的基本信息

不论是何种类型的合同，都离不开合同相对方。没有相对方就不会有合同。合同相对方是合同义务的承担者，直接关系到公司每一项经营活动能否顺利展开，进而直接影响到合同目的的实现以及合同风险的防范。因此，审慎选择合同相对方是公司合同管理过程中十分重要的一个环节。相对方选错了，后面就会纠纷不断，不但挣不到钱，还会有巨大的损失。

在选择合同相对方时，首先要弄明白三个问题：对方是谁？现在做什么？曾经做过什么？

1. 对方是谁。

在目前的营商环境下，各种欺诈盛行，经营公司真可谓如履薄冰、如临深渊。如果对方就是一个没有道德底线，没有法律底线，一切以骗钱为目标的个人或公司，这样的交易，风险的发生就是必然的。这里要特别强调的一点是，不要盲目相信所谓的“五百强”企业，不要盲目相信所谓的“名人”“领导”，须知这种打着大的旗号行骗的行为虽然老套，但被骗的人可不少。

对如雷贯耳的大名不盲信，对“五百强”企业不盲信，一切归零，在商言商，一切按商场规矩办。名气不是商场信誉的必然结果，名气也并不等于履约能力。防控风险就要按风险规律办事，对拉大旗做虎皮的更要万分小心。

对方是谁，这个问题就是要全面考察合同相对方的主体资格。我国民法规定合同主体资格为依法享有权利和承担义务的法律关系的参与人，具体来说，主体资格涉及以下三个方面。

一是合同主体能否独立承担民事责任。如果是公司的内部机构，就不能独立承担民事责任。但是，实践中也发生过合同是以公司的名义签订的，但盖的却是业务部门的章，从而出现主体不适格等纠纷，公司利益由此受到损失。同时，也需要注意公司设有分公司的情况，分公司不具有法人资格，不可单独承担民事责任，但是子公司就具有法人人格，应予以区分。再有就是一些事业单位，如高等院校，签订民商事合同的资格也是受限的。

二是合同主体从事某类经营活动是否符合法律法规的要求。在我国除国家法律的限制外，一些部门、地方政府也会对主体的经营活动进行限制。如招标过程中来自发标方对于合同主体在注册资金、资质等方面的限制。有些地方甚至对于不同经济形态的公司有不同的准入限制。例如，工业产品的生产公司一般都要取得生产资格，建设类的公司则对资质的要求更为复杂，如果没有取得相关资质，其行为能力就会受到影响。

三是相对方主体是否合法存续。根据工商登记规定，公司必须进行年检。没有参加年检或者年检不通过，则主体资格就会受到限制。因此，签订合同前应对目标公司是否处于合法存续经营期间进行调查。例如，处于停业整顿期间或是吊销营业执照期间，依照我国公司法的规定，该公司不能继续开展相关经营活动，如果仍要与其发生业务往来，最后必然是要发生风险的。

想要全面了解合同相对方的主体资格，除了通过相对方提供的资料等常规的渠道获得，还可以主动从互联网、工商、税务机关、银行等官方渠道获取相关信息。例如，在行业主管机关查询其资质证书的状况，防止合同相对方借用他人的资质证书或超越资质等级订立合同，防止因合同无效给公司带来损失。例如，在税务机关查询税务登记证，查验税务登记证上载明的公司名称、地址等与合同或营业执照上的是否一致，没有税务登记证或者有关内容不一致的不能与其订立合同。例如，在工商部门查询其营业执照、年检材料，以此判定合同相对方是否真实存在，合同中约定的交易内容是否在相对方的经营范围之内，合同期限是否处于营业执照载明的经营期限内，营业执照载明的注册资本是否与交易规模相对称。尽管我国近年来对注册资本持越来越宽松的态度，但对于相对方的注册资本审查应当保持谨慎的态度。对于合同金额超过公司注册资本过多的交易应当小心为之。例如，一家公司的注册资本仅为50万元，却要签订1亿元的买卖合同，就应当保持警惕，与之签订合同就会出现被骗、履行不能等各种风险。但是，也不能仅仅通过注册资本“望文生义”地评估某一公司的经济实力，相对方是否能适当履行合同，还与对方的信用和资产是直接挂钩的，两者缺一不可。

2. 现在做什么。

相对方公司必须存续一段时间，且与之合作的业务必须是对方的主要业务。通过查询全国公司信用信息公示系统可知，有些公司已经被列入经营异常名录并用明显红色标记进行提示。而出现这种情况通常有以下四个原因：一是公司未在规定的期限公示年度报告信息；二是通过登记的住所或者经营场所无法联系公司；三是公司公示信息隐瞒真实情况、弄虚作假；四是公司未按照工商部门责令的期限公示有关公司信息。目前，经营异常名录信息已被银行等金融机构作为贷款、担保、保险等商事活动重要的参考依据。对被列入经营异常名录的公司，金融机构可以因此而不受理其银行开户、贷款等业务。而公司在选择交易相对方时，应该慎重地对被列入经营异常名录的主体进行更为严格的审查，甚至取消与其进行的合作。

公司在经营过程中，为了谋求利益最大化往往会开展多项业务。但是，任何公司都必须要有主要业务，主要业务才是公司经营的核心，才是公司市场竞争力的体现，通常可以通过营业执照上的规定查看业务范围。主要业务是公司经营收入的主要来源，也只有把主要业务经营好，公司才有可能健康持续地发展，这也是合作的有效前提。选择一家公司合作，就是要和对方最擅长的领域合作。试想，一个公司无法经营好自身的主要业务，拆东墙补西墙，那么在合同履行过程中就有可能面临履约的风险。因此，在选择合同相对方时，与之合作的业务必须是对方的主要业务，只有充分发挥主要业务的专业性、持续性等优势，才能有效地降低合作过程中可能遇到的风险。

相应地，如果合作前期经过尽职调查，发现一个公司所从事的主要业务并不是它在公司登记部门登记的业务，而是无所不做的万能公司或者拟开展的业务和它登记的业务风马牛不相及，如一个咨询类公司，拟开展贸易业务，对于这样的公司，则坚决不能与其合作。

3. 曾经做过什么。

即合同相对方以往履行合同的情况以及经营情况、信用情况。既要了解它曾经做过什么好事，也要了解它曾经做过什么坏事。既要了解公司的行为、道德，也要了解法定代表人、控股股东的行为、道德。这些是判断能否与之展开业务的重要依据。履行合同是实现合同目的最重要和最关键的环节，直接关系到合同当事人的利益，因此也使履行问题成为合同实践中最容易出现争议的问题。公司以往履行合同的情况，应该呈现出一种持续性良好的状态，如果仅仅是订立了合同而没有实际履行合同或者瑕疵履行，不但前期为争取签订合同的所有努力都会付诸东流，而且还可能招致经济上和信誉上的严重损失。

了解合同相对方曾经做过什么，可以从公司经营发展的走势，再到公司曾经具体的交易行为展开调查。首先，分析公司从过去到现在经营发展的走势。如果经营规模不断减少、获利不断减缩，甚至出现亏损的情形，则应谨慎考虑与之合作。我们还可以从劳动关系上进行判断，有些公司经常发生各类不同规模和名义的裁员与辞退，说明该公司内部很可能出现严重的经营问题。其次，分析公司曾经进行的交易行为状况。我们可以通过详细了解合同相对方以往履行合同的情况，即是否能够按照合同完成约定的义务，如交付货物、提供服务、支付报酬或价款、完成工作、保守秘密等。除此之外，还可以调查相对方是否存在被行政处罚、强制执行、税收处罚等诚信记录，从而进一步判断相对方的履约能力以及诚实信用度。公司应当慎重与未能按时交付货物、未能按时支付价款、提供的服务存在严重瑕疵、缺乏有效担保、缺乏诚信以及有其他违约行为的相对方签订合同。

还有一个应当引起重视的问题是，一些人为了应对合同相对方对自己公司存续时间的要求，一般会采取两个措施：一是对自己原公司的经营范围进行变更，二是收购一个公司。这两种情况，在工商登记机关都可以查到。如果经查询存在这两种情况，就要谨慎决策是否与其签约。这两种情况都说明公司的主要业务存在问题。新变更的业务需要一段时间才能走上正轨，收购或控股一个新公司，则面临整合问题，都会使公司的经营产生波动。因此，一般情况下不应与这种公司发生业务往来。

三、履约能力的重要性

作为交易，履约能力唯一考量的就是对方的经济实力、对方易于变现的资产、对方的现金流等这些实实在在的东西，而不应是一些外在的东西。

1. 树立归零思维。

在考察对方履约能力时，首先要树立归零思维的思想方法。所谓归零思维，就是不看交易对象所有外在的方面、各种唬人的头衔。做生意只讲实实在在的经济实力，那些好听的虚东西毫无用处。把这些虚无的东西喊得山响的，恰恰很可能是没有实力的。对此，则更应提高警惕。

有些所谓的几百强企业，往往就是利用人们的这种盲从心理玩空手套白狼的把戏，外壳很大，但是内部已经被掏空了，严重缺乏资金流动性，唯一能拿出来唬人的就是名气了。他们往往自称有几千亿元甚至上万亿元的资产，胸脯拍得山响，一副财大气粗的样子，但真要他拿出一千万元现金，拿不出来；要他们拿资产来抵押，拿不出来；要他们开个银行保函，更开不出来。为什么会出现这种情况？因为他们四处举债，能抵押的都已经抵押，能借的都借遍了。每天过的日子就是拆东墙补西墙，和他们做生意，如果不按自己的原则来做的话，很可能最后的结果就是穷人给富豪捐款了。

2. 坚持“三不原则”。

所谓“三不原则”，即一不和没钱的人做生意，二不和小商人做大生意，三不和夫妻店、父子店做生意。

做生意是有钱人的事，没钱的人好好工作，好好攒钱，想做生意发财，完成原始积累再说。做生意不是做慈善，没有义务去帮扶别人致富。不和没钱的人做生意，原因在于对方缺乏足够的资金保障，出现履行不能的可能性极大。对方没有钱还想做生意，就是空手套白狼，做坏了，他没有任何损失，做好了，他白得利润。

没钱的人也包括两类：一类是真的没钱，想白手起家；另一类是表面看起来很有钱，其实并没有钱。对于后一种类型，更要高度警惕。比如，只在前期投入小笔资金，后续企图通过股东借款的方式合作。这种是实际上没钱，但看起来有钱，也不要和他做生意。

不和小商人做大生意，关键在于“小”字，“规模小”“实力小”“资金小”“能力小”，甚至还有“信用小”的风险。与之签订超出其承担能力的合同，可能会造成其心有余而力不足的尴尬局面，最终双方都会遭受损失，甚至由此失去信誉。并且这种小商人，一旦发生违约，要得到救济几乎是不可能的。例如，一个贸易公司，注册资本仅500万元，还没有足额认缴，却要和你做一个亿的生意，它怎么可能有这个能力？

不和夫妻店、父子店签订合同。因为可能会涉及主体适格、财产性质、合同违约等纠纷。例如，用于担保的财产属于共有财产还是按份共有，虽法律明确规定财产内部规定不可对抗善意第三人，但实践中仍存在履行难、证明难等问题。一旦合同发生纠纷出现相互扯皮、推诿的现象，为避免法律风险的出现，应适当避开此类交易相对人。通过公司登记系统，或其他途径，如果查询到对方的主要股东是夫妻、父子，或高管是夫妻、父子之类的，均不应与其做生意。

从上述分析来看，“三不原则”都有一个共同点，其实质都是因为相对方大多不具备良好的资信及履约能力，与之订立合同，无法保证交易合同全面、顺利地履行，公司很难从中实现自身的利益，甚至可能因此遭受巨大的损失。

在日常实践中，因资信差、履约不能等问题导致合同产生纠纷的案例比比皆是。部分法务人员在审查合同的过程中往往局限于合同文本本身，认为法律部的审查主要是形式上的审查，因而对合同相对方的资信以及履约能力不予重视，工作没有涉及合同之外的其他审查。但是如果相对方的资信证明材料等没有被列入审查范围，就有可能造成合同签订后因对方当事人的履约能力不足而导致合同履行不能或者履行瑕疵。因此，公司在选择合同相对方时，必须充分评估相对方的资信情况及履约能力，坚守“三不原则”。

3. **海外业务要谨慎开展。**

随着改革开放的不断深化，越来越多的中国公司开展了海外业务。从全球化的趋势来看，这是必然的，也是合理的。但是，在开展海外业务时，将会面临一个现实的问题，就是对海外交易对象的履约能力怎样核实？也就是尽职调查怎样进行？

一般来说，对交易对象的尽职调查会通过两个途径：一个是自己进行，另一个是委托中介机构进行。对于海外的交易对象，自己进行尽职调查存在两个障碍：一个是成本障碍，如果业务量不是十分大，专程去海外进行尽职调查从成本上考虑是不合理的。另一个则是能力和制度障碍。从国内企业目前的情况看，能够有能力独立进行海外尽职调查的人和机构不多。面对一个陌生的环境、陌生的法律体系，法务人员或其他进行尽职调查的人员会感到无从着手。对于国有企业而言，又面临出境非常麻烦的制度性问题。出境本身就很难得到批准，而出境后，对于在境外停留的时间也有着非常严格的规定，不容违背。这样，就很难做到详细的尽职调查。

委托海外的中介机构进行，也面临着同样的问题。首先就是中介机构怎么选？虽然通过互联网可以获取一些中介机构的信息，但选择却是一个难题。除了沟通障碍之外，对方的收费、实力、信誉等，都不是容易获取完全的信息的。其次则是对中介机构的信任问题。面对一家从未有过业务来往甚至都没有见过的中介机构，怎么才能充分信任它，并将它的尽职调查结论作为决策依据？

如果公司必须开展海外业务，建议首选发达的法治国家的企业开展。因为这些国家已经建立了完善的法律体系，守法、诚信在他们的理念中已经根深蒂固，已经成为他们的文化。社会道德、法律的底线是存在的。和这些国家的公司进行交易，一般不会发生大的风险。但是，从国内企业这些年的实际来看，却恰恰选择了一条错误的道路，首选和发展中国家的公司做生意。和这些国家的企业做生意，表面看来利润率可观，但由于这些发展中国家没有建立起严格的执法体系，人们的理念中也缺乏守法、诚信的思想，导致交易存在极大的不确定性，风险反而远远大于和发达国家的公司做生意。从这些年发生的案例来看和发达国家的公司产生的纠纷远远少于和发展中国家的公司的纠纷。更值得注意的是，在发达国家发生纠纷，会有充分的救济手段，而在发展中国家，救济手段几乎是难以实现的。更不用说这些国家往往政变频繁，换了领导，就不承认前任的合同，造成中方企业血本无归，还没地方去讲理。

四、及时止损

人们常说商场如战场，胜负乃兵家常事。做生意亏损也是常见的现象。亏损并不可怕，重要的是要及时发现亏损的原因并止损。

1. 及时止损的重要性。

用来形容股市的鳄鱼法则，把它放在合同止损上也有异曲同工之妙。鳄鱼法则的原意是：假定一只鳄鱼咬住你的脚，你错误地以为可以用手去试图挣脱你的脚，甚至可以把鳄鱼拖上岸。但是，有可能鳄鱼会同时咬住你的脚与手，你越挣扎，就被咬住得越多，最后可能被全部拖下水。所以，万一鳄鱼咬住你的脚，你唯一的机会就是牺牲一只脚。换言之，止损使得以较小代价保留较大利益成为可能，以避免形成更大的亏损。

在合同签订前的阶段，一旦发现合同相对方无法满足，或者经过调整仍然无法满足合作的基础性条件，就必须及时止损。不要有任何延误，不要存有任何侥幸的心理，以避免形成更大的亏损。一个公司，如果诚信差、以往履行合同的情况堪忧，那么指望其在短期内将履约能力和商业信誉重塑是不合理的，也是不可能的，唯有避免与之开展合作，将前期投资损失限定在最小范围内，避免后期可预见风险发生，及时作出其他策略选择。

同样地，在合同签订后的任何阶段，一旦发现对方已经无法按约定履行合同，均应及时止损。如果经过分析，认为对方尚有履行的能力，则要求对方提供足额的有效担保。绝对不应在对方已经违约的情况下，仍然继续履行合同。这时造成的损失是无法挽回的。如在贸易合同履行中，买方已经不能按时付款了，卖方仍然继续交付，而不采取任何补救措施，这样造成的损失就肯定不能得到挽救。

2. **怎么止损。**

止损是控制风险的必要手段。止损的方式亦是多样化的，通常会根据具体的情况作出选择。首先，要明确什么时候应当止损；其次，明确止损的方式有哪几种，要有预案。

什么时候应该止损？总的原则是利益至上。当判断合同继续履行对己方不利时，即应止损。在内部流程中，公司要坚持立项和合同的一致性。当一个合同在履行过程中已经偏离原立项的主要内容时，即应考虑是否止损。倘若出现合同所需要的支出的成本已经超过原计划所需求的成本，应当及时止损，公司可将其称为止损点。公司应确立所能承受的止损点，以便止损的展开。同时，在尽职调查前期发现对方存在资信以及诚信问题，也应当及时作出止损的措施，而不可抱有侥幸的心理。公司在合同管理过程中，为了防止损失的扩大，通常会采取一系列的措施，以防范风险，而止损，就是其中有效的一项。

止损的方式第一种通常为双方变更合同或终止合同，极端情况下为单方面解除合同。变更合同通常基于双方的合意达成。在判断原合同履行可能对己方不利时，为防止损失扩大，公司可以利用自身的优势与合同相对方协商变更合同。如变更合同买卖产品的数量、变更价格和履行期限。以此变更合同内容，降低风险。虽对于自身公司而言，所面临的风险仍然是不确定的，但较之其他止损方式，其止损所造成的直接损失和间接损失应为最小。因而通过协商变更通常被认为是一种双赢的止损方式，维护了公司的商业信誉，同时在一定程度上将交易可能产生的损失限制在了最小范围内。

第二种是终止合同，即主动向交易相对方提议解除合同。签订合同前违约，可能需要承担缔约过失责任。合同订立后或开始履行后终止，给双方当事人带来的直接损失和间接损失将会更大，尤其是公司的前期的成本投入以及其他的商业信誉也会受到损失。正因如此，选择止损的方式通常都会将变更合同放置于终止合同之前。基于双方合意变更应为最优选择策略。终止合同于公司而言，乃止损的次优策略。无论什么情况下，当判断对方可能没有能力继续履约时，均应当机立断地终止合同的履行。如果是交付，则应停止交付；如果是支付，则应停止支付。对可能产生的纠纷随后再做处理。

波兰 A2 高速公路失败案例中，中方公司基于防止财产损失的扩大，就采用与波兰终止合同这一止损方式。波兰 A2 高速公路为波兰政府公开招标的项目，中海外联合体于 2009 年 9 月中标（中海外联合体由中国海外工程有限责任公司、中铁隧道集团有限公司、上海建工集团和波兰贝科码有限公司组成）。波兰 A2 高速公路工程是 EPC 总承包项目，工期从 2009 年 10 月 5 日至 2012 年 6 月 4 日（含设计期），投标报价为 4.47 亿美元（30.49 亿元人民币）。这是我国公司在欧盟地区承建的第一个基础设施项目，对进一步开拓欧盟市场具有重大意义。但是中海外公司对于报价的预算仅仅是波兰政府的一半，这也就导致了后期中海外公司发现前期的评估考察数据出现错误，其具体施工过程中所面临的困难以及成本支出大大超过前期的评估，从而导致在 2011 年 5 月，到期未按时向波兰分包商支付工程款，工程由此于 5 月 18 日停工。从当时实际情况来看，项目支出超出预期支出，亏损严重。为防止损失进一步扩大，中海外总公司于 2011 年 6 月初，宣布放弃此项工程。公司预计如果坚持履行合同，将会面临亏损 3.94 亿美元（25.45 亿元人民币）。最后中海外公司由于终止合同，承担违约责任，赔付波兰政府 2.71 亿美元（17.51 亿元人民币），同时被其列入公司“黑名单”，中海外公司未来三年不可参与与波兰有关的任何道路建设项目，中海外公司海外名誉因此受到严重损害。

一般情况下，选择终止合同之前，承包商会选择利用优势地位，通过重新订立或变更合同的方式进行协商，双方作出适当的让步，以换取整个工程项目的机会。一旦合同终止，不仅业主会遭受重大的损失，承包商也会遭受不同程度的损失，主要包括前期的资金、设备投入，同时还有公司因终止合同而遭受的信誉损失。但在波兰 A2 高速公路建设的项目中，由于项目建设的特殊性，选择前种止损方式似乎已经无法实现。因此，通过双方的磋商，最终双方终止合同。合同终止对中海外公司的有利方面是，可以有效防止项目损失继续扩大。若继续履行，其损失的数额将会大大超出违约承担的赔付金额。尽管如此，合同的终止对于中海外公司而言，两点不利的影响仍然挥之不去，其一是波兰政府先前未支付的款项难以收回，其二是中海外公司因亏损而对于公司发展造成极大的影响，尤其是中海外公司信誉的损失，对于后期工程的投标将造成重重阻碍，公司也会面临更多的压力。

3. **必须止损的情形。**

合同经过艰难的谈判，一旦订立之后，要选择终止，将是一个痛苦的决策过程。但市场需要理性，公司决策层必须要有挥刀断臂的决断力。

（1）对方出现违约。一旦对方出现违约，即应终止合同。除非对方有合同约定的免责理由。并且应该坚持一旦对方出现违约，即将对方列入不再合作名单，以后也不能继续和它签订合同。不能给对方第二次违约的机会。商场上信誉最重要，失去信用，就要承担相应的后果，不必为自己辩解。要树立一个良好的讲信用的体系，每个公司都要从自己做起，不给没有信誉的公司第二次机会，也就是不给骗子再骗一次的机会。

（2）对方经营出现重大风险。这里的风险，包括一切可能引发合同不能依约履行的情况。具体来说，就是公司的经营、安全、环保等，出现了导致直接影响公司生产的情况。如发生严重的安全生产事故、环境污染事故等，都可能导致合同不能按约履行。如发生于 2019 年 3 月 21 日的江苏响水天嘉宜公司爆炸案。这种情况一旦发生，与其有合同的公司均应立即终止合同的履行。

（3）对方法定代表人或重要管理人员死亡、重病、严重违法。对于私营企业而言，我国现阶段仍然处于创始人威权管理公司阶段，一人兴亡，关乎整个公司兴亡。老板或法定代表人出现死亡、重病、严重违法被限制自由，都会引起公司极端的动荡，甚至出现严重危机。如著名的国美黄光裕案。在黄光裕被采取强制措施后，国美的经营即产生了很大的问题。对此，一些供应商及时停止供应一些比较好销的产品，国际家电巨头三星已经收缩了对国美的供货。这些都是理性的应对风险措施。作为合同方，没有必要承担这样的不确定性。当然，可以给对方一个机会，也可以先中止履行，等形势明朗后再决定是否继续履行。

（4）政府政策变化。现阶段，最难以捉摸的就是政府的政策，其变化往往出乎预料，并且各个层级的政府普遍都存在新领导不认老领导的账的现象。而政策变化导致的损失没有丝毫救济渠道。因此，一旦政府政策变化，即应终止合同。

第二节　合同立项

立项是合同的开端，是合同进入下一程序的前置程序。任何合同都要经过立项程序。经过立项评审，可以减少合同的随意性，保证合同是经有权批准的人批准后才进行的。

一、立项的前提

合同的立项是指业务部门就某一项业务行为提起订立合同的计划，是合同管理过程中的一个重要步骤。如生产部门需要采购某一原料，应当由公司的生产部门或技术部门提出立项，投资部门提出的投资项目，则应由投资部门提起合同立项。立项是某一特定合同产生的起因和发起点。合同立项管理，旨在对合同项目的可行性、经济性、必要性进行审查，避免无效或不经济的投入。合同从立项到签订其实是一个动态的过程，一切条件都可能发生变化。在立项阶段可能还没有合同文本，主办单位只能提交合同要点供业务部门和公司领导进行参考，以决定是否就拟立项合同进行下一步的工作。

设立立项程序的目的在于，一是便于相关业务部门、公司领导对拟进行的合同谈判工作有初步可行性、必要性等判断，加强合同中立项的审查以慎重决策减少不利投资。二是便于相关业务部门，包括法务部门是否派员参与下一步的合同谈判工作。同时对立项的法律问题进行梳理，分析签订合同可能面临的法律风险问题，以便做好纠纷解决方案。三是通过立项明确公司的预算需求情况，避免出现预算不足而无法签订合同。

总的来说，如果没有立项就盲目谈判或者签订合同，任何当事人都要面临巨大的、不可控的风险。对公司内部管理层面来说，立项是公司领导层掌握公司业务动态的一种手段。通过对立项的审查，公司领导层将清楚自己下一步的工作是什么。同时，立项审查也是公司规范化管理的要求。

立项的前提有以下三个：

1. 所拟进行的合同是经公司有批准权的领导批准的；

2. 所拟进行的合同是符合公司业务要求的；

3. 所拟进行的合同是和公司预算相匹配的。

只有满足这三个基本前提，才能进行合同立项。要避免立项的随意性，一般应经有批准权的领导批准，重大业务的合同立项还应经董事会通过才能进行。

二、立项的权限

立项要严格遵循公司的内部流程进行，由业务部门发起，报分管领导批准。

若立项材料内容、程序存在不合理之处，应按要求予以修改，否则不予通过。立项权限通常由公司的制度明确规定，以防止权限的滥用。立项后，才能进入下一步合同谈判、拟定阶段。

在公司内部，一般应由法定代表人进行授权，明确各个职级的领导批准立项的权限和范围。但是，授权应局限于公司领导层面，不应授权业务部门领导人立项批准权。因为立项就是由业务部门发起的，如果再授权业务部门领导批准权，就等于是自己批准自己，没有任何意义了。

立项批准权应从横向和纵向两个维度授权。在横向上，法定代表人要给各个业务分管板块的公司领导授权，在什么业务板块分管领导有立项批准权。如财务分管领导有财务板块立项批准权，工程分管领导有工程板块立项批准权。在纵向上，则应结合横向授权，从金额和对子公司的管理上对公司领导授权。首先，授权应有明确的金额限制，超过限额的合同立项，仍应由法定代表人批准。其次，因为各个公司领导可能都分管着一些子公司，那么，子公司的立项，应由分管领导批准。

立项也是公司内部权力制约的一部分。越权的立项批准无效。每个领导均应在自己的权限范围内批准合同立项，不应对不在自己权限范围内或管辖范围内的合同立项进行批准，以避免权力滥用。如分管财务的领导不能对工程业务进行立项审批，也不能对法律业务进行立项审批。

三、立项的审查

合同立项是业务部门发起的工作，但是，法律部门应该在立项阶段就介入合同的前期工作。

由于在立项阶段对于是否签订合同尚没有定论，不可能投入大量人力物力对相对方的资料进行详细调查。一般的程序就是业务部门提出立项申请，并提交基本的商务资料，报法律部门审查该项目的合法合规性。

合同立项一般包括以下内容：拟办事项、用途、预期目标、期限、预计发生金额、定价方法、结算方法、相对方资信调查情况及立项风险分析等。

立项必须有依据，不能主观立项。公司的一切合同都必须从开始就有根有据。合同立项依据一般包括以下六种：

1. 合同立项审批表。一般应由业务部门主办，法务、财务部门会签，分管领导批准。

2. 县级以上政府或政府职能部门的审批文件。公司所开展的一些业务必须由政府批准，这样，在上报政府时，就已经经过了立项程序，就没有必要再制作立项审批表了。

3. 董事会决议或（总经理）办公会会议纪要。这些会议上决定的事项一般都符合公司立项的要求，且履行了决策程序，可以作为立项依据。

4. 请示及批复。请示和批复一般是上下级之间的业务关系，有批准权的领导或部门批复后，可以作为立项依据。

5. 签报。一些紧急业务或金额较小的业务，也可以通过签报的形式进行立项。但签报应由有批准权的领导批准。

6. 中标通知书或成交通知书。在投标阶段，公司即已进行过内部决策，是符合公司业务的，所以，中标通知书和成交通知书可以直接作为立项依据。

以上任何一项均可单独作为合同的立项依据或证明材料，公司其他管理制度对合同的立项审批手续另有规定的，可以按照其规定执行。合同立项材料不齐全的，合同承办部门应该按照要求进行补齐。

四、合同与立项材料的一致性

按照上述要求，设置立项程序的目的就是要坚持防范在前，充分预估风险，降低风险发生概率，保证公司的规范化经营和管理。因此，应该保证立项的严肃性，立项后，在后续的合同流程中，不能改变立项的主要内容。

一般情况下，立项材料、合同二者的内容应该互相印证、统一。如果轻易改变合同内容，合同不能与立项材料保持一致，那么就背离了设置立项程序的初衷。在立项初期，应该就立项的主要内容进行充分的考虑，且应本着谨慎的原则，在起草合同文本时，注意合同条款和立项材料的一致性，避免产生纠纷。比如，有的公司对贸易合同立项，立项时已经明确了贸易对象、标的、数量等合作的要点内容，那么后续合同的签订，也不应超出立项的范围。若实际情况有所变化，合同需要变更，应当严格依照公司内部程序及时修改立项材料。如某公司贸易合同立项标的数量为采购 3000 吨 18 号螺纹钢，但在实际签订合同时，却变更为采购 5000 吨，这就属于违规。

当然，在具体的合同流程中，可能会出现实际情况和立项时的情况相比发生了较大的变化。这时，应补充立项材料，并重新报原批准的领导，进行必要的变更。但是，原则上对立项的实质性内容不能进行变更，只能对技术性的问题进行变更。如果必须对实质性内容进行变更，则应重新立项，作为一个新的合同进行新的流程。

第三节 尽职调查

尽职调查是合同能否得到全面履行的关键一步。首要目的在于通过尽职调查选择最优交易相对人，并保证后期的合同履行得以顺利进行，最终目的则在于防范风险，避免无谓的损失。

一、尽职调查概述

尽职调查亦称“审慎调查”，通常指在合同签订前和履行中对目标公司的基本情况进行审查。如公司的资产、履约能力、经营状况和财务状况、法律关系以及公司的商业信誉等。尽管尽职调查工作不可能完美、全面地揭示公司的各项信息，但是，结合风险管理体系，依据历史经验和科学的统筹安排，能够最大限度地修正各项错误信息和失真信息，从而弥补尽职调查的不足。只要尽职调查工作在大部分的范围内或核心内容上，按照制度要求得到执行，保证了合作的规范性，使合作匹配了风险管理的基本要求，尽职调查工作就是合格的。

一般而言，合同最终是否可得到双方的全面履行，关键在于订立双方当事人的信用程度和履约能力。因此，在立约之前对此进行考察，可减少合同违约风险等情况的发生，从而做到“知己知彼，百战不殆”。尽职调查通过现有的途径获取合同相对方的相关信息，集中收集对方在相关市场领域中的诚实信用度以及现有资产的情况，并分析利弊，减少订立合同所带来的风险，以此决定交易是否继续进行。前述波兰 A2 高速案例同样也反映了中海外公司由于合同签订前未做到全面的尽职调查，忽视前期调查工作，对项目的工程难度认识不够，风险意识淡薄，管理风险体系不规范，而最终面临终止合同的惨痛局面。

二、目前尽职调查中存在的问题

尽职调查一直以来都是国内公司的一个弱点，绝大部分的尽职调查都是流于形式，不进行尽职调查的公司也不在少数。

1. **前期准备工作不充分，没有详尽合理的尽职调查清单。**

尽职调查的根本目的在于调查交易相对人是否具有履约能力以及诚实信用的状况，从而决定是否与之开展相应业务。但履约能力及其诚实信用状况是相对抽象的一个词语，换言之，就是如何对具体的交易相对方的履约能力、诚实信用状况进行度量的问题。那么，一份详尽合理的尽职调查清单就显得尤为重要。但就目前的公司的尽职调查管理情况来看，大部分公司并没有详尽合理的尽职调查清单，它们只是有一个较为固定的、简单的模板，不能根据每项业务的实际尽调需求来进行调整。造成这种状况的原因，一方面主要是因为公司对于尽职调查的重视程度不够，认为尽职调查仅是合同管理的一个小部分，不值得投入过多资源，也缺乏风险管控意识，没有正确认识到尽职调查的目的和作用；另一方面是公司尽职调查的准备工作不充分，如没有确定牵头部门，缺乏统一的尽职调查清单，导致出现各个部门收集信息出现重复、缺漏的问题，收集信息的时间过长，效率过低。

制作尽职调查清单的目的是指导各个部门有效进行合同签订前的尽职调查工作。尽职调查清单的内容包括但不限于：

（1）尽职调查的目标；

（2）尽职调查的主要内容；

（3）尽职调查工作方法；

（4）进行尽职调查的一般操作程序等。

尽职调查的主要内容应当作为清单的重点内容。如果缺乏系统、科学、合理的尽职调查的清单，就会导致尽职调查无法充分获取交易相对人的相关信息，无疑为合同是否得以全面履行增加了潜在的风险。因而，依照规定制定出合理、全面、科学的尽职调查清单，对于履行该项工作的个人和公司而言意义都是非常重大的。

2. **主观性较强，过多外部因素干预尽职调查。**

有的公司内部未形成统一的尽职调查管理办法，各个经办部门按照各自的标准、流程进行尽职调查。由于进行尽职调查的人员知识水平、专业水平等方面存在差异，在尽职调查工作中就不免会带有较强的主观因素。

有的公司经办人员为了达到业务部门的需求，在尽职调查的过程中和获取尽职调查的结果上过多地进行人为的干预，影响尽职调查的结论，因而导致尽职调查出现主观性、任意性较强的问题，与客观标准偏离，无法获取交易相对人有效、真实的信息。

一般情况下，合同订立前的尽职调查工作主要由各个经办的部门依照本部门的工作需求，按照公司制定的尽职调查管理办法统一、有序开展。如果没有更高层级的领导进行统筹，甚至亲自参加尽职调查的话，最后得到的结果很可能是各个部门按照自己的理解作出的，这样的结果往往是不客观的。

3. **群龙无首，没有牵头部门。**

尽职调查由公司内部各个部门或者各个单位根据自身的业务需要和工作任务开展，在没有统一的尽职调查制度的情况下，实践中常出现调查过程中无牵头部门的弊病。从尽职调查的目标设定到最终的信息收集，容易出现信息割裂，所收集的信息重复、不全面，抑或出现收集时间过长、造成资源浪费等现象，无法有效发挥尽职调查的应有功能。

不可否认，在大中型公司中存在各种各样的部门壁垒。反映在尽职调查工作中，也就表现为部门分割，不能做到信息共享，业务协同，而是画地为牢，各自都做老大。具体工作中，各个部门单独进行自己意义上的尽职调查，并不进行协同作战。最后得到的信息也是相互割裂、碎片化的。

各个部门按照分工，进行自己业务范围内的尽职调查当然是没有错的，但前提是一定要协同进行，形成合力，进行信息的综合化分析。这就要求重要的尽职调查工作一定要有更高层级的领导参与，否则，单靠部门之间，最后肯定无法形成一致。

4. **先有结论，后进行尽职调查。**

在一些公司，开展尽职调查工作完全流于形式，都是有了定论，才开展尽职调查。这样的尽职调查就没有任何实际意义。这种状况其实是非常普遍的现象。

造成这种状况的原因有两个：一是业务主办部门主观上认为尽职调查就是走形式，没有意义。相信自己的判断，带着主观结论去进行尽职调查，肯定不会得到客观的结果。二是不进行实际的调查，就依靠电脑炮制出一份尽职调查报告。如某公司第二天要召开董事会决定重大事项，下属单位领导要求本单位承办人员连夜赶制出一份项目可行性分析报告，提交第二天的董事会进行讨论。这样的报告，肯定是把项目描绘得天花乱坠，似乎不投资这个项目就错失了最大的发财机会。如依其决策，最后的结果可想而知。

5. 全靠中介，自己全盘甩手。

在尽职调查工作中，引入中介机构帮助工作是合理的。但是，一定要明白的一点是，中介机构只是帮助工作，并不能包办尽职调查工作。重要的事情一定要亲自去做，这才是保证各项工作得到最大成功的最重要因素。

中介机构受自己能力、职业精神的制约，其尽职调查未必就可靠。许多中介机构的尽职调查报告都是固定的模板，好多年都不变化，唯一变化的可能就是委托人的名称，然后把使用了无数遍的尽职调查报告拷贝一下就交差了。这种情况在实践中屡见不鲜，有些作出的结论是极其荒唐的。如某中介机构对一个港口项目进行了尽职调查，并提交了报告，其报告称该港口在两年后装卸量可达每年1000 万标箱，年盈利过亿元人民币。但后来的现实是该港口一直处于亏损状况，年装卸量不到 100 万标箱。

中介机构出具了荒唐的尽职调查报告，在目前情况下，几乎无法对其进行追责，也无法要求其赔偿。因为严格来说，中介机构出具的只是一份可能的风险或机遇的判断，最终的决策权在委托方，而不在中介机构。因此，尽管委托了中介机构也不能完全做甩手掌柜。

三、尽职调查的基本要求

尽职调查是公司开展业务极其重要的基础工作。从一定程度上来说，一项业务的好与坏，与前期的尽职调查关系密切，因此，必须要深入全面地做好尽职调查工作。

（一）全面性

全面性是尽职调查的基本原则。全面性原则主要是指内容、材料、结论三个方面的全面性。

1. 调查内容的全面性。

一般而言，尽职调查的内容主要涉及目标公司的沿革、资产、负债、商业信誉、面临的诉讼、仲裁或是行政处罚、税收处罚等方面。但随着市场环境的变化，传统的基本信息已经无法满足信息的全面性需求，公司生产的安全、环保建设、劳动关系等也已经逐渐成为尽职调查的重要内容。如现阶段，特别要关注公司的安全生产状况。因此，审核公司生产安全性，应成为尽职调查关注的焦点之一。另外，就劳动人事而言，其涉及关键雇员的劳动合同的年限、竞业禁止、是否与原单位存在未了的纠纷以及是否存在单位授予的代理权限等问题，均应在尽职调查中予以重视。

2. **获得材料的全面性。**

尽职调查的结论是建立在材料的基础上的。材料的全面性决定了尽职调查的结论是否全面。材料的全面性通常是指所需要核实的材料应真实、全面，不可遗漏。公司仅依靠部分材料是无法完全获取交易方相关信息的真实性的。如对股权结构而言，除查阅拟投资对象所具有的营业执照外，还需查阅公司章程的特殊规定，防止出现内部资产转移等限制性规定的制约。

除了要获取调查对象积极方面的材料，尽职调查中还应更关照对象消极方面的材料。如商誉方面的负面报道，涉及的行政处罚，甚至管理人员的职务犯罪情况等，均应予以收集。

目前，获取信息的途径、方式非常多样化。这样，在尽职调查中除了通常的实地调查，与对象座谈等方式之外，还应广泛利用大数据信息，获取对象全面的情况。除正常的渠道外，还应通过非正常的渠道获取信息，如通过私人关系，获得对象的内幕信息。

在尽职调查中，不能轻易决定什么信息是有用的，什么信息是无用的。能获得的信息都要获得，不能放弃。有些看似无用的信息，在信息关联中，也可能成为关键的信息。

3. **结论的全面性。**

尽职调查的结论，既要有肯定性的，也要有否定性的。因为任何事物都存在肯定和否定两个方面，只强调一个方面，忽视另一个方面是不客观的。尽职调查是要为决策提供依据的，是决策的根据，因此，必须把全面的信息呈现给决策层，以便决策层作出客观的结论。相对于肯定性结论而言，否定性结论更为珍贵。敢于做出否定性结论的员工是公司珍贵的财富。

（二）客观性

尽职调查必须建立在客观事实的基础之上，切忌主观猜测，先入为主。实事求是在尽职调查中尤为重要。客观性要求对所调查对象的一切信息都要站在客观的立场上看待，切忌带着主观的因素。

在尽职调查中，必须做到透过现象，发现本质。客观事实往往都隐藏在各种假象之下。如对方提供的财务报表可能是经过人为修改了的，这样的财务报表就不能客观地反映对象的实际财务状况，就需要进行调查的人通过其他信息了解其客观的财务状况。

客观性在尽职调查中并不等于真实性。比如，公司的营业额，是客观的，但不一定是真实的。有些公司通过人为的开单贸易，即所谓的融资性贸易或托盘贸易，而不进行实际的货物流转，这样得出的营业额是巨大的，但并不能真实反映公司的营业额，也就不能真实反映公司的经营实力。

（三）持续性

任何事物都是历史与现实的统一。持续性即对合同相对方的尽职调查要保持一定的连贯性。公司的经营活动是一个动态的过程，市场变幻莫测，公司的经营风险也会随着公司的资产、负债、信誉以及经营状况等情况的变化而变化。若要保证交易的安全进行、减少可预见风险，则需要安排持续的尽职调查工作，不可只停留于公司当前的经营状况。

持续性要求对所调查对象的过去、现在、未来都作出调查，这样的调查才可能为决策提供客观的依据。对于过去，要搞清楚它曾经做过什么，对于现在，要搞清楚它正在做什么，做的怎么样，对于未来，要搞清楚它打算做什么，有没有成功的可能性，是真的要做，还是讲故事骗投资？如2018年以来，国内多个公司高调宣布要进军芯片产业，这些高调最后都不了了之。很显然都是些讲故事的公司，它根本没有能力，也没有打算真的去做芯片产业。

第四节　合同的担保

所谓担保，通俗来讲就是别人挖坑你来填，填不满的话你就自己跳下去。这是在多年公司经营实践中对担保问题得出的惨痛结论。

一、合同担保概述

担保的目的在于为合同的全面履行提供保障。担保在一定意义上保证了当事人的权益，是保障合同顺利履行的重要措施。但是我们也应认识到担保合同的签订，或主合同中担保条款的设计，对于主合同的实现仍存在风险。例如，担保权利瑕疵、担保合同有效性、担保合同的履行等，都会影响到主合同权利的实现。担保风险会因各种各样因素的存在而难以避免，需要将风险加以约束，降低可预见风险发生的概率。因此，要对担保有一个正确的认识，切不可以为有了担保就万事大吉，要认识到担保并也不代表着风险就得到了有效防范，也并非意味着风险的完全消除，关键在于看担保是否可以顺利实现。

案例

某铝型材厂是某经联社申请开办的，由高某鹏和高某行共同挂靠经营的公司。高某行于2005年年初因车祸死亡，由李某继承高某行的份额，继续经营。同年高某鹏退出该厂后，全部转为李某个人经营，并在2005年6月10日到工商所办理变更手续。因为当时市场需求旺盛，该厂产销正常，在某银行某分行的日常结算比较多，并能按时归还某分行贷款本息。2009年10月14日，该厂因流动资金不足向某分行申请抵押贷款，由某集团有限公司作担保，以其自有的挤压机、发电机（总价值78万元）作抵押向某分行申请了30万元人民币贷款，到期日为2010年4月20日，利率为8.42%，同时办理了公司动产抵押物登记证。在合同期内，该厂还能正常付息，但到2010年4月后，由于消费市场疲软，加上众多家庭式铝合金厂的削价竞争，该厂生产经营陷入困境，已开始无法支付利息，更遑论本金。

因为借款人不能按时清偿贷款本息，某银行将其诉诸法院，某市法院经调查取证后，于2010年8月20日下达了民事判决书，判令该厂10天内清付所欠某分行之本息，某银行对抵押物享有优先受偿权，担保单位承担连带清偿责任。

某银行于2011年1月8日向法院申请强制执行，由于某法院执行迟缓，以致抵押给某分行的挤压机、发电机被其他法院收去，拍卖后判给他人。银行不服法院的做法，多次找其理论，但毫无结果。2011年11月19日，某法院出具了一份民事裁定书，经法院执行人员查明，某铝型材厂和某集团有限公司均无财产可供执行，李某去向不明，且查无可供财产执行，中止了某银行的执行。在中止执行后，某银行人员经多方调查，也不能找出借款单位、担保单位、借款人的相关财产，该笔贷款已难以收回。

本案中，银行贷款难以收回的原因主要有以下几点：第一，由于在判决之前，该厂已到工商局申请歇业，厂里的铝型材，其他物资被李某转移卖走。第二，担保单位是专做贷款担保的皮包公司，并无任何财产，所收取的管理费全部用作员工的工资。而借款单位某铝型材厂已空空如也，其法定代表人李某因不堪多方追债所迫，出走他乡，难觅踪迹。第三，在银行申请强制执行后，由于某市法院执行迟缓，以致抵押给某分行的挤压机、发电机被其他法院收去，拍卖后判给他人。

我们借由此案，可以总结出的经验教训有：第一，合作前应当实际调查借款人的资信状况。第二，合作前应当对保证人进行严格的审查。第三，应当密切注意检查担保物的情况。第四，应当牢固树立风险意识，建立担保风险防范的有效机制。

二、担保存在的问题

在合同担保实务中，存在许多看起来很好的担保，但其实却是存在极大风险的担保。一旦出现承担担保责任的情况，被担保的债权往往难以实现。

（一）不动产担保

不动产担保就属于看起来很美好，实际上却很难实现的担保。在担忧交易相对人无法全面履行合同的情况下，相对方以不动产作为担保合同的履行，是保证合同全面履行的重要方式之一。但是，采用此种担保方式容易产生下列四大风险。

1. 不动产瑕疵的风险。

不动产可能存在权利方面的瑕疵和实物方面的瑕疵。不动产担保主要体现在权利瑕疵之中。虽然我国当前已经确立了权利瑕疵担保责任制度，但在实践中，因权利瑕疵引起的争议比比皆是。所签订合同的不动产上存在第三人的权利，抑或存在其他权利负担，就有难以实现担保物权的优先受偿权的可能性。如在同一个不动产上既存在多项不同主体的抵押权，抵押权的登记时间亦有所差异，从而导致实现担保物权的优先性上存在争议。更有甚者，会出现不动产所有权纠纷的问题。对于买卖合同已经签订，但未办理转移登记手续而与他人签订抵押担保等情况也是屡见不鲜的。近十几年来商品房买卖中，这种情况十分常见。

2. **不动产评估价值的风险。**

虽然当前不动产评估方式及标准较为成熟，评价的机构数量也较多，但主观经验判断超过客观科学计算仍是房地产评估行业所存在的普遍问题。面对同一估价对象，在同一时间节点，不同的评估机构出具的价值往往会不同，甚至出现差距较大的现象，以实际发生的案例来看，评估值相差50%以内都是可以被人为操作的。评估主观随意性较大，这也是签订担保合同所面临的风险之一。

3. **不动产损失的风险。**

尽管不动产不会完全灭失，但也同样存在减值的风险，如房产出现损坏、毁灭。现实中也同样存在不少案例，即因担保物的毁损而导致价值无法确定，最终难以确定担保合同担保金额的情况，双方当事人对担保物的价值各执一词，无法确定。

4. **不动产难以变现的风险。**

不动产要变现，法院通常采取司法拍卖的方式。在拍卖时，一种情况是无人竞拍，最后难以实现债权。如果经过几轮降价，很可能最后的拍卖所得价款难以覆盖债权。另一种情况是竞拍后难以交付。所拍卖的不动产一般都存在这样那样的权利瑕疵，在交付时又会面临许多不确定性因素。这些都会在实际中影响担保债权的实现。有些甚至成为新的负担。如某公司通过司法程序实现了自己的担保债权，得到一个较大规模的商场。接手后发现该商场日常经营严重亏损，所收租金不能覆盖商场日常运转费用，且面临消防、安全等诸多需要整改的隐患，需要大笔资金才能满足政府监管部门的要求，从而陷入新的困境之中。

（二）保函：真实性，尤其是实现的条件很重要

随着市场交易的频繁进行，包含延期付款条款的见索即付保函等方式被大量使用，见索即付保函等方式虽然为实现交易提供了高效快捷而又便宜的担保，但

因其独特的付款特征和复杂的市场环境等因素，使得担保人面临更大的风险。

在独立担保法律关系中，担保人（大多是银行）承担着无条件的、不可撤销的付款义务，保函的受益人只要提交了符合保函规定的单据或请求，担保人就必须付款，即担保人只能通过对保函中单据的审核判定是否应予以付款。担保人并无义务调查申请人在基础合同中是否存在违约的情形。基础合同的效力、变更、履行情况，甚至基础合同中债权人放弃对债务人的某些权利（如抵押权），对独立保函本身的效力均不产生影响。正是由于保函的独立性特征，导致了交易中不可避免地出现保函欺诈的问题，在许多情况下难以保证保函的真实性。

通常基于表面审查规则，担保人并无义务对基础合同的实际履行情况进行审查。另外，担保人对单据的实质内容以及真实性也并不存在审查的义务，受益人仅需提供保函的单据即可。在一些履约保函中，受益人也只需提供合同未全面履行的基本事实，就拥有权利向担保人履行付款义务。虽然程序得以简化，但与之而来的欺诈风险也会随之上升，如伪造签名、货物缺失、履行瑕疵，担保人在很大程度上难以仅仅通过一纸文书清晰辨别保函的真实性，从而增加了交易的风险负担。

银行保函是保函最重要的一种方式，目的在于使交易合同的一方（保函受益人）获得一种保证，以此来消除其对于合同相对方（保函申请人）的履约意愿与履约能力的疑虑，从而保证市场交易的顺利进行。一般将银行保函分为有条件的保函和无条件的保函。但在实务操作中，银行往往利用自身的优势地位，仍是以有条件保函作为担保的主要方式，即需要附有索赔条件的保证文件，要求受益人需提供委托人（被保证人）违约事实的证明书，此种条件可在一定程度上减少欺诈风险的发生，有利于银行保护自己的利益，但却不利于受益人。

目前比较通行的银行保函并不是无条件担保。我国国内的银行在进行业务活动时大多会选择采用从属性担保保函，从属性保函并不属于无条件担保，担保人会在保函中对受益人的索赔及该索赔的受理附有若干条件进行限制，并且保留一定的抗辩权利。仅在符合所设定的条件之后，担保银行才有权予以受理，并且支付款项。

在从属性保函中，应注意以下几点：

（1）保函附条件时，应将其内容具体化，并规定具体担保金额、受益人、委托人、有效期限等内容。

（2）银行为避免发生风险，可要求受益人提供保证金，以保证金作为保函的基础。事实上，这是国内银行目前的通行做法。

（3）银行除了要对保函进行表面核对以外，还需要对基础合同的真实性及其履行的情况进行核实。

（4）属于国际经济往来业务，还需按照法律规定报外汇管理局进行登记。

在实践操作中，一般有条件的保函分为以下几种：

（1）已履行基础合同义务，一般由委托人对自己已经全面履行合同进行举证，倘若无法举证，则需承担合同约定的不利后果。

（2）受益人举证。保函通过约定由受益人向银行提供自己已经适当履行合同的证据，银行审核证据，否则，不予受理。一般而言，受益人通过提供发货运单的单据、委托人确认收货通知书等书面文件进行举证。

（3）委托人同意或确认。通过明确要求，银行对受益人支付货款需由委托人同意或确认后进行，但是这种方式在实践中并不常用，因其在一定程度上削弱了保函的保证功能，违背了保函订立的初衷，实际上对受益人是不利的，较少被受益人所接受。

（4）裁判文书确定。通过保函约定，受益人的索赔请求，需经过法院或仲裁机构的同意，银行需根据法院的裁判或仲裁机构的裁决对受益人进行支付，或免予承担付款责任，再者保函是否发生赔付是不确定的。

尽管国内业务采用无条件保函的方式较少，但国际经济领域间的合作交易使用见索即付担保却较为常见。公司大多数选择有条件的担保，其主要原因还是防止欺诈风险的发生。虽然无条件担保的方式使得交易更快捷方便，但我国目前市场环境的诚实信用程度并不高，管制也未得到健全，多数公司为防范欺诈风险的发生，而更加倾向于选择有条件的保函。

站在受益人的立场，应坚持只接受无条件的见索即付保函。下面为经过修改的、有利于受益人的、合格的银行保函样本，可供参考：

履约保函（参考文本）

编号：

××××有限公司：

鉴于委托，开展公路的勘察设计工作。我方愿意无条件地、不可撤销地就设计人履行将与你方订立的合同（以下简称合同），向你方提供担保。

1. 担保金额为人民币____元。

2. 担保有效期自开立之日起至发包人签收最后一批勘察设计成果文件且设计人按照合同约定缴纳质量保证金之日止，但最长不超过____年____月____日。无论受益人是否退回本正本，该保函到期后其项下的保证责任立即自动解除。

3. 在本担保有效期内，我方在收到你方以书面纸质原件形式提出的声明设计人违约的在担保金额内的支付申请或赔偿要求后，无须对合同违约责任条款进行任何审查，于7个工作日内无条件支付，无须你方出具证明或陈述理由。

4. 发包人和设计人变更合同时，无论我方是否收到该变更，我方承担本担保规定的义务不变。

担保人名称：××银行
法定代表人或其委托代理人：
地址：
电话：
传真：

尽管银行都有自己的保函样本，但这些样本所设计的兑现条件都是最有利于银行的，要予以兑现，在实践中除了诉讼没有其他路径。但是，银行保函的格式并不是不可以改变的。作为接受担保的一方，当然有权拒绝不利于自己的保函。至于银行方面声称他们的保函都是总行定的，是不可以改变的。显然，这属于银行内部管理的权限划分问题，与受益人无关。受益人无权改变银行内部的管理，但有权拒绝不利于自己的保函。至于对方当事人以银行固定保函格式为由，拒绝提供符合要求的保函，则亦应予以拒绝。因为银行出具保函是他们两家的事，和我们无关，我们的合法要求是必须提供符合我方要求的保函，如果不能提供符合我们要求的保函，则由对方当事人另外提供其他符合要求的履约担保，如现金担保。

（三）企业保函

实务中，一些企业也会通过保函的形式为自己的关联方，一般是自己的控股子公司提供保函担保。此类保函的担保效力最低，要实现担保，除了诉讼，别无他途。因此，此类保函几乎没有担保意义。下列为一房地产公司为自己子公司提供的保函样本。

保证函

致：______有限公司

鉴于：

1. A 公司系我公司子公司，通过北部湾产权交易所竞得贵方所持有B 公司（以下简称项目公司）51% 的股权。并于__年__月__日签订了交易合同；

2. 根据交易合同约定，A 公司应于交易合同生效后 365 日内向贵方支付 8500 万元；

3. 截止到本函生效之日，A 公司已向贵方支付 2500 万元，尚余 6000 万元未支付。现我方就A 公司应支付剩余 6000 万元提供保证如下：

一、保证方式：连带责任保证；

二、保证期限：本保函生效日至A 公司向贵方支付剩余的 6000 万元；

三、保证范围：根据交易合同A 公司应向贵方支付的 6000 万元；

四、本函经我方签字并盖章后生效。本保函是独立、持续有效、不可撤销和无条件的，不受其他任何单位签订的任何协议、文件的影响；本保证人的保证责任也不因受到任何指令、自身财务状况的改变、与任何单位或个人签订的任何协议而免除；

五、本保函以中文制成，适用中华人民共和国法律。因本承诺及保证函所产生的纠纷，任何一方可向项目所在地有管辖权的法院起诉。

承诺及保证人（盖章）

负责人（授权代理人）

签署时间：年　月　日

该保函经本方总法律顾问审核后，认为没有担保意义，所担保的债权实际上不经过诉讼是没有办法实现的。因此，总法律顾问要求在对方提供的保函上增加一条内容如下：

在贵方以书面形式提出支付未付的应付款后三个工作日内，我方将在担保金额6000万元内无条件付款，而不对付款要求提出任何异议，也不要求贵方提供除付款要求的书面通知外的任何材料。如我方没有在三个工作日内付款，则每延迟一日，按照未付款的千分之三每日支付违约金给贵方。

后对方以他们公司没有这样的先例为由对抗。遭本方总法律顾问严词拒绝，理由在于对方提供的所谓保函，如果不增加以上内容，则没有任何保证意义。

（四）票据：真实性、前手的合法性

票据真实与否亦是当前合同担保所面临的风险点之一。订立合同之前应充分审核票据的真实性，尤其是审查票据前手的合法性。近年来，我国各地区均有假票诈骗、变造诈骗、贴现交易诈骗、银行人员挪用与侵占等形式出现的票据案件。存在不法行为人利用虚假的、伪造的银行承兑汇票进行贴现交易的诈骗形式，导致不少公司、银行遭受重大的损失。

目前，票据市场诚信缺失的问题十分严重，手段恶劣，新的诈骗手法层出不穷，甚至出现难以辨别票据真伪的情况。因而，为减少合同担保风险的出现，原则上在交易中不应接受票据。如若出现了必须接受票据的情形，公司则需要提高警惕，加强管理，严格遵循相关规章，执行业务的各个规定环节，查明和审核出票人的背景、征信情况及其诚信记录等基本资料，尤其是票据前手的合法性审查等方面。我国《票据法》第12条规定：以欺诈、偷盗或胁迫等手段取得票据的，或明知有前列情形，出于恶意取得票据的，不得享有票据权利。持票人因重大过失取得不符合本法规定的票据的，也不得享有票据权利。另外，公司还可从另外三个方面审核票据的真实性：其一，审查票据所涉及业务的真实性存在；其二，审核内容与实际的一致性；其三，票据取得和开具的合法性。

2016年1月28日，中信银行发布公告，称该行兰州市分行发生重大票据业务风险事件，所涉及风险金额高达9.69亿元。从2015年5月至7月，犯罪嫌疑人即伙同中信银行内部员工，利用伪造的银行存单等文件，以虚假的质押担保方式在银行取得存单质押银行承兑票据业务，获取银行承兑后进行贴现，最终因2015年的第四季度市场波动而暴露。银行内部员工利用职权的优势地位滥用权力，谋取私利，是该案的特点。该案在一定程度上反映出票据制度仍存在缺陷，需要进一步加强管理与完善。

三、合同担保的基本要求

担保关系到权利是否能得到必需的保障，因而，担保必须是合法有效的，否则就等于没有担保。

（一）必须高度重视对担保的尽职调查

担保合同签订前的尽职调查是有效减少风险的关键一步。担保风险的来源主要是公司对于担保风险的管控意识过于薄弱。从一些调查中我们不难发现，部分公司的担保大多是基于人情或是对眼前利益的追求，并未对担保人的财务、经营状况及其负债情况进行考察及审核，缺乏风险管理的意识，认为只需注重基础合同的订立，而无须对担保进行尽职调查，甚至认为担保只是一种形式。这样一来无疑给公司增加了一项可预见风险的负担。

一般来看，所提供的担保有合同相对方自身所有的担保物，或是由第三人提供的担保。在由第三方提供担保的情况下，仅对合同交易方进行尽职调查显然是不够的，还需对提供担保的第三方进行尽职调查。因此，为有效保证担保的实现，减少担保产生的风险，公司应当在签订保证合同之前对担保物进行全面的、持续性的尽职调查，避免由于信息不对称给公司带来不可逆转的损失。对担保的尽职调查应当包括以下几个方面：

首先，对方提供第三人担保时，公司应要求合同相对方和第三方提供资产证明、营业执照、担保资质证明、其他证明经济实力的文件等。对于实力弱、信用低的公司，谨慎选择与之签订担保合同。

其次，不接受行政命令的担保。此类担保有违背自愿原则的嫌疑，担保设立的内容并非基于双方协商的结果，接受此类担保，在采用何种担保形式、担保的金额上易产生纠纷，且担保难以实现。

另外，不可接受人情担保。不少案例纠纷中，许多因人情担保而发生的争议，皆是因为碍于情面，缺乏对担保人资信和履约能力等基本信息的调查，盲目签订担保合同，接受合同交易方提供的担保，最终导致担保合同变成一纸空文，无法实际履行。

（二）担保必须是有效的、易于实现的

在实务中经常存在这样的情况，合同相对方提供了看起来非常充分的担保。

但是，这种担保很可能是难以实现的。难以实现的担保实质上就是无效担保。

担保必须是有效的，即担保物必须是合法地为保证人所有，且不存在权利瑕疵，也必须和被担保的债权相匹配。在实践中，存在母公司用子公司财产做担保的情形，这种情形下，也未必就是有效担保，仍需厘清它们之间的关系才可考虑是否接受。

担保还必须是易于实现的。一个担保，如果难以实现，也是无效的担保。如用土地进行担保，如果土地因为各种原因无法过户，也无法拍卖，就难以实现担保。再如，用房屋做担保，如果房屋有住户，也会存在房屋难以交付的情形。接受上市公司的股票做担保，也存在一旦大笔卖出，可能会引起股价大幅度下滑，并可能引起监管机关的问询甚至处罚，事实上也是不可行的。

（三）必须对担保物进行经常性的检查

抵押人的行为足以使抵押财产价值减少的，抵押权人有权要求抵押人停止其行为。抵押财产价值减少的，抵押权人有权要求恢复抵押财产的价值，或者提供与减少的价值相应的担保。抵押人不恢复抵押财产的价值也不提供担保的，抵押权人有权要求债务人提前清偿债务。换言之，一旦担保物出现毁损、灭失、减损的现象，担保权人有权要求担保人提供与担保合同标的额相对应的抵押物。因此，只有对担保物的价值和完整性进行经常性的检查，才可能及时发现其价值变动和物体本身变化的情况，并要求担保人停止减少担保物价值的行为，或是提供相应的价值担保，防止未经担保人同意擅自处理担保物，减少因担保人行为和市场变化带来的担保风险，以此维护公司的利益。

对担保物定期检查过程中，主要检查的内容有以下几点。

1. 要定期对担保物的物上权利进行检查。

了解担保人是否在担保物上存在其他法律关系，查看是否存在其他权利负担，或检查是否存在担保物所有权转移等问题，查看对方是否存在将担保物全部出卖或部分出卖的行为，及时发现因其他法律关系的存在。如不动产抵押，可以到不动产登记部进行查询，查看是否存在其他抵押，或预告登记等问题，必要情况下可要求担保人提供其他的担保物，减少风险，降低损失。

2. 担保物价值的变化情况。

担保物的价值并非一成不变，如以钢材作为担保物，其价值会随着市场的变化而增加或减少。当担保物的价值出现低于担保合同约定担保金额的情况，应立即要求担保人提供与减少的价值相应的担保。但是，如果担保物出现价值高于担保金额的变动，则不应答应担保人要求减少担保物数量的要求。因为这种变动可能是频繁的，故出于防范风险的考虑，不能予以同意。

3. 检查担保物保险到期后有没有及时续投保险。

担保期间担保财产毁损、灭失或者被征收等，担保物权人可以就获得的保险金、赔偿金或者补偿金等优先受偿。被担保债权的履行期未届满的，也可以提存该保险金、赔偿金或者补偿金等。由此，定期检查担保物的投保续投情况，督促担保人及时缴付投保金，从而保证其对保险金有优先受偿权。

4. 检查担保物是否被妥善保管。

根据我国法律规定，担保权人对占有的特定担保物负有妥善保管担保物的保管义务。如因担保权人的过错造成担保物毁损或灭失的，应承担民事责任债权人对担保物有妥善保管的义务。如果是不动产抵押之类的担保物，则担保人负有妥善保管的义务，担保权人需对担保物是否得到妥善保管进行定期检查。对于可移动的担保物，还要经常检查它是否仍然存在，防止被移走，如工厂的机器设备作为担保物，就存在机器设备被拆走的可能。

（四）不接受自然人担保

不接受自然人担保，既包括不接受自然人的信用担保，也包括不接受自然人的财产担保。

公司进行经营活动，主要的交易对象应限于法人，不应和自然人发生大额交易。自然人做信用担保，是没有任何意义的。信用的前提是个人所拥有的财产，没有财产，何谈信用？自然人的财产状况非常复杂，要把自然人个人的财产从共有财产中分离出来，几乎是不可能的。因此，自然人的财产也不应作为担保被接受。如自然人所有的房屋，就不可以被接受为担保物。

（五）不接受信用担保

信用担保本来是一个有利于交易的好产品，但在目前诚信缺失的背景下，信用担保是无效的担保，因此，不应接受。

对于担保公司提供的担保，也要谨慎审查。一些市、县设立的担保公司，资本金只有几千万元，这样的担保也是要特别注意的，它的履约能力是十分值得怀疑的。不可见到担保公司的担保就认为是可靠的。

近年来，一些所谓的几百强公司，正是到处打着信用担保的旗号，在全国玩空手套白狼的游戏，被其害惨的公司也不在少数。他们所用的伎俩就是由其母公司提供信用担保。但一旦出现要实现担保的情形，母公司就会找各种借口不予兑现。并且这些所谓的几百强公司，都聘有庞大的法务队伍，一旦发生纠纷，就会穷尽一切诉讼程序，拖死你。一些公司内部的风控精神就是欠谁的钱都不给，让对方去打官司，拖三五年再给。一些实力不强的公司很可能就这样被拖死了。

（六）不接受政府的担保

政府提供担保，等于是裁判员和运动员兼为一身，出了问题，讲理都找不到地方。近年来，通过中央政府的整治，地方政府本身对外直接提供担保的情形较少。但是，现实中政府又出了新点子，指定其所有的平台公司提供担保。这种担保表面上看是公司提供担保，但实质上仍然是政府担保。并且这种担保都是政府指定的，且有地方政府做后台，一旦要实现担保权，基本不可能。

一些地方政府所有的公司，本身就是一个空壳，没有资产，既不开展正常的经营活动，也没有盈利，存在的意义就是搞所谓的资本运作。接受了这样的担保，名义上看，是有了担保，但要实现，仍然还得找政府协商，使自己非常被动。

（七）不接受文物、玉器、珠宝、古玩做担保物

此类物品，表面看价值极大，但要变现却非常困难。另外，其价值评估具有不确定性，很难给它们定价，真假也不容易被鉴定。文物则情况更为复杂，搞不好会带来刑事风险。同理，其他类似的贵重物品都不能被接受为担保物。

（八）可以接受的担保

由于担保的复杂性和实现的不确定性，对于担保要特别谨慎决策。接受担保并不是不可以，关键是要有有效的担保。以下担保是可以考虑的。

1. 银行保函。

银行保函当然是可以优先考虑的，但是要注意必须是无条件的见索即付保函。银行保函暗含对权利人不利的条款，应特别予以注意。如果不是无条件的见索即付保函，则应坚决要求银行修改。

2. 公开市场发行的债券。

债券的类型目前非常之多，在接受担保物时，应考虑其是否是在公开市场发行的债券。只有此类债券风险是最小的，且最容易变现。

3. 公开市场交易的股票。

接受公开市场交易的股票作为担保当然是可以的，但也要充分考虑到股票价格的波动。在现阶段，我国国内市场的股票价格波动是非常大的，且二级市场长期以来熊长牛短。如果遇见股票暴跌，则会面临较大风险。另外，对于股票是否属于限售股也要予以考虑。

接受股票担保另外一个必须考虑的问题是股票的变现问题。一般来说，公司接受的股票担保数量都比较大，一旦在二级市场卖出，可能会面临两个问题：一个是将面临无法卖出的问题，因为大量地卖出，可能要面临监管；另一个是卖出可能导致股价暴跌。因此，接受股票担保时也要考虑到变现问题。

4. 没有权利瑕疵的土地、房产。

目前实务中，以土地房产作为担保物的案例比较常见。土地、房产确实应该属于优质的担保品，但前提是没有权利瑕疵。在不动产上的权利纠纷都是非常复杂的。如果土地、房产存在权利瑕疵，要实现担保就会非常困难。实际上，即使没有权利瑕疵的土地、房产，在卖出时也会面临非常复杂的问题。如果债务人不配合，实际上是没有办法卖出的，也没有办法实现过户。

第五节　合同签订前各部门的分工

合同在签订前，各个业务部门按照分工，均应承担相应的工作，在其职责范围内进行把关。只有既分工又配合，才能做好合同管理。

一、业务部门

业务部门是公司对外沟通与交流的部门，又称为直线部门，是公司内部执行业务以及推动工作的部门，直接完成公司的经营目标。在合同签订前业务部门的工作职责通常有三点。

1. 收集、提供交易对象的基本信息，综合各项指标，选择合同相对方。

业务部门主要负责通过各种渠道了解和收集合同相对方的必要信息。主要包括公司的历史沿革、经营状况、资产、负债情况、产品信息、商业信誉以及当前存在的法律关系，最终根据上述信息评定相对方的资信和履约能力，综合评定，选择最优。只有业务部门最熟悉行业特点，掌握交易对象的全面信息。具体来说，公司的历史沿革是了解公司发展潜力的重要指标。经营状况直接关乎公司的履约能力。资产以及负债反映了公司当前的财务状况，可以通过资产负债表进行核对。

公司法律关系也是需要重点了解的。主要包括是否存在行政处罚、诉讼、仲裁等纠纷。另外除传统所需要的信息外，还应当结合市场的发展情况，调查公司的安全生产状况、环保投入情况以及公司的劳动关系。公司法律关系需要按照合同涉及的方向进行收集，如就股权转让而言，需对交易方的公司章程、股权转让协议、股东出资证明书、验资报告等相关材料文件进行核实。涉及公司的所有权、用益物权、担保物权、知识产权等问题，需对公司的资产登记以及负债情况进行核实，收集决策的必要信息。除此之外，业务部门还应负责对合同相对人履行能力的监督工作，发现问题及时报告有关部门和人员。业务部门根据合同交易方的基本信息综合审评择优选择，对资信和履行能力有重大瑕疵的相对方应当慎重选择。

2. 全面了解交易的背景。

首先，业务部门要充分进行市场调研，考察当前市场的发展状况，掌握市场相关领域的行业走势，全面考虑市场变动情况。同时，提高可预见能力，避免因情势变更导致合同无法履行的情况出现。

其次，业务部门要注意研究各种政策的变动情况，充分利用政策的优势进行交易。如目前社会重视建设生态文明和生态环境，这样的政策导向，就可指导选择交易方的公司类型。如环保不达标的公司可能会因政府的要求或是环境保护的需求而要求停顿整治，应谨慎与之签约。相反，宏观政策环境的鼓励支持，同样也为公司的发展提供了良好的发展机遇，因此，公司需要时刻关注政策走势，懂得利用政策变化发现商机。另外，业务部门需要及时向其他部门反映公司的战略布局、经营状况、盈利状况，介绍公司交易的所想要达到的目标。

最后，了解和分析交易所面临竞争对手的基本情况，如竞争对手近期的经营状况、战略布局、战略目标，制定相应的竞争策略，避免因市场竞争导致公司交易的失败，并提前做好防范风险的相关工作。

3. **草拟合同文本。**

一般应由业务部负责草拟合同文本工作。业务部门负责前期合同的立项工作，同时业务部门对公司的需求情况及其合同交易方的各类信息最为了解，合同交易相对方也是业务部门综合考虑后而作出的选择。因此，由业务部门担任合同的草拟工作最为合适。

业务部门草拟合同需要注意以下几点：

第一，业务部门首先根据公司的具体需求以及交易相对方的基本信息，拟定出合同的草本，然后再交由法务部门进行审查。拟定合同主要涉及合同的基本条款，包括名称、数量、价格、履行日期、违约责任、争议解决等几个方面，业务部门需结合实际情况拟定，确保条款的安全性及合理性。

第二，业务部门草拟合同时，对业务条款要审慎对待。如产品质量的约定、合同履行的约定和违约责任的约定等。除基本条款外，业务部门应当注重对特别条款的规定，严格按照法律的强制性规定拟定。尤其在确定格式条款时，需考虑格式条款订立是否基于双方平等地位作出，而不可以利用格式条款加重对方义务、排除对方权利。在签订前充分履行标注、说明义务，防止出现格式条款无效的不利后果。

第三，防范条款需到位。所谓防范条款，简言之，就是公司针对合同能否全面履行所约定的条款。主要涉及违约条款的救济，包含违约责任的范围较广，但又不局限于此，还可包括合同结尾的“特别说明”，对此不可忽略首部、尾部的特别注明。

第四，拟定违约条款时应考虑条款的可行性及其合法性。确保合同拟定与前期立项保持一致，综合立项分析具体条款实行的可行性，主要包括成本核算、利润核算、风险评估等内容，防止出现不具可操作性、不可行、违法的问题。为确保能在草拟合同过程中及时发现合同条款问题所在，业务部门需要随时与法务部门沟通，积极听取法务部门的建议和意见，不可因为本部门的利益或个人私利孤注一掷，确保合同前期工作的顺利进行。

二、法务部门

合同签订前，法务部门的职能主要有两个：一是牵头进行尽职调查，二是审查业务部门草拟的合同文本。

尽职调查是由法务部门的职能和性质决定的。由法务部门担任尽职调查的工作部门，可以最大限度地发挥法务部门的业务特点和人员专业优势。同时，各个部门在履行职责过程中，大多会涉及相关法律问题，可由法律部门进行指导，如对于资产担保等法律问题提供法律意见，确保尽职调查工作的顺利进行。

审查合同文本的目的在于审核合同是否合法合规，即进行合法合规性审查。首先，审核合同主体是否适格。其次，严格审查业务部门草拟的合同文本，对不合理、不合法的条款及时进行规范、调整，如有必要，应和业务部门协商增加、减少部分条款。最后，特别是对合同的解除、变更、争议解决条款进行审核。这些内容往往是被业务部门忽视的，但是，却是非常重要的。

在草拟合同过程中，业务部门可能存在只从本部门角度出发考虑的情况，或受专业知识限制而对问题考虑得不全面，存在合同条款拟定的瑕疵，忽视潜在法律风险的可能性。因此，合同拟定过程中应由法务部门参与评审，并对相关问题予以审核把关，修正不合理的合同条款。尤其是涉及重大经营活动的合同，法务部可咨询外聘的专业律师，以减少合同制定带来的风险负担。另外，为了提高拟定合同的工作效率，方便各部门的业务操作，除了业务部门拟定合同之外，法务部还应根据公司交易的需要，拟定好适用于各部门日常需要的合同范本，利用大数据系统建立合同范本库，根据业务需求及时更新数据库，负责合同范本的咨询、管理工作。对于资金较为充足的公司，可聘请较为专业的律师为公司制定合同范文提供法律意见及其审核工作，最大限度地减少法律风险。

一般情况下，合同审查的内容主要包括：

（1）合同主要条款是否齐备。包括数量、价格、履行期限，当事人名称、地址，质量、违约责任、纠纷解决办法等。

（2）审查交易方主体资格的有效性。公司营业执照与年检情况、营业范围、是否具备相应的行政许可、经营执照等。

(3) 审查交易内容的合法性。是否属于法律规定的禁止交易行为，标的物本身是否存在重大权利瑕疵、质量标准是否确定清楚、争议纠纷解决方案是否违法。

(4) 审查生效程序的合法性。内部程序上，合同立项成立的条件是否已经明确，合同生效的条件是否满足。

(5) 逻辑审查。审查合同条款之间是否存在矛盾，逻辑体系是否严密。

(6) 审查违约条款、解除及变更条款、争议解决条款是否具有可行性，审查约定的管辖法院是否属于公司规定的范围。

(7) 审查格式条款是否存在违反法律强制性规定而导致条款无效的情形。

三、统筹部门

法务部门除作为合同审查的专业部门外，还应是合同管理的统筹部门。

1. 这是由法务部门的职能、性质和工作内容决定的。

法务部门是公司内部最主要的风控部门，通常由具备专业法律知识的员工和法律专家组成，一般负责公司生产经营过程中涉及法律事务的各项工作，依法维护公司的合法权益，其工作职责可以说贯穿公司的各个部门。因此，根据法务部门工作职能的性质及其内容进行合同管理的统筹工作，可以使合同管理工作实现最佳效益。

2. 合同管理工作属于法律事务的内容，由其统筹工作，效益最佳。

从合同的草拟到合同审核、履行，以及合同履行过程中发生的法律争议问题、违约问题，都离不开对法律专业知识的需求。法务部门在合同签订前起到牵头作用，指导各个部门的工作，审核部门提交的拟定合同，相较其他部门而言，法务部门对各个部门的合同流程情况了解程度最深。另外，法务部门统筹各部门工作，负责协调安排，可以节约合同管理的成本支出，可有效提高合同管理的人力、物力、财力的支配效率。另外，由法务部门负责各个业务部门从合同审查工作，公司可以根据自己的情况不再外聘法律专家进行审核，有利于减少公司订立合同过程中外聘律师成本的支出。

3. 合同管理的性质与法务部门的工作性质具有一致性。

签订合同不可避免地会因人为因素、市场变化、政策变动等问题出现争议，合同的立项、签订、履行整个过程中，都会涉及方方面面的法律专业知识和技能。从立项的准备工作，前期的尽职调查，到后期出现的履行瑕疵或者履行不能等违约问题，都需要专业的部门或人员进行指导解决问题，而法务部门的工作职责就在于此。法务部从合同签订前就已经对合同的基本事项有了较为充分的了解，同时部门人员又具有扎实的法律专业基础，精通合同法、公司法等法律知识，除此之外，对公司内部的管理制度以及经营程序也较为了解。以上种种都可以进一步说明，由法务部门负责合同管理的统筹工作，无疑是最佳的部门选择。

第七章
CHAPTER

审批及签订阶段的管理

签订合同是实现交易目的的手段和途径，公司通过对外签订合同进行各项经营活动。重视合同签订阶段的管理工作，规范合同文本管理，理顺流程中各部门的权责，做好合同签署和审批工作，能够规避不必要的法律风险，为后续合同履行及纠纷处理提供充实的依据。

第一节　合同文本管理

合同的主要作用就是证明所存在的权利义务。合同是各方合意的体现，通过签订书面合同使各方权利义务及责任得以明确，为合同的履行奠定基础，为交易目的的实现提供依据，也成为今后纠纷解决的凭据。

一、合同文本管理概述

文本管理是合同管理的一项非常重要的工作。规范的合同文本是实现规范管理的基础。发生纠纷后合同文本就是最重要、最直接的证据。一个好的合同文本，必须是逻辑严密、权利义务阐述清晰、没有文字错误的文本。

1. 合同是达到交易目的的依据

合同是公司对外确立法律关系的纽带。公司通过对外签订合同与交易相对方发生各种法律关系，并通过对合同中具体条款的设置来规范各交易方的行为。合同经签订、生效后即对各方有约束力，各方必须根据合同约定履行各自权利义务，从而完成该次交易，最终实现交易目的。因此，合同是公司达到交易目的的依据和手段。合同的订立，应以交易目的作为导向。交易各方的真实意思表示外化于合同中，并通过交易目的的形式体现。合同各项条款的设置，各方权利义务的约定及责任的划分，都应当围绕交易目的，尽可能更好地实现交易目的、满足交易需求。

公司的经营管理活动往往具有多样性、复杂性，实践中我们往往容易忽略合同的具体交易目的，凭借经验，根据合同的主要类型对交易目的先入为主。但即使是同种类型的合同，交易目的也可能不尽相同。合同不应当是权利义务的简单堆砌，不结合实际需要，不能满足交易目的的合同，即使形式上看似再完美，也没有实用性，无法推进交易更好地进行。因此，为促使交易目的顺利实现，合同内容的合理设置则显得非常重要。在合同条款的起草、审核过程中，应当对交易的背景做更充分的了解，准确把握己方的交易需求，根据现实情况调整、修改合同条款，使其更有针对性和实操性，更贴合交易目的，从而最大限度地实现公司的合法权益，降低交易风险，实现交易目的。

2. 合同是处理纠纷的依据：合同是用来打官司的。

合同是为了实现交易利益的手段，交易各方通过权利义务的设置达成利益的相互平衡与制约。但交易各方的利益从根本上来说是相对立的，因此，在交易过程中存在各种风险，极易产生纠纷。一旦发生纠纷，合同的价值和作用便显现出来：合同是用来打官司的，是风险防范的最后关口。

合同的订立，通常可以采取书面形式、口头形式或其他形式。口头形式的合同，随着时间的推移或工作人员的变动，内容无法完整、准确、长期保留下来，不仅影响合同的履行，在今后发生纠纷时，由于书面文件缺失而无法进行举证，风险极大。书面形式订立的合同能将约定内容更好地固定下来，证明各方交易关系的存在，为各方权利义务的界定和责任的承担提供依据，便于纠纷的处理，相比其他形式的合同能更好地维护交易各方的合法权益。因此，作为规范经营的公司，应采取书面形式订立合同，严禁采取口头形式或信件、数据电文等其他形式签订合同。并且，为了提升公司的形象，最好使用有公司标识的专用合同纸书写合同。

为了更好地发挥合同解决纠纷的作用，保障交易稳定和安全，妥善、快速解决争议，在合同内容的设置上，应当具有预见性。尽量明确、详细地约定交易各方的权利义务内容、责任承担的条件和方式，并约定纠纷解决的具体方式。另外，还应当妥善保管合同文本，便于今后一旦发生纠纷，用来举证。

3. 合同是明确本方内部管理职责的依据。

合同不仅是公司对外和相对方发生法律关系的依据，也是明确公司内部管理职责的依据。

一方面，在公司对外签订的合同中，明确了本方在履行合同过程中的职责，本方须按合同约定开展各项工作。为更好地履行合同，本方往往根据合同约定的权利义务关系，明确内部人员和部门的相应职责，以落实各部门和人员的管理职责。本方合同承办部门指定具体承办人员，跟踪合同办理流程及进度，负责履行本方具体的合同义务，不断推进交易进行。同时，本方承办人员根据合同约定，行使相应权利，督促合同相对方履行各项义务，出现合同纠纷时及时上报和处理。因此，对外签订的各类合同影响本方内部人员的具体职责，是内部职责划分的一个依据。

另一方面，合同是公司内部人员管理的依据。经营活动都是由具体的人来进行的，因此，公司内部的各项管理活动的依据是合同。公司对内部管理人员及一般员工的管理，均是通过签订劳动合同来实现的。劳动合同中明确管理人员的职责，赋予其一定的管理权限，各管理人员依据其职权对公司各项工作进行管理。劳动合同中约定员工的义务，员工须依据劳动合同履行义务，遵守公司规章制度，服从公司管理。

综上，公司对外签订合同，根据合同明确本方内部人员在具体交易中的相应职责，同时，公司通过与本方内部人员签订的劳动合同，来管理和约束内部人员，服从管理，履行职责。在内外职责的衔接中，促使交易不断推进，公司不断运转，交易目的和利益需求不断实现。

二、目前合同文本管理存在的问题

合同管理水平直接反映着公司管理水平。随着经济全球化的不断发展，对公司的竞争能力、技术实力等要求不断提高，公司对风险防控及合同管理工作越发重视，大多数公司建立了合同管理的规章制度，并根据自身实际情况制定合同示范性文本。但由于经济发展水平不均衡，人员素质差异大，地区间、公司间的管理水平存在很大差异，导致合同文本管理水平也存在很大的差异。

（一）目前合同文本管理存在的主要问题

1. 合同内容过于简单，一页纸合同随处可见。

我国《民法典》合同编中规定了合同内容必备的八大条款，但很多公司的业务人员由于法律专业知识的缺乏，起草合同时未能注意合同内容的完整性，制作出来的合同内容过于简单，一页纸合同比比皆是。尤其在合同中缺乏对违约责任及争议解决方式的约定，导致合同履行中产生纠纷时难以界定各方责任，也难以追究对方违约责任。

由于互联网的发达，目前网络上流传着很多不同版本的合同，但水平参差不齐。完全照搬这些现成的合同，风险极大。有些公司虽然有合同管理的专门人员，但由于管理水平及管理人员能力的不足，在合同文本的使用上，为方便省事，多是实行“拿来主义”，直接进行套用。合同文本使用极不规范，合同内容也相对简单，不能结合公司交易的实际需求和目的，无法全面维护公司的合法权益。

2. 合同文本逻辑混乱。

合同作为规范交易各方的、具有法律约束力的文件，在结构和内容的设置上应注重条理性和逻辑性。很多公司缺乏专业的人员或专职人员，缺乏法律思维和逻辑思维，在合同起草时仅简单罗列交易内容和双方权利义务，忽略合同文本的整体协调性及合同内容、条款之间的逻辑关系。这使得整个合同在形式上呈现一种杂乱无章、毫无条理的状态，在内容上存在前后表述不一、内容相互矛盾等问题。

一份逻辑混乱的合同，不仅让人们在审阅时不知所云、毫无头绪，不能充分理解合同想要表达的意思，在执行过程中，也会因为无法清晰界定各方权利义务而产生纠纷。

3. 合同文本文字疏漏。

合同文本的文字表达应当准确无误。很多合同纠纷的产生，并不是因为一方的违约行为，而是由于合同文字的疏漏，从而对解释合同带来多种可能性，引发纠纷。合同文本文字疏漏，主要体现在以下三个方面：

一是误写或漏写。主要是指在合同起草时，疏忽大意，漏写或写错文字、标点符号。有时候，虽一字之差，在含义上却千差万别。一个标点符号的错误，在理解上也可能不尽相同，从而引发争议，因小失大。

二是文字表述不清楚、不明确。很多合同在文字表达上用语不够准确、不规范，词不达意，无法准确表达交易方想要表达的意思；或存在歧义，导致各方在合同条款含义上的理解不一致，从而引发争议。

三是口语化严重。许多合同在语言使用上口语化非常严重，没有使用法言法语，如经常见到的写法：如果对方不按照约定办理，就罚款××元。这就是典型的口语化合同。

4. 使用对方提供的合同文本。

在交易中，应尽量使用本方起草的合同文本，避免使用对方起草的合同文本。因为只有使用本方起草的合同，才能最大限度地反映本方的意志。使用对方的文本，很可能因为对文本的把握、理解不够，而引发误解，从而导致本方在合同中处于不利地位。有些长达数百页的合同，很难保证本方审核人员能够仔细地审核每一个条款、每一句话，这就为风险埋下了隐患。

（二）存在问题的原因

合同文本管理还存在很多其他问题，此处不再一一列举。存在种种问题的原因，除了公司管理水平不够，主要有以下几个原因。

1. 思想上重视不够。

很多公司对合同文本管理不够重视，未建立合同文本管理的制度及流程，也没有制定公司适用的合同示范性文本。文本管理过于随意，使用的合同版本是临时收集和套用的，导致合同版本五花八门，极不规范。很多公司合同管理人员也未从思想上认识到合同文本管理的重要性，合同审查时过于被动，仅根据承办人提供的文本在字面上进行简单审查，或者在审查合同时，未尽到基本的注意义务，没有充分发挥管理职责和岗位作用。尤其必须引起重视的是，合同审查工作往往并不进行逻辑审查，造成合同逻辑混乱的情况不能得到纠正。

2. 业务能力不足。

专业的事情，应当交由专业的人员来做。合同的审查是一项专业性较强的工作，应配置专职的、专业的法律人员。但很多公司没有配置专门管理合同的人员，或者专职管理合同的人员业务能力不足，导致合同文本中存在的种种问题没有被及时识别并整改。

在知识更新换代日新月异的时代，有些合同管理人员却不重视专业学习，自身知识库得不到及时更新，素质和能力得不到提升，已渐渐不能适应公司当前的业务需求。另外，由于法律事务岗位的人员数量较少，很多公司忽视对法律人才的培养，未给法律岗位提供良好的学习平台和学习机会，这对于法律队伍发展和能力的提升也是非常不利的。

3. 对交易背景了解不全面。

目前大部分公司合同起草与合同评审两个环节是分开的，合同一般是由业务部门根据业务需求进行起草，合同审查则是由专职的合同管理人员负责。很多时候，合同管理人员并不参与合同前期的谈判、磋商等工作，也不负责起草合同，因此对交易背景不甚了解。即使合同中有关于交易背景的表述，也是极为简要和不完全的。由于业务部门不具备专业的法律知识、缺乏法律思维能力和逻辑思维能力，起草的合同可能在文字表述上和逻辑上存在疏漏，不能很好地体现交易的实际目的。在这样的情况下，合同管理人员对交易背景和交易目的把握不够全面、准确，可能无法识别合同中潜在的风险和问题，无法让合同更好地为交易目的服务，不能最大限度地维护本方的权益。

三、合同文本的规范书写

合同文本一旦存在问题，将给合同履行和纠纷解决带来极大的困难，给企业带来巨大的法律风险。因此，合同文本的规范书写十分必要。我们可以从法律逻辑思维、交易背景、文字功底及诉讼要求等几个方面对合同文本进行把握。

1. 必须按照法律思维和逻辑思维撰写合同。

合同是逻辑思维的结果，不是经验思维的结果。经验思维是人们通过亲身对事物的感受、体验或根据固有习惯、传统观念而形成的一种思维活动，这种思维方式是非规范性、非模式化的。经验思维形成的“经验”往往因人而异，以经验为依据判断、解决问题，受主观影响较大，得出的结论往往不具有唯一性。而法律思维和逻辑思维，是依据法律概念和范畴、逻辑规律，以形式逻辑的规律作为工具去认识、把握对象的，有其规范化的模式和逻辑推理方法。法律思维下得出的结论，一定是依据逻辑推理不断排除不存在的可能性，直到得出有根有据的结论，而不是仅仅依据经验和常识。

法律思维和逻辑思维应贯穿于整个合同撰写的过程中。合同的撰写应遵守基本的法律逻辑要求和逻辑理性，整体的结构和内容在设置上应当有一个清晰、流畅的思路，做到前后连贯、前后一致，条款和内容之间逻辑严密，经得起推敲，不存在相互冲突和矛盾之处。

合同在文字表述上，应严格把握概念的内涵和外延。作为前提的概念，其内涵和外延的范围往往会影响逻辑推理的最终结论。对某些重要的概念，可以通过在合同中明确其定义，来限定其内涵和外延，提高意思表示的确定性。为了达到交易目的，还可以根据实际需求，通过对定语、状语的增加或减少来缩小或扩大概念的内涵和外延范围，适应不同情况下的不同交易内容和交易方式，提高合同的严谨程度，同时又使合同更好地服务于交易目的。

2. **必须对交易背景有全面的了解。**

前文已述，合同是达成交易目的的依据，公司签订合同是为了达到交易目的，实现交易利益。在复杂的现实中，交易的目的是不断变化的，不同类型的合同有其不同的交易目的，同种类型的合同也可能因其特定的交易目的而有所不同。交易的目的往往影响或决定着合同的形式和内容，在对交易背景和目的都不清楚的情况下，起草或评审合同，可能无法准确识别潜在的风险，导致合同目的不能实现。全面了解和掌握交易背景，有助于我们对合同目的的理解和掌握，有助于在合同的起草或修改中准确掌握我方交易需求，从而最大限度地维护我方权益。

在合同起草或审核时，一定要重视对交易背景的了解。除了分析研究现有的背景材料，必要时应及时与业务承办部门、相关工作人员进行沟通，收集整理重要的背景资料，尽可能详细、全面地了解交易的背景。不仅要关注该类合同常见的法律风险点，还要特别关注本次交易不同于一般交易的情况，根据具体问题具体分析，“对症下药”。

另外，值得我们特别注意的是，有些交易的业务领域专业性较强，合同管理人员很可能不具备这些业务背景知识，由于业务基本知识的缺乏，不了解基本的业务模式和流程，从而不能很好地掌握和理解交易背景和交易目的。针对专业性较强的业务领域，我们还应了解和掌握其业务背景，学习相关的业务知识，以便更有针对性地发现其中潜藏的风险。

3. 要具有良好的逻辑思维能力和文字功底。

要写出规范的合同，对人员的素质和能力都有一定的要求，除具备专业的法律知识外，良好的逻辑思维能力和文字功底是非常必要的。前文已述，合同必须按照逻辑思维进行撰写，从内容和形式上做到思路清晰和条理严谨。合同是由语言文字组成的，通过文字表述将约定内容固定下来从而形成合同文本，可以说，语言文字是组成合同的基础元素，表述方式的不当同时也会影响合同的逻辑性和严谨性。因此，文字功底对合同的质量也有着非常大的影响。

这就要求法务人员加强这两方面能力的培养。要掌握逻辑思维的相关概念和基本推理模式，具体应用到合同撰写和审查中。在逻辑思维的应用上，一是要准确理解和掌握交易的背景和目的，合同的形式和内容都应当是有助于实现这个大前提的；二是要注意合同整体结构的连贯性和各部分的关联性，理顺整体思路和各部分内容之间的关系；三是应注意前后条款之间是否合乎逻辑，有无存在内容上的不一致、冲突和矛盾等问题；四是善于应用各种逻辑方法分析合同内容中潜在的各种可能性，确保推理结论的唯一性。

在文字表述上，我们应注意用语的规范性和准确性，掌握基本的句法、语法，表达上不能过于随意，尽量使用书面语、使用法言法语或行业专有术语，以便更好地界定语义，避免产生歧义。还必须杜绝文字上的错误和疏漏，做到文字表述准确、严谨。

4. 要按诉讼的要求撰写合同文本。

法庭上没有事实，只有证据。合同是纠纷处理的依据，是风险防范的最后关口。合同是否合格，最终的检验应是在法庭上，看对方是否能从合同中找到胜诉的漏洞。为最大限度地维护公司权益，合同文本在撰写时，应以诉讼的要求为标准，尽可能做到“滴水不漏”。

（1）合同漏洞的主要表现。

一是合同内容存在漏洞，应当约定的内容没有约定。由于实际情况的复杂性，每次交易都可能有其特殊性。但由于人思维的局限性和现实的不确定性，我们很容易忽视或无法预见到今后交易潜在的风险。在合同撰写时，没有把这部分内容约定在合同中。当争议发生时，才发现这部分内容在合同中是空白的。涉及诉讼时，就容易被对方抓住，处于被动地位。

二是合同内容约定不明确，主要表现为语义不明、权利义务及责任的界定不明确。前文已述，语义模糊不清，在理解上存在多个意思，不仅执行时容易产生争议，在争议时也无法找到判断的依据。尤其是约定权利义务及责任界定的内容，直接反映了交易的具体内容、流程、方式及责任划分规则。在争议发生时，往往是识别和判定交易各方行为是否符合最初的约定，是否存在违约，以及责任如何承担的标准。如果约定不清晰、不准确，得出的结论不具有唯一性，极可能给违约方的违约行为提供机会或借口。在诉讼时不利于维护公司的合法权益。

（2）怎样从诉讼的角度撰写合同。

针对以上可能存在的合同漏洞，我们在撰写合同时，可以从诉讼可能产生的后果反推合同内容设定的合理性，也就是说，从更好解决争议的角度审查合同是否符合要求。

首先，合同文本应当具有完整性。除具备《民法典》合同编规定的八大必备条款外，还应当结合当次交易的实际情况，根据交易的目的、标的的特点、交易习惯等的不同，尽可能设立有助于实现交易目的、确保交易安全等具有实际价值的合同条款，以便解决实际问题，防范法律风险。另外，还应根据行业的特点，尽可能预见今后交易中潜在的风险，有针对性地设置相关应对措施，防范风险发生或当风险发生时能找到明确的依据。

其次，合同内容的约定应清晰、明确，不存在歧义，涉及各方权利义务及责任承担的条款应具有可识别性。合同内容是通过语言文字固定下来的，语言文字是合同中最基础的组成元素，表达上的失之毫厘可能会导致理解上的谬以千里。因此，在撰写合同时，文字表述应清晰，语义要明确。这主要是指在文字表述上，用词应准确，词语的内涵和外延应当符合本方的真实意思表示，对语义的理解和解释，应具有唯一性，不存在词不达意或语义不确定性的状态。准确、清晰的文字表达能避免对方在诉讼时“玩文字游戏”，规避很多不必要的风险。

再次，合同中权利义务及责任承担的条款应当具体、明确，具有可识别性。从更好地解决争议的角度出发，合格的权利义务条款应当是能判定合同是否全面履行的标准，能判断对方是否存在违约行为的标准，要达到界限清晰，标准唯一。在撰写合同时，可以通过“假设—判定”的方法，从行为结果反推合同条款的合理性，以检验其严谨性和实用性。

在违约责任方面，应尽量使责任承担的方式及违约金的计算方式明确、具体。目前很多合同中经常出现的“违约方应依法承担违约责任”这类约定，实际上无法清楚界定违约行为应当承担何种违约责任，属于责任认定不清，容易发生扯皮。我们在合同撰写时，应尽量约定具体的、可执行性强的责任承担方式和金额计算标准，发生争议时有利于对违约方责任的追究。

最后，值得一提的是，考虑到诉讼成本及现实中的地方保护主义等问题，在约定争议解决的管辖地时，应尽量争取约定本方所在地的法院管辖。如果难以约定在本地法院管辖，也应尽量约定在第三地法院管辖。

四、建立合同示范性文本

公司进行日常经营管理活动，需要起草、审批和签订大量合同。实际上，每个公司都有其较为稳定的业务范围，合同服务于业务，因此公司常用合同的类型也是相对固定的。一旦发生交易就重新起草合同，不符合经济、高效的管理原则：一是由于起草人员水平、偏好的不同，导致同种类型的合同版本五花八门，不便于统一管理；二是很多交易内容相似，若内容相似甚至相同的合同被不断重复审查、修改，将耗费大量的时间和精力。因此，为规范公司合同文本管理，提高合同管理工作效率，更好地防范公司经营风险，公司可结合自身实际，制定合同示范性文本。

1. 公司应制定符合自身需求的合同示范性文本。

每个公司都有其不同的经营特点，不同的规模、不同的交易方式及交易习惯，以实现不同的交易目的。公司所处的行业现状及国家政策法规，也会直接影响公司的交易方式和风险防范的侧重点。公司在制定合同示范性文本时，应尽量贴合公司的现实需求，以提高合同示范性文本的重复利用率，真正达到规避风险，提高效率的目的。

公司在制定合同示范性文本时，首先，应全面调查研究其所处的行业现状和特点，主营业务涉及的相关法律法规及政策，尤其应注意和遵守行业的特定规则。

其次，可根据公司业务范围对常用合同进行分类。如工程类、采购类、租赁类等合同，在每个类型合同下，还可根据不同的业务内容再进行细分。以采购类合同为例，还可以细分为办公用品采购合同、生产设备采购合同等，使其更贴合具体交易目的，提高合同示范性文本的实用性和可操作性。

再次，应尽量提高合同示范性文本的质量，避免因合同文本中存在缺陷而给公司造成损失。尤其应注意识别不同交易类型中潜在的风险点，合理配置双方的权利义务和责任，有针对性地在合同文本中设置风险防范的具体手段和措施，实现风险控制的目的。另外，还应充分发挥外聘律师的特长，由专业律师对合同示范性文本进行审核完善后，再进行推广使用。

最后，合同管理是一个动态的过程，合同示范性文本也不应是一成不变的，应根据政策法规、行业规则及公司业务的变化和调整，进行不断地修订、完善，以更好地服务于公司的各项经营管理活动，更好地维护公司合法权益。

2. 国家或行业已有标准或示范性合同文本的，可考虑优先使用。

为了规范各项市场经营管理活动，加强对市场交易行为的管控，提高合同履约率，保护合同当事人的各项合法权益，创造良好的市场交易环境，国家及各行业主管部门根据法律法规及行业规则，制定了各类具有示范性作用的合同文本，并进行推广使用。公司可优先考虑使用国家或行业已有的标准或示范性合同文本。

一是国家或行业示范性合同文本一般是经过法定程序制定并发布的，制定的主体是国家工商行政管理部门、行业主管部门或行业组织等公信力较高、处于中立地位的第三方，以规范行业交易行为，保护各方利益为主要出发点制定相应的合同，在条款的设置上更加公平公正，追求各方权利义务的平衡，避免“霸王条款”或显失公平的情形，有利于保障公司的合法权益，也有利于谈判各方更方便地达成合同条款的一致性。

二是国家或行业示范性合同文本往往是在充分调研各地区情况、各行业交易惯例及潜在问题的前提下，由相关部门组织业内专家或权威人士进行起草、修改，广泛征求社会各界意见，并经相关部门审定、发布的。合同内容较为详尽，条款较为完备，具有典型性和代表性，实用性和可操作性较强，能在行业内普遍适用。这类合同文本的质量、水平都比较高，有助于公司更好地实现交易目的，避免交易纠纷。

三是虽然国家或行业示范性合同文本一般只具有指导、参考作用，并不强制当事人使用，但在某些对国计民生影响较大的行业，国家行政监管较严，使用国家或行业示范性合同文本有助于顺利办理后续的审批或备案手续。

四是不可认为国家或行业示范性合同文本是不可以修改的。这些示范性文本只是起到一种参考作用，不具有强制性。因此，在使用时应根据本方的利益，修改其中的条款。

3. 不用或谨慎使用合同相对方提供的合同文本。

发生交易时，在本方已有合同示范性文本的情况下，应尽量争取使用本方制定的示范性文本，以更全面地保障公司合法权益。

在本方无示范性文本的情况下，尽量争取由本方制作合同文本，掌握合同条款设置的主动权，起草后再与对方协商修改。尽量不要使用对方提供的格式文本，防止对方在合同条款中设置隐蔽的“陷阱”，或对合同中存在的细节注意不够，发生纠纷时对本方不利。

原则上除金融机构、水电供应与网络、通信服务的格式合同外，不使用其他相对方的格式合同。在使用对方提供的合同文本时，应当谨慎，对合同条款进行全面、详细审核，发现明显不合理或对本方不利的条款时，应力争进行修改。

4. 应优先使用本方示范性合同文本。

使用本方的示范性文本是合同管理的重要内容，在交易中应优先使用本方的示范性合同。尤其在本方为交易主动方时，应坚持使用本方示范性合同文本。

合同管理部门在日常合同管理中，要经常检查示范性合同使用情况。在有示范性合同的前提下，不使用示范性合同应视为特例，应履行特别的批准程序，一般应由分管法务工作的集团领导批准。

第二节 合同审批

合同是公司的重要法律文件，涉及公司的权利义务及利益，是公司实现经营管理目的的依据，是风险防范的重要手段。合同是否合法合规，条款是否完备详尽，往往决定着合同能否正常履行。为避免合同存在缺陷，导致公司利益受损，合同必须经过严格审批才能签订。

一、建立规范的合同审查流程

合同的审批包含一系列的工作，涉及多个环节，不仅是公司合同主管部门——法律事务部门最重要的日常工作，也与公司其他各业务部门密切相关。为了规范合同审批管理工作，保证公司各项业务正常运转，应根据合同管理制度，建立完善的合同审查流程，明确各部门在合同审批中的职责及合同批准权限，督促各部门切实做好合同审批工作。

1. **流程的重要性。**

公司为什么要有流程？流程是“人治”到“法治”转变的重要手段。“人治”的管理方式依赖于人的素质和能力，管理者素质、能力、道德水准的高低都会影响公司管理水平的高低。但个人的能力终究是有限的，每个人也都有自己的局限性。即使能力再强的人，在规模不断扩大的公司中，如果管理上没有形成统一的规范，仅依靠个人的管控也是无法实现公司良好、稳定运转的。

“人治”的管理方式也易造成公司决策的主观性、随意性，不利于公司的稳定发展。而流程可以把“个人的优秀”转变为“团体的优秀”，即把优秀的工作方式或方法固定下来，形成统一的流程，在公司范围内实行，让员工服从公司的管理流程，从而普遍提高员工的工作能力和公司的管理水平。这样，即使优秀的个人离开公司，公司的业务也不会受到影响。因此，管理大公司要靠流程化，而不能依赖强人管理。个人英雄主义、强人政治在公司管理中是要不得的。

流程是公司运行的神经系统，是指导公司运营活动遵循的路线，与制度和结构、形式这三个要素构成了公司管控体系的一个完整的有机体。合同审查也应通过流程化管理来实现。若合同审查不规范、不严格，没有统一的标准和流程，各部门的行为缺乏约束，合同审查的随意性和不确定性增加，就会影响合同签订的效率，各项工作无法正常推进。

合同审查不规范，还可能导致风险无法识别和管控，给公司带来损失。合同审查实现流程化管理，将合同立项、审查、批准及签订等各个环节纳入统一的流程中进行管控，各个环节都制定明确的执行标准，指导和约束各个业务部门在流程下开展管理工作，形成有效的制约机制，提高合同管理效率。合同流程化管理还能确保合同质量，提高合同管理水平，促使公司依法依规订立合同，防范合同风险，保证各项经营管理业务得以正常运转。

2. **合同审查流程的建立。**

公司的流程和制度在本质上是一致的，都是管理、约束公司各项工作的手段和途径。制度对各项工作的规则进行规范，流程按逻辑描述工作开展的环节和步骤。合同审查流程的建立应立足于公司自身实际，根据合同管理制度的规则进行设置，既应有效防范风险，又要兼顾合同管理效率。合同审查流程一般应包括以下几个环节：部门审查、会签、批准及签订。

（1）合同审查流程的设置，不应只是对合同审查各环节、步骤的简单罗列和描述，而应是风险管控和流程管理相结合的体现。合同是公司各项业务开展的基础，对合同的管控，就是对公司经营行为的管控。

合同审查流程的设置，应进行广泛调研，听取各个业务部门及下属单位的意见，结合业务的特点，针对不同类型及金额的合同，设置不同的流程。尤其是对公司影响重大的合同，在审查流程的设置上应较一般合同更加严格，以更好地识别和把控风险。

流程不可倒置。流程必须是自下而上的，不能反过来。如果上边的领导已经同意了，再走流程，就是形式主义，对防范风险没有实际意义。上级领导在没有经过下级规定的流程审批前，不应提供审批意见。

（2）合同审查流程应以简洁为主，提高合同流转的速度。合同审查的速度直接影响合同签订的效率。合同的审查流程需要考虑业务的特点，但也不宜设置得过于复杂，流转环节不宜过多，避免审查时间过长影响业务的开展。

根据合同的类型和内容，经过必要的部门和领导审核即可。一般必须经过法律事务部、财务部及相关业务主管部门，再根据合同金额及权限的设置，流转至相关领导处，包括业务分管领导、总经理和董事长等。为提高效率，也可设置同一层级的各部门同时进行会签。

（3）合同审查流程应有不同的层级设计。合同审查也应遵循一般事项审查的基本原则，符合基本逻辑顺序，自下而上逐层递进。即经过同级部门的审批之后，才能进入更高层级的审查。一般来说，应先由合同承办人发起合同评审，然后到合同承办部门内部审核，到其他相关部门会签，再到领导层面的审批。这有助于领导层全面了解和掌握各部门的意见，为合同最终的审批提供更多参考意见。

（4）合同审查流程的设置应重视修改意见的落实和反馈。合同审查的根本目的在于修改、完善合同文本，以更好地规避风险。在合同审查过程中，各部门及领导可能会提出修改意见，意见提出后必须落实相应的修改工作，否则无法达到合同审批的目的。应明确由合同承办人及时针对修改意见落实相关修改工作，修改后及时反馈修改情况，保留修改痕迹，以便领导了解合同修改的情况。

（5）合同审查各环节应设置相应的时效。为避免因各业务部门的拖延，导致合同审查时间过长，应在流程中严格规定审查的时效，各合同审查处理人原则上应在规定的时间内完成合同审查工作。一般情况下，采用示范性文本的合同，各部门审查的时间不宜超过 2 个工作日；没有示范性文本的重要合同，时限不超过 3 个工作日；特殊情况可不受上述时间限制。为保证合同文本质量，合同进行修改完善的时间，可不计入上述时限。公司可根据自身实际设置相应的时限。

3. **合同审查的要点。**

合同审查是为了发现合同中存在的、可能导致我方合法权益受到损害的条款或内容，提示风险，控制风险。目前合同审查并没有统一的工作方法，审查水平根据个人的专业知识和经验积累不尽相同。但公司合同审查的工作量是非常巨大的，掌握一些审查要点，有助于更好地识别风险，提高效率。合同审查，主要应关注以下三个方面的内容：

一是对合同合法合规性方面的审查，主要关注合同主体、内容是否符合法律法规的规定。

（1）合同主体资格的审查。合同主体是否具备签订及履行合同的合法资格，是合同审查中的首要问题。首先，合同主体应当有独立民事行为能力，能独立承担民事责任。如公司的内部分支机构或业务部门是无法作为独立主体对外承担责任的，与这些主体签订合同容易引发风险。其次，合同主体的经营活动范围是否存在限制。某些特殊行业对公司的相关资质有较为严格的要求，应特别注意进行审查。最后，合同主体的信用情况、诉讼仲裁情况。如是否被列为失信被执行人，公司年检是否正常。

（2）合同条款合法性的审查。合同条款应符合法律规定，不能与相关法律法规抵触。交易的内容、程序都应当合乎法律，以保障交易的安全性。违反法律、行政法规的强制性规定将导致合同无效。

二是合同合理性的审查。主要关注合同内容的设置是否合理，保证其合目的性和可操作性。

（1）合同目的的审查。合同签订最终是为了实现交易目的，合同审查时首先要明确交易目的。合同所有内容的设置都应契合交易目的，与交易目的无关或有违交易目的的内容应当进行相应的修改和完善。

（2）权利义务及责任的合理性审查。合同双方权利义务应当明确、具体，具有现实可操作性，满足交易的需求，有助于实际业务的开展和推进。双方责任划分应当明确，在发生争议或纠纷时，能作为定分止争的依据。

三是对合同文本本身的审查。主要关注合同文本形式上的审查。

（1）合同整体结构、逻辑的审查。合同的结构应当完整，具备合同的合法形式，逻辑思维应当清晰、严谨，不存在前后矛盾的情况。

（2）合同条款是否完备。合同条款应当齐全、完备，内容过于简单，部分功能条款缺失的合同，不利于全面保障公司的权益。

（3）合同文字表达的审查。合同文字表达应当清晰、准确，不存在语病或语义模糊之处，应尽量使用法言法语，避免口语化。如在书写违约条款时，要写违约金，而不能写罚款多少，法定代表人不能写成法人代表等。

二、业务部门之间的分工与相互制约

法律事务部虽然是专门负责合同管理各项工作的部门，但往往不直接参与公司具体业务的管理和执行，也无法事先预见各业务部门的具体合同需求，更不负责合同的具体执行工作。如果合同管理的工作仅依赖合同主管部门进行，那么很多工作将无法顺利开展，影响合同管理工作的质量和效率。合同审批工作作为合同管理工作中的重要环节，也不能仅依赖或过分依赖一个部门，各部门在合同审批中都扮演着重要角色，承担特定职责，合同审查、批准、签订等各项工作在各部门的分工合作、相互制约下，才能更好地开展。

（一）合同主管部门的职责

合同主管部门是公司合同的主要管理部门，一般为法务部门，包括总法律顾问。专门负责公司合同的统一管理工作，职责贯穿合同管理的各个环节。在合同审批过程中，其管理职责主要体现在以下几个方面：

1. 建立合同管理工作体系。

制定合同管理相关制度、实施办法及合同审批流程。合同主管部门作为合同管理的主导部门，应保证合同管理各项工作正常、有序地运转。合同管理部门的首要职责，就是根据公司特点制定统一的合同管理规则及审批流程，规范合同管理各项工作，明确各部门的管理职责，使合同管理各项工作的开展“有据可依”“有规可循”。

2. 对合同进行法律审查，解答合同相关法律问题。

合同的法律审查是合同主管部门最基础的工作，也是最重要的工作。合同主管部门设置专门的法务人员，从法律专业角度审查合同的合法合规性、有效性及严密性，为各部门解答合同相关法律问题，识别和控制合同法律风险，保证公司合同依法依规签订，最大限度地维护公司合法权益。

3. 指导、监督、检查各部门的合同管理工作。

为确保各部门正确履行合同管理职责，依照公司制度、流程开展合同管理各项工作，合同主管部门定期或不定期对各部门进行检查，及时发现合同管理工作中存在的问题，指导、监督各部门正确开展工作。

（二）合同业务部门的职责

合同业务部门是具体负责公司业务开展的各个部门，是产生合同签订需求，具体承办合同、执行合同的各个部门。公司每个部门都可能成为合同承办部门，合同承办部门是发起合同的主要部门，在合同管理中担任重要的角色，承担重要职责，负责合同的具体办理，合同审批流程的跟踪和推进。其主要职责包括以下几个方面：

1. 负责合同前期工作。

业务部门根据具体业务需求，负责合同前期的立项工作，组织对合同相对方的资信调查，组织合同谈判等工作。

2. 负责合同文本的起草工作。

业务部门须根据交易需求及交易目的起草合同，明确交易各方权利义务，设置切实可行的违约责任。同时，负责审查合同条款的经济性、可行性和技术性。

3. 负责发起合同评审程序。

业务部门指定具体承办人发起合同评审流程，跟踪流程节点，根据其他部门及公司领导的评审意见修改完善合同本文，及时推进合同审批流程的进展。

4. **负责合同的签订、履行工作。**

合同经立项、审查、批准后，由承办人负责组织具体的合同签订、履行工作。

（三）财务部门的职责

财务部门作为公司的重要管理部门之一，主要负责公司各项财务管理工作。发挥着资金管理、成本控制和监督控制的作用。公司的经营和发展，离不开资金的保障，资金是公司的生命线。公司各项经营管理活动的开展，都可能产生资金的流转，可能涉及财务税收方面的风险。法务人员往往并不具备专业的财务知识，对于资金的运作模式和风险管控手段不甚精通。合同中涉及资金收付、财务税收等方面的条款，应由专业的财务人员进行审查，以更好地识别和把控公司财务方面的法律风险，控制公司成本，保证公司资金正常运转。财务部门在合同管理中的职责主要包括以下几个方面。

1. **审查合同往来资金的合规性。**

财务部门主要对合同资金来源是否符合公司预算、资金计划进行审查，避免预算外支出，以加强公司资金管理，控制公司成本，保证公司有序经营。

2. **审查合同条款的合法合规性。**

财务部门主要对合同条款是否符合国家财经、税务方面的法律法规，是否符合相关财务政策，是否符合公司财务管理有关规定进行审查。

3. **审查合同条款的合理性和风险性。**

财务部门主要审查合同中涉及资金收付、结算、票据及担保的条款是否合理、是否具有可操作性及有无潜在风险，加强公司财务风险的把控。

（四）其他部门的职责

公司很多业务所涉内容并不单一，可能涉及多个领域的专业知识，业务的开展也可能同时需要好几个部门相互配合。为了更好地推进业务开展，全面把控合同风险，应加强各部门的协调与合作，让涉及当次合同的其他各部门根据职能分工，从各自专业角度为合同承办部门提供审查意见。

综上所述，公司各部门在流程的规范和指引下，根据各自职能分工开展各项合同管理工作。在合同主管部门的统一指导、监督和把控下，其他部门各司其职，达到相互协调与合作、相互制约的作用。

三、明确合同批准权限

法人是法律上拟制的人，其本身不具有自然状态上的行为能力，法人的行为只有通过自然人才得以体现和实施。法定代表人是法律规定的法人民事行为能力的主要实现者，对外代表法人从事民事活动。法定代表人在职权范围内以法人名义进行的民事行为，所产生的法律后果由法人承担。一般情况下，法定代表人不仅能够对外代表公司行使职权，而且也是公司内部的“最高行政首长”，全面负责公司的经营管理工作，同时承担相应的领导责任。严格来讲，公司所有对外事务的批准都应该是由法定代表人做出的，合同的批准也是如此。

合同的最终目的是实现交易目的，进而实现投资者的利益。所有批准均由法定代表人作出，有利于维护投资者利益、保障投资者意志得到贯彻执行。投资者一般不直接参与公司的经营管理，而通过选派管理人员，将投资者的意志在公司主体中贯彻执行，即使作为公司权力机构的股东会的决议，也要通过法定代表人所领导的公司管理机构予以执行。同时，法定代表人因直接掌管着公司，应对公司履行相应的忠实义务，法定代表人未依法依规履行职责给公司造成严重后果的，应承担相应的责任。因此，为最大限度维护投资者利益，实现投资者目的，所有批准应由法定代表人作出。

合同是公司开展各项经营管理活动的依据，所有批准均由法定代表人统一作出，有利于明确各项管理标准，厘清责任，实现权责统一，保证公司良好运营。由于现实情况的复杂性，公司各项规章制度及流程不可能预判所有情况。公司在订立合同的过程中，往往会遇到各部门对同一事项或内容存在不同理解、持有不同意见，依据现有相关规定又无法进行决断，甚至出现各方争论不休、各项工作停滞不前的情况。为统一标准，厘清各方权责，保证各项工作正常运转，推进合同签订工作，公司需要有一个决断者作出明确的、统一的决定。法定代表人代表公司独立行使职权，有权对各项管理工作作出最终批准，对过程中产生的争议作最后指示，以保障公司有效运转。

但是，所有批准均由法定代表人做出，一方面，可能因为公司各项经营管理事务繁多，而法定代表人的时间和精力有限，不可能全面兼顾所有大小事务，导致某些事务无法监管、把控到位，产生较大风险。尤其是规模较大的公司，要求事无巨细都由法定代表人一人最终审批决定也不太现实，根本无法实施。另一方面，所有事情都等待法定代表人去决断，耗费的时间成本太大，可能导致各项事务无法有效推进，甚至停滞不前，大大降低公司经营管理效率，阻碍公司正常运转。

为促使公司健康、稳定、快速发展，法定代表人往往会通过授权将部分权限委托公司其他人员行使。法定代表人根据公司各业务的性质和功能进行业务板块的划分，把某些业务板块分配给公司其他重要经营管理者负责管控，授权各业务分管领导在某些业务领域、在一定金额范围内代表公司处理各项事宜，并依据公司规定作出相应批准，签订相关合同。各业务分管领导的权限依法定代表人的授权而产生，只能在法定代表人授权的职责范围内代表法人对外进行活动，其行为虽不是法人本身的行动，但对法人发生直接的法律效力。各被授权的业务分管领导应在授权范围内对法定代表人及公司负责，如不按要求履行职责，或超越权限订立合同，应承担相应法律责任。

因此，合同最终应由法定代表人或其授权代表批准。但是，必须明确，法定代表人只能授权公司高级管理人员代表公司，而不能授权其他人员代表公司批准合同并对外签订合同。法定代表人授权委托书上应明确授权的具体事项和权限范围，并载明授权的有效期限。在授权的范围和有效期限内，授权代表代为行使合同批准权。

第三节　合同签署

合同签订，是合同流程的终点，即合同经各部门及领导的审批后才得以签订。合同签订，也是公司开展各项经营管理活动的起点，即合同签订并生效后，公司才能依据合同约定行使权利履行义务。可见，合同签订是合同流程中一个关键的节点，是连接合同审批流程和执行阶段的纽带，是合同得以实施的基础。

一、合同签署中存在的问题

虽然合同签署是合同流程中一个非常重要的节点，却也是企业非常容易忽视的一个环节，在合同签署的过程中，往往存在以下几个问题：

（一）授权问题上的博弈

合同须由有合法、有效权限的人签署。法定代表人是公司的合法代理人，公司所有的合同原则上都应当由法定代表人签署。可以说，法定代表人掌握着公司合同的最终决定权。但根据业务开展的需要，法定代表人可在一定权限、范围和期限内委托公司其他人员行使合同签署权。

授权，是权力的下放，是有权限的领导者将自己的一部分权力通过合法授权的方式委托下级行使，给下级一定的自主决定权。目前公司在合同管理中，将部分合同批准权限授权下级行使，已是普遍存在的行为，但仍然存在一些问题。授权是公司管理的一门艺术，做好授权工作需要管理者准确掌握“分寸”，保证权力的正确行使和合理管控。如果只是简单的“放权”，不注重权力的把控，就容易导致权力“失控”。

公司在授权中普遍存在的两大问题：一是授权不足；二是过度授权。这两个问题都表现在领导者对授权的把控程度上。授权不足，主要表现在领导者对授权范围把控过严，权力下放的范围过窄，绝大部分权力仍然集中于领导者一人手中，绝大部分事项仍由领导者做出决定。被授权者的权限局限于辅助性或较边缘性的领域，没有掌握公司经营管理的“实权”。授权不足，还表现在领导者对下放的权力把控程度过严。表面上下放了权限，但领导者实际上仍然主动参与并干预被授权人做出决定，并严格监督和管控被授权人的行为。被授权人无法独立行使自主决定权，仍然由领导者掌控着绝大部分权力，被授权者实为执行者而非决策者。授权不足，权力过于集中，领导者肩上责任过重，得不到实质上的分担，公司各项工作进展缓慢，工作效率低下。

过度授权，与授权不足刚好相反。一是表现在授权范围过于宽泛，领导者在管理上过于放松，下放绝大部分权限。被授权人的权力很大，可以自主决定公司很多重大事项。二是表现在领导者对下放权限的把控过于宽松，过于信任被授权人的专业能力和职业素养，对下放权限缺乏监督和管控，交由被授权人全权负责，甚少过问。过度授权，将导致权力因得不到有限的监督和管控而失控，不利于风险的预警和控制，易引发风险事件，对公司造成不利后果。

还有一点尤为值得注意的是，公司应严禁内部转授权。未经法定代表人同意，被授权人不得擅自转授权，将权限委托其他任何第三人行使。授权是基于法定代表人对特定的被授权人能力和人品的信任，被授权人的行为产生的法律后果由法定代表人承担，为了保证法定代表人的权利不被侵犯，不得随意转授权。内部随意转授权，也容易导致授权管理的混乱和无序，引发法律风险。

综上，公司建立健全法定代表人授权委托管理体系和制度是非常重要的，也是十分必要的，有利于公司各项经营管理活动的有序开展。授权应把控好范围和程度，合理、适度的授权，有利于公司内部风险的防控和公司的健康发展。

（二）无授权的人批准、签署合同

公司合同的批准和签署，必须有合法的授权。只有法定代表人或其授权代表才能批准和签署合同。没有权限、超越权限或者授权已终止、失效的人批准和签署合同，都会影响合同的法律效力，也会给公司带来极大的风险。如构成表见代理，且签署的合同对公司不利，则会直接导致公司利益受损。

1. 没有权限的人批准、签署合同。

合同的授权应当有明确的内容和具体的权限范围，坚持一事一授权的原则，不能笼统地约定将某项业务交由某人“全权负责”。授权不明，可能会造成权责不清，导致没有权限的人最终批准和签署了合同，引发公司法律风险。

另外，虽然公司各部门根据业务分工具体开展日常经营管理工作，各部门可以在职权范围内指定专人负责合同的具体办理工作，但并不包括合同的批准和签署。有些承办部门和人员缺乏法律意识，易把合同承办权与合同批准、签署权混淆，误以为在本部门的业务范围内可以自行批准和签署合同。实际上，合同最终的批准、签署权是法定代表人的专属职权，只有通过明确、正式的授权，被授权人才得以行使，否则任何人无权代表公司签署合同。

目前公司订立的大部分合同，对合同生效的条件都有严格要求，须法定代表人或其授权代表签字并加盖公司印章才得以生效。如果未经法定代表人同意或者授权，其他任何人以公司的名义对外签订合同都可能会导致合同无法成立和生效，或者签订对公司不利的合同，给公司带来极大的不利影响。

2. 超越授权范围、签署合同。

授权应载明明确、具体的范围，被授权人只能在授权的范围内行使职权。授权范围之外的事项，被授权人无权决定。被授权人超越权限范围批准、签订合同，事后又无法得到法定代表人追认的，被授权人应承担相应的民事责任甚至刑事责任。但越权订立的合同，若合同相对方有理由相信行为人有代理权的，构成表见代理，应认定代理行为有效，公司将承担相应的法律后果。

3. 授权已终止后批准、签署合同。

授权应载明明确的有效期限，授权提前终止或期限已满，被授权人不得再批准和签署合同。因被授权人离职或其他原因提前终止授权的，应注意及时通知合同相对方并收回授权委托相关文件，避免发生表见代理的后果，给公司带来不可预见的损失。

（三）合同用印不规范

一般情况下，合同经各方当事人签字或盖章时即成立、生效。即使没有法定代表人或被授权人的签字，只要合同上加盖了法人的印章（公章、合同章），在印章真实的情况下，仍可认定法人已对合同内容予以确认，合同对法人发生效力。因此，盖章往往成为判断合同是否成立、生效的重要依据。但仍有部分公司不重视合同印章管理工作，用印不规范、印章保管不善，给公司造成巨大的风险和损失。

印章管理要规范。公司应有合同专用章，专门用于合同的签订。用印环节应纳入合同审批流程中予以规范，经过有审批权限的人最终批准、同意后，对符合要求的、正式的合同文本，才能加盖合同印章。除此之外，任何人不得擅自使用合同印章。合同专用章应由专人负责保管、使用，采取一定安全措施妥善保管，不得随意放置。印章原则上不得携带外出，更不得对外借用，以免造成印章丢失或被他人违法使用。印章丢失或被盗，应及时向领导汇报，并向当地公安机关报告，同时采取有效的防范措施，以免遭受经济损失。

印章使用要规范。合同印章应在合同落款处加盖，盖章应清晰，能清楚辨认印章上的内容，且只能盖一次章，不能盖两次以上。如果因第一次盖章模糊，应重新打印合同文本，另行盖章，不许在第一次盖章的上面再盖章。避免对方在发生纠纷时作为合同无效的证据。对于合同页数达两页以上的，应加盖骑缝章，骑缝章应覆盖合同所有页面，以免合同被擅自增加和减少页数。严禁在白纸上加盖印章。

（四）没有归口管理的部门

公司根据不同的业务板块，确定合同的主办部门和参与部门，主办部门即为合同归口管理部门，负责某个业务板块合同的具体办理工作。不重视合同归口管理，不明确合同的主办部门，各部门的权责不明晰，可能导致合同管理工作中各部门相互推诿，无人负责合同的具体承办工作，管理混乱，各项业务无法正常开展。

合同管理归口部门的具体划分，是公司规范化、精细化、专业化管理的体现，有助于公司各部门分工合作、相互制约，有助于加强合同管理的专业化和规范化，使各项管理工作有序开展。公司根据业务的性质具体细化合同归口管理部门，明确各部门在合同签订过程中的权利义务及责任，有效促进合同各项管理工作的执行和落实，推进合同有序签订，提高公司工作效率。专业化的分工，还有助于发挥各部门的专业优势，有效识别和管控合同风险。

二、合同面签制度

重要合同的签订应严格执行面签制度，即合同应由各方当事人面对面签订，以确保签约的真实性，防止恶意欺诈和其他不必要的风险。

1. 为什么要面签。

公司合同原则上应当当面签订，尤其是涉及公司重大利益的合同必须面签。面签能核实合同签字人身份的真实性，及时发现潜在风险，防止因他人冒名顶替签订合同，出现无效合同的情形，给公司带来损失。很多真实案例以惨痛的教训告诉我们，公司合同面签有多么的重要。

案例 **2016年原告招商银行股份有限公司某分行诉被告徐某良、李某、徐某阳借款合同纠纷一案**

原告称其与被告徐某良、李某于2013—2015年签订多份贷款合同，作为担保，原告与被告李某、徐某阳签订抵押合同，将李某与徐某阳共有的某处房产抵押给原告，并办理抵押登记。后原告依约放款，被告却未依约归还欠款，原告遂将被告诉至法院，要求被告偿还借款本金及利息共计111万元，并要求对抵押房产行使抵押权。庭审中，徐某阳称其对该份抵押合同并不知情，合同也不是他本人签订的。后经司法鉴定，抵押合同中“徐某阳”的签名确实并非其本人签字，不是被告徐某阳的真实意思表示，该抵押合同对徐某阳不具有法律约束力。法院最终判决被告徐某阳无须承担担保责任，因抵押房产为李某与徐某阳共有，抵押合同的效力只及于李某所有的50%的房产份额。本案中，因合同文本中相对方签名不实，直接导致抵押担保合同部分效力减损，担保物的金额减少了一半，给银行造成了极大的风险。

综上，真实的案例告诉我们，合同应当当面签订，并严格核实合同签订人员的真实身份，谨防他人隐瞒事实代签合同，或恶意诈骗公司财产，最终导致合同效力得不到认定，公司将面临重大风险，遭受经济损失。

2. **面签的准备工作。**

为确保合同的真实有效性，公司应建立合同面签制度，明确面签时应提供和审查的资料，面签的形式及操作流程，使合同面签更加规范，消除潜在风险。合同面签前，主要应做好以下准备工作：

（1）应尽量确保本方负责面签的人员与对方签约人之间无直接或间接的利益关系。如有利害关系最好进行回避，由承办部门重新指定负责面签的人员，防止双方恶意串通，损害公司利益。

（2）面签应有本方两名以上工作人员参加，负责面签相关事宜。要求本方两人以上参加面签，可以有效保护本方工作人员，避免引起廉洁风险，同时，两人可以互相监督，互相制约，确保面签的真实性、合法性。

（3）面签人员还应提前打印并再次核对要签订的合同内容上是否存在错漏。大多数情况下，面签的人并不是合同经办人员，很可能在签字前都没有看过整个合同文本。合同文件较复杂，有些合同长达数十页甚至几百页，通读一遍都是艰巨的工作，但是，面签人员仍应通读合同，以确保公司利益，同时，也保护自己不受无辜牵连。合同上需要签字和盖章的地方有多处的，可提前用铅笔标注，以提高工作效率，防止面签时出现错漏。

（4）面签应提前通知签约人，约定面签的时间和地点，并告知其应提前准备、提交的资料。

（5）本方负责面签的人员，还应提前熟悉面签的流程、规定，以便更好地识别风险，做好面签各项工作。

3. 面签的注意重点。

（1）核对人员身份。应逐一核对所提交资料的原件和复印件，确保所提交资料的真实性，防止对方冒名、代签等风险。签约相对方为自然人的，一般应要求合同签订人员提供身份证复印件，并现场核对身份证原件与复印件是否一致，对比身份证上合同签订人的样貌，是否是本人，确保签约人身份的真实性。

相对方为公司的，应提供营业执照复印件，与原件核对一致。由法定代表人签署合同的，应核对法定代表人姓名是否与营业执照上一致，还需要提供公司出具的法定代表人身份证明原件。由授权代表签订合同的，还应提供法定代表人出具的授权委托书。授权委托书上应载明被授权人的姓名、身份证号，委托的具体事项，授权的范围和有效期限，并有法定代表人的签名，加盖公司印章。应特别注意核查授权范围，是否与本次签约内容一致，谨防与没有权限、超越权限或权限已终止的人签订合同。

上述身份证复印件、公司营业执照复印件、法定代表人身份证明及授权委托书均应保存下来，作为合同相对方的资信材料，与合同一并归档保管。

（2）应注意检查签字、签章是否规范、清晰。负责面签人员应引导对方在正确的地方签字、盖章，要注意检查是否出现错签、漏签。签字的字迹应当清晰可认，字迹过于潦草无法辨认的，面签人员应提醒其重新签署或按指印确认。加盖印章也应清晰可辨，不得有模糊、重影等情况出现。如已加盖的印章不清晰的，可在相近的位置进行补盖，但不得出现两处印章重叠的情况。对于多页的合同文本，要记得加盖骑缝章，注意检查骑缝章是否覆盖所有合同页面。

（3）对方的签字、签章行为应保持在己方人员的视线内。负责面签的人员，应全程参与面签，不得中途离开签约地点，以免发生其他不可控的情况。面签人员应实时关注对方的签字、盖章行为，指引其按照面签流程完成签约工作，如出现错误、意外，及时提醒和制止。

（4）重要合同应全过程录音录像。涉及公司重大利益的合同，最好对面签过程进行同步录音录像，如实记录签约全过程，作为合同签订的相关证据，予以妥善保存。有必要时，还可以申请公证机关对合同的签订进行公证，进一步保证合同的真实性、合法性。

4. 劳动合同必须面签。

劳动合同是明确公司与员工劳动关系的重要文件。劳动合同与劳动者个人自身权利义务密切相关，人身属性很强，必须由本人签署，因此，劳动合同必须面签。劳动合同签订前，应对劳动者的身份、背景进行调查、核实。

首先，通过身份证核对其身份信息、样貌特征，确保身份的真实性。冒用他人名字、借用他人身份证签订劳动合同，将导致劳动合同无效。若劳动者不承认公司与其签订过合同，以公司未按法律规定与其签订合同为由，要求公司支付未签订合同的两倍工资，公司又无其他证据证明已与该劳动者签订合同的，可能面临用工风险，遭受经济损失。另外，如果是冒用他人名义签订劳动合同，相应地，社保也是以他人名义进行购买，一旦该劳动者发生工伤等事故，将得不到社保的相应赔付。公司也可能会因未给职工购买社保，要承担相应的赔偿责任。因此，应尽量确保劳动者身份的真实性，为防止签名无法鉴定真实性，可以让劳动者加盖指印，有必要时可进行录音录像；存在可疑的情况时，也可要求劳动者提供户口本等其他身份资料，并询问相关家庭情况。

其次，还要注意调查核实员工是否已与原用工单位解除劳动合同。用人单位聘用与其他单位尚未解除或终止劳动合同的劳动者，给原用人单位造成损失的，应承担连带赔偿责任。因此，合同签订前应要求员工出具离职的相应证明。

最后，还要注意核实劳动者是否对其他单位负有竞业限制义务。若劳动者在竞业限制的期限，用人单位不宜聘用。用人单位明知或应当知道劳动者对其他单位负有竞业限制义务，仍然录用的，给其他单位造成损失，将面临侵权的法律风险。

综上，劳动合同必须面签，且要严格核查劳动者的真实身份，同时应注意核查劳动者的相关背景信息，以免存在潜在的用工风险。

第八章
CHAPTER

合同履行阶段的管理

对合同履行阶段的管理可以视为合同管理的核心。合同履行是双方实现合同目的的关键环节，合同履行管理水平是公司管理水平高低的重要体现。加强和完善公司合同履约管理能够减少或避免经济纠纷和损失、杜绝违法违纪行为，是提升公司软实力，增强核心竞争力的必然要求。

第一节　合同履行阶段管理概述

合同只有经过双方约定的权利义务实现，才能实现合同目的，也才能获得经济效益。履行阶段的管理是合同管理的关键节点之一。

一、合同履行阶段的划分

公司的合同管理工作是针对合同订立、履行、变更、解除、转让、终止等各阶段、各环节而实施的审查、监督、控制等一系列管理工作。合同的履行是一个动态的过程，在履行中不断会有新的情况出现，需要不断采取新的措施解决问题。合同履行过程管理是根据合同内容，对签订合同各方主体的义务履行情况进行补救、监督、控制等。

对合同履行过程的管理，是合同缔约过程中未能有效防范风险或出现缔约时不可预见的情况而竖起的第二道防火墙。在合同履行管理中，主要表现为抗辩、变更、通知、解除、终止等。合同签订完成后，在履行过程各阶段中可能出现的法律风险主要包括己方合同履行不能、对方合同履行不能、对方拒绝履行合同、合同不适当履行、债务人责任财产减少、合同变更、证据保存不当、合同履行监管缺失等。

明确合同各个阶段的具体工作内容是做好合同履行管理工作的前提。以一份采购合同为例：

第一阶段：采购计划、立项、策划，选择合同类型；

第二阶段：尽职调查、选择合同相对方；

第三阶段：谈判、磋商交易条件，草拟合同文本；

第四阶段：合同审查、批准、签署生效；

第五阶段：货物交货、货款准备；

第六阶段：交付货物；

第七阶段：货物检验；

第八阶段：货物入库；

第九阶段：货款结算；

第十阶段：货物质保期；

第十一阶段：合同相对方评价及归档。

上述各阶段中，第一阶段到第四阶段通常为合同的订立、签约、生效过程，第五阶段到第十阶段为合同的履行过程，第十一阶段为合同履行评价过程。其中，合同的履行过程需要业务人员、合同管理人员、法务人员、财务人员等一切相关人员参与管理，且每一个小阶段的内容有所不同，简要介绍如下：

第五阶段，货物交货、货款准备：

（1）买卖双方主要经办人员沟通联络、履行通知义务；

（2）对可能发生的合同变更，履行必要的程序和手续；

（3）对可能需要的合同补充，履行必要的程序和手续；

（4）近一步了解对方履约能力和履行准备情况；

（5）必要时行使如先履行抗辩权等相关抗辩权利。

第六阶段，交付货物：

（1）货物交付前的沟通，确认交付方式，如自提，送货等；

（2）根据合同约定，及时组织提货，提货时对货物外观、包装等进行检查；

（3）根据合同约定，如为送货、托运等方式，准备接收货物，货物接收时对外观、包装等进行检查；

（4）履行相应的货物接收手续，如接收检查时发现货物外观、包装等有问题的，自提的当时应拒收，货物已收取的，应当及时留下相关证据，如拍照、公证等；

（5）对照合同，分析货物的问题是否在合同中有约定，联合法律部门协商解决。

第七阶段，货物检验：

（1）购买部门向质量检验部门提出检验需求；

（2）检验部门根据技术规范对货物进行检验，检验部门自行进行检验，检验工作独立开展，其他人员不得干预检验的客观性；

（3）检验标准以合同约定、国家相关规范为准，检验完毕后由质检部门出具报告，对检验的真实性负责；

（4）检验过程中发现不符合合同或国家相关质量规范的，检验部门应及时向公司相关部门报告情况，业务部门应同时通知货物出卖人；

（5）须采取协商退货、要求赔偿或降价买进等措施时，业务部门拟订方案或协议，提交公司法务部门进行审核；

（6）引起纠纷，业务部门向法务部门提交相关证据。

第八阶段，货物入库：

（1）购买部门提出入库申请，提交检验部门的质检合格报告；

（2）仓储部门根据检验单据等资料，对原料的数量、包装、外观进行复检，根据复检情况出具入库单；

（3）复检过程中发现问题，如包装不符合合同约定或外观有污染、损坏的，反馈其他相关部门，主要负责部门告知货物提供方；

（4）发生纠纷，向法务部门提交相关证据。

第九阶段，货款结算：

（1）购买部门申请支付货款，同时提交合同文本、质检报告、入库单等相关凭证文件；

（2）财务部门审查付款凭证资料；

（3）合同约定有质保金的，预留质保金。

第十阶段，货物质保期：

（1）合同中约定有售后服务的，购买部门与相对方沟通，定期进行售后服务；

（2）质保期内如发生质量问题或出卖人不履行合同约定的质保义务，购买部门应向其他相关部门报告，以法律手段主张相关权利。

只有剖析合同履行各阶段中的具体内容，才能够帮助公司从中总结出各个合同内容的共性与个性，对症下药，实施有针对性的流程化合同履行管理措施。

二、合同履行阶段的特点

合同履行阶段与其他阶段相比有很多不同。认识合同履行阶段的特点有助于更好地开展合同履行阶段管理工作。合同履行阶段的特点主要体现在以下几个方面。

1. 管理分散。

合同在订立阶段，通过合同文本传递，能够让公司法务部门对合同文本的格式、框架、内容进行直接管理。合同的重要商业条件由公司领导层集中决策，这些体现了合同订立阶段管理的集中性。

在合同履行阶段，因履行空间、履行时间、履行义务、履行救济等不同，如有些合同履行期间可能长达数年，履行地点横跨数地，导致合同在履行阶段的管理中出现合同管理人员、管理权限分散等问题。因此，该阶段很难像订立阶段那样通过传递文本等方式实现统一集中管理。例如，一个买卖合同的履行地，可能在多个不同的地方，如交货在一个地方，仓储在另一个地方，对方当事人又在另外一个地方。这些空间上的巨大变化，会给履行管理带来许多不便。

2. 履行时间长。

合同履行时间长是合同履行管理中不可忽视的问题。如一份高速公路养护合同，履行过程通常在 1 年以上，再加上质保期，可能超过 2 年。一份建造合同，可能履行时间要 5 年以上。履行时间越长，发生不可预见问题的可能性越大，如国家政策、法律变化，宏观经济状况变化，对方当事人经营状况变化，甚至经办人员变化等，都随着时间的增长而发生大的变化，从而增加履行过程中不可预见变化的可能性。

同样地，公司自身也面临不断变化的问题。如内部的合同经办人员会发生变化，业务领导会发生变化，经营状况会发生变化等，这些变化也带来了合同履行不完全、不充分的风险。长时间的履行过程意味着公司人力、物力必须一直投入其中，履行过程中伴随着如不可抗力、情势变更等各类事件的发生，则更加大了合同履行管理的难度。

3. 实践性强。

合同订立是合同双方当事人将协商一致的意思表示在合同文本中进行表述的过程，合同履行是实践合同文本中约定内容的过程。合同双方在履行阶段要按照合同约定履行权利及义务，实现合同目的。

在这个过程中，需要公司的合同承办部门始终有具体的人跟踪、监测合同的履行情况，公司内部管理、资金流动性、市场变动、政策调整、经办人员责任心、职业道德等因素都可能影响合同在实践中的履行，大大增加了合同履行阶段管理的难度。特别是经办人员的责任心、职业道德等因素在其中起着非常重要的作用。如果没有责任心，缺乏职业道德，很可能就会造成履行失控，甚至和对方勾结在一起，损害公司利益。监守自盗的案例在公司管理中也是屡见不鲜的。

三、我国公司合同履行管理存在的问题

首先看一个案例。

某钢材生产公司与某商贸公司签订一份钢材买卖贸易合同，商贸公司主动提出签约后即支付货款的25%。此前钢材生产公司与该商贸公司已签订并履行完成过几个少量供货的合同。钢材运送到达后，商贸公司按时支付货款，履行情况良好，故该钢材生产公司认为商贸公司信誉良好。本次合同签订完成后，钢材生产公司即收到商贸公司承诺支付的25%货款，遂按约定发货，但此后未能收到剩余货款。经了解，钢材到达目的地后，商贸公司迅速以低价抛售且注销公司，相关人员已经失踪。最终发现此为诈骗案。

实践中，上述案例通过更为复杂的形式层出不穷地涌现出来，导致合同履行纠纷多样、复杂。合同履行过程中产生的各类纠纷及问题已成为公司经营过程中潜在的巨大风险，严重威胁公司运营安全。目前，我国公司在合同履行管理上还存在很多缺陷，主要表现在以下六个方面。

1. 合同管理工作单一化。

合同管理应该是贯穿合同全过程的管理工作，但目前我国的大多数公司都难

以做到合同全过程管理，仅能单一地做到合同评审、批准、盖章、归档工作，停留在形式化管理的层面比较多，且各个环节相互割裂。

合同管理应当是从谈判开始到履行完毕或争议处理终结时为止，自始至终地关注并及时处理所有与合同履行相关的法律问题，使用法律以及一切可以使用的资源实现合同带来的权利，降低合同带来的风险，而不能仅仅只是做好某一方面，某一阶段的工作。

合同管理水平较高的公司，应该是所有相关部门都对合同履行情况了如指掌。各部门职责分明，形成一个履行有跟踪，风险有识别、纠纷及时处置的、完整的管理架构。但目前我国的现状是公司中各个部门壁垒森严，缺乏沟通，合同履行缺乏监督与管理，从而使得合同履行过程中引发了大量纠纷，导致公司的损失。

2. **公司注重合同的静态管理，忽视合同的动态管理。**

大多数公司在合同签订前，都会注重审查合同相对方的资信和履约能力，从合同相对方以往信用、履约能力、注册资本、生产规模、营业收入等各方面进行审查。但该过程仅仅是一个静态资料审查的过程，只能为相对方是否具备合同履行能力提供一个参考，而合同的履行是一个动态的过程，包括交货、验收、费用支付、提供服务等多个环节，以上环节始终处于动态变化的过程。仅注重签约时相对方的资信调查和合同文本的审查，而忽略合同签约后履行各环节的管理，难以做好合同管理工作，更无法保障公司的合法权益。

3. **缺少合同履行管理制度规范管理。**

在我国，许多公司仅建立了如合同管理制度、法律顾问制度等框架型管理制度，但细化至合同履行管理，则缺乏相应的管理制度，造成了管理实践中无法可依的后果。该阶段中，法务部门、合同管理部门（部分公司有独立的合同管理部门）、法律顾问、财务部门等相关职能部门与合同业务部门难以共同协调管理，也就不会有管理的实效了。

4. **合同履行情况不理想。**

导致合同履行情况不理想的原因较多。如公司主要经办人员素质不高、管理水平偏低、法律知识贫乏，在合同签订后怠于跟踪合同履行情况，履行不符合约定的情况下受到合同相对方“讲人情”“讲关系”等手段的影响，对履行不合约定的情况睁一只眼闭一只眼，甚至配合对方损害本方利益等，上述原因都会对合同履行的程度、合同目的的实现产生较大影响。公司只有注重培养员工法律意识、契约精神，提高信用观念，规范管理、经营行为，才能保证公司合同得到完全的履行。

5. 合同签订后未进行交底。

公司在合同签订时，审批部门、法务部门往往都极为重视，但一旦合同受批准完成签订后，对合同分析和合同交底工作则不再进行。合同签订与合同履行脱节，致使合同被锁在文件柜或项目负责人的抽屉里，如合同经办人员不向负责履行的人交底，致使负责履行的人员对合同背景、关键条款等把握不全、不准确，其他人员只知其相关工作职责，而对合同总体情况知之甚少，甚至完全不了解合同内容，埋下了合同纠纷的隐患。

6. 合同履行过程中忽视变更管理。

事物总是处于不断的运动变化之中。在合同履行过程中，变更合同履行内容是一件常见的事情，但重视合同变更管理工作的企业却相对较少。合同变更的规范管理指的是在未按照公司规定的要求和程序进行合同变更之前，任何人员无权变更合同的履行，变更应得到原批准人员同意后才能进行合同变更。

目前，在合同变更中，由于合同经办人员或管理人员缺乏合同变更的意识，忽视办理合同及附件变更相关的批准手续，或没有获得对方的书面变更文件，即对合同履行进行变更，在此前提下，一旦遇到对方经办人员依据原合同提出履行要求时，则很可能引发合同履行纠纷。

四、合同履行管理的完善措施

合同的履行管理需要根据合同履行过程中情势的变化不断做出相应的变更，以最大限度地保护本方利益。

1. 专职人员负责制。

任何工作最怕的都是看起来人人都负责，实际上却无人负责。解决这一问题的唯一正确思路就是指定专人负责，并且只能指定一个人负责。要是指定两个或者两个以上的人负责，最后的结果必定是无人负责。

合同履行自合同生效后开始。合同履行如供货、付款、争议解决、协商变更等各项工作均需要专职人员负责，对合同履行进行管理。合同履行专职管理人员应做好各过程履行情况的记录。当对方要求变更时，要及时报告公司，并保存好与对方来往的文件。涉及如履行日期、价格、数量等重要条款的变更，须审查实际履行情况是否符合合同约定。合同履行结束后，须对合同履行情况进行总结及报告。

2. 涉及岗位都要参与合同履行管理。

合同的履行是涉及多个部门的动态管理过程。对合同履行的管理应当是所有涉及的岗位和部门共同参与的，任何岗位和部门的缺失都可能导致合同难以履行，合同目的无法实现。

法务部门在公司合同管理工作中担负着重要的职责，部分公司甚至要求法务部门对公司的合同管理工作全面负责。但就合同履行而言，法务部门受限于专业、角度等问题，难以直接管控合同的履行过程。

结合前文所述采购合同的履行内容，行政、采办、财务、质检、运输、仓储、生产等相关岗位和部门都应当参加合同履行管理工作，在工作中既互相独立，又互相监督，通过协调配合做好合同履行的管理工作。

3. 明确合同履行管理的监督机构。

缺乏监督，则难以保证合同的充分履行。合同履行管理除应该配备专门人员外，还应该配备专职人员对合同履行管理工作的开展进行监督。专职人员对合同履行管理工作的监督主要包括合同履行管理工作资料的收集、整理和保存，建立合同履行管理工作档案，做出中立判断后，定期向其他部门反馈。

4. 制定及完善合同履行管理制度。

规范化的公司运营必须靠制度来保障，制度是工作开展的保障与指导。通过总结合同履行管理过程中发现的各类问题及风险，制定及不断完善合同履行管理制度，能够促进合同履行管理工作更加顺畅，也能够明确履行风险发生后的责任主体。

5. 合同履行管理工作系统化、标准化。

合同履行管理工作不是单个部门的工作，也不是法务部门一家的工作，而是全局性的工作。合同履行管理工作通常涉及多个部门、多个人员，协调好各方关系，统筹各部门、各人员标准化、规范化、程序化地开展合同履行管理工作，方可保证合同履行管理工作高质、高效地开展。

6. 合同履行管理后评估。

合同管理部门对于已经终结的合同，应该及时根据合同履行管理人员、监督人员的报告情况进行分析和评估。对分析评估中发现合同履行存在的不足，应当及时采取有效措施加以改进，存在风险的及时采取相应的风险防范措施。履行后评估的作用在于提高合同管理水平，避免犯同样的错误，同时，也能不断总结宣传好的经验和做法。

第二节　合同履行管理方法

合同生效后，合同由订立过程转入履行过程。但是，合同履行过程总是受多种因素影响，导致合同的约定与实际履行情况有所偏离。影响合同履行的原因主要有：一是合同本身就约定不明，存在履行阶段变更、解除等情形；二是合同相对方不履行、迟延履行、拒绝履行等合同履行异常。为实现合同目的，在合同履行过程中施以一定的补救手段，是合同履行管理的必要措施。

一、履行中的通知及管理

“通知”是合同履行过程中当事人的法定义务之一。主要作用包括让合同相对方及时知晓各种与原合同约定的内容相比较的变化，这些变化将可能影响到原合同的履行。通知的形式通常是口头或者书面，在当今社会，电子邮件、微信等方式也是较常使用的通知方式之一，行使某种行为也能达到通知的法律效果。通知不能对合同约定的内容进行任何改变，作出通知也不等同于合同的变更。如果要对合同双方权利义务、合同约定的条款进行改变，须在收到通知后另行协商或采取司法救济等方式进行变更。

（一）通知的分类

不同类型的通知，作用不同，实践中大致分为如下几类：

1. 为弥补前期合同条款中的信息不明而进行的通知。

例如，合同约定中，未载明付款信息，付款一方则可能难以履行付款义务，需经合同相对方以通知的形式告知如银行账号、开户行、账户名称等付款信息。

以信息沟通为目的的通知，其主要作用为弥补合同前期约定不明，不会因为通知而实质性改变合同内容是该类型通知的使用前提。在此前提下，受通知方应当善意地接受该类型通知，及时履行合同义务。如果涉及合同实质性的权利义务，则不宜仅仅使用通知来告知对方。例如，合同约定不明的货物验收标准，适用不同标准会加重一方义务，此时则不能通过通知弥补此类合同约定不明，应该通过协商或诉讼解决。

2. **合同履行过程中，发生了与合同订立时不同的情势变化而进行的通知。**

例如，买卖合同中，接收货物的对接人员发生了改变，或一方的住所发生了变化等，需要及时将改变后的人员和新的住所通知对方。《民法典》第529条规定："债权人分立、合并或者变更住所没有通知债务人，致使履行债务发生困难的，债务人可以中止履行或者将标的物提存。"第546条第1款规定"债权人转让债权，未通知债务人的，该转让对债务人不发生效力"中所述的"通知"都属于此类型。

此类通知同样以不影响合同双方的权利义务为前提。如买卖合同中，一方收货地点变更，变更后地址变远，增加了货物运费，则需要由合同双方协商变更履行。

3. **根据合同约定，一方应当向另一方发出的通知。**

例如，买卖合同中，合同约定卖方接到买方通知后5天内交付货物，买方负有通知义务。此类通知需要合同约定在先，合同一方的义务经另一方通知后方开始履行。如合同中有明确约定需要在一定期间内进行通知的，该类通知则成为相对方的义务，负有义务的一方迟延履行的，可能会被合同相对方追究不履行合同义务的违约责任。

4. **为主张权利而进行的通知。**

例如，货物验收过程中，一方发现货物质量不符合合同约定的标准，为保障自己的权益，需要及时通知对方更换货物等。《民法典》第621条第1款规定："当事人约定检验期限的，买受人应当在检验期限内将标的物的数量或者质量不符合约定的情形通知出卖人。买受人怠于通知的，视为标的物的数量或者质量符合约定。"根据《民法典》中关于诉讼时效的规定，及时发出要求对方履行合同约定的通知，还能够产生中断诉讼时效的功能，更好地保护己方权益。

（二）公司对通知的管理

根据上文所述，通知的发出应当具备及时、准确、符合合同约定等条件，对通知的管理工作也应当围绕该类条件开展。

1. 公司对合同相对方发出的通知应当以书面方式进行。

通知书上需要加盖公司的公章及法人签字或盖章，以挂号邮件、快递等方式送出，重要的通知应由外聘律师或公司法律顾问拟定。

2. 与通知有关的所有资料应及时归档备查。

通知发出的过程中，快递单据，原件扫描件，收到的回执等相关资料文件是重要的凭据资料，应当及时收集整理，随着合同履行的过程进行归档。在诉讼过程中，上述资料都是非常重要的证据资料。

3. 及时报告。

公司收到对方的通知，也要根据通知内容，及时报告部门领导或公司分管领导，应采取相应措施时要及时采取措施，并及时将通知归档。总之一个原则，收到对方通知必须报告，不能束之高阁。

案例

A 公司与 B 公司于 2014 年 11 月 10 日签订特种工作车辆买卖合同。合同约定 B 公司售卖的车辆须按照 A 公司要求增加部分装备，车辆交付后 15 日内发现质量问题应通知 B 公司。2014 年 12 月 20 日，车辆运送至 A 公司，A 公司经办人员签出到货知悉文件。随后于 12 月 30 日，经 A 公司质检人员检测，车辆装备与合同约定不符，即电话通知 B 公司履行相关义务，B 公司工作人员口头回复尽快处理，但并未采取措施处理。2 个月后，B 公司要求 A 公司支付货款，引发争议。A 公司以质量不合约定为由拒付货款，但并未得到 B 公司认可。法院因未见相关质量抗辩的证据，最终支持了 B 公司的主张。本案的教训就在于 A 公司并没有保留主张权利的证据，且在对方口头答应处理后没有及时跟进，要求对方进行更换或维修，从而造成了本方的损失。

（三）风险提示

1. 合同主要负责人员在履行管理过程中应及时发送通知。

如迟延发送通知，可能造成因通知不及时，导致对方义务履行不及时，从而损害自身权益。

2. 发送通知应注意符合合同约定的形式。

要注意收集通知发出过程中的各类证据材料，否则可能因形式不符合要求，证据材料不足，导致公司在合同纠纷中处于不利的地位。接受对方口头通知后要及时记录在案，并要求对方以书面形式补充。

3. 通知的内容应严格按照合同约定做出。

如通知产生歧义、违背合同约定的内容，则可能使公司遭受不利后果。

二、履行中的补充及管理

合同履行过程中，遭遇条款欠缺、约定不明、情势变更等情况也是一种常态。在这种情况下，则需要对合同内容进行补充来弥补缺失。如不及时对合同不完善的地方予以补充，则可能导致合同难以继续履行。

（一）需要补充合同条款的情形

1. 合同条款有所欠缺，影响合同履行。

例如，借款合同中未约定还款期限，合同一方难以按期进行还款。买卖合同中未约定验收标准，双方验收产生争议。施工合同中未约定开工时间，施工方准备开工时间难以把握等。及时协商一致并补充上述合同欠缺的部分，是合同顺利履行的前提。

2. 合同条款约定不明。

例如，房屋租赁合同中，对房屋的用途约定为“承租方使用”，并未明确为如居住、办公室、经营等，对于此类合同条款的不明，需要双方协商一致，通过签订补充协议、补充说明等方式对合同缺失的条款进行补充。

3. 多数合同中存在未明事项另行约定等类型的兜底条款。

实践中，如合同履行中确实发生了约定未明的事项，则须合同各方依约做出详细的补充。例如，贸易合同中，合同双方约定每半年根据市场情况调整一次贸易价格。房屋租赁合同中，合同双方约定每年根据房价调整租赁金额等。合同部分条款可能存在难以确定的情况，合同双方当事人都不愿意承担未来不确定性带来的风险，也可以先通过兜底条款约定，后续再进行补充。

值得注意的是，合同当事人、合同金额、数量等条款为必要条款，在这些必要条款齐备的情况下，其他条款如存在约定不明的，都可以由合同各方进一步协商补充。

（二）对合同进行补充的条件

1. 对合同条款进行补充，需要合同当事人进行协商，在协商一致的条件下方可进行。

对合同进行补充，其本质是对合同双方权利义务的进一步明确或补充。例如，合同中对于履行地点、交付方式、质量标准的认定等内容，原则上不能以一方向另一方发出通知的方式处理，需要协商一致后进行补充。对合同条款的补充主要是通过签订书面的补充协议做出的。

2. 实践中存在一方通过行为表示了对合同条款进行补充的意思，该类型的补充，需要以一方切实地做出某种行为向另一方表示对合同条款进行补充。

例如，买卖合同中，双方未约定价格，卖方发货后通过口头、邮件等形式告知对方要求的价格，买方未提出异议按照此价格进行支付。通过明示的行为对合同义务的认可也属于合同履行过程中对条款的补充，但如果原合同需要批准或公证生效的，对合同的补充也需要进一步经过批准和公证。

合同履行过程中，对合同条款难以达成一致意见的，最终也可以根据《民法典》第511条，通过法律救济的手段予以明确并保证合同的继续履行。

（三）对合同补充条款的管理

合同补充事实上是对合同各方权利义务的进一步明确、变更或重新分配等，公司在合同履行中应审慎做出对合同的补充，补充过程中需要关注的主要是如下事项。

1. **补充协议应该按照公司合同的评审流程重新评审。**

不能仅仅因为是对原合同条款的补充而放松审查。补充协议是一个非常严肃的合同变更过程，要以对待原合同一样的态度对待补充协议。在大多数情况下，补充协议对合同的履行意义比原合同还要大，因此，补充协议必须和原合同履行一样的程序，必须履行立项、评审，最后由原批准的领导批准后才能生效。

2. **对合同条款的补充应优先与相对方协商达成一致。**

补充协议应与相对方协商一致后达成，避免引发争议及诉讼纠纷。补充条款是对原合同的补充和完善，应有利于合同各方的利益，因此，应尽量争取协商完善。在对各方有利的情况下，作出适当的让步，求得各方的共赢。

3. **注意履行顺序。**

如合同存在对一方履行的义务约定不明，履行义务的一方应在双方对合同条款达成一致，完成补充内容后，再履行自己的义务，防止因先履行而失去在协商中的主动地位。

4. **注意形式。**

法律文书都应该特别关注形式，形式非常重要。对合同履行的补充，必须以书面补充协议形式作出，保证合同的效力。

5. **认识到补充协议的重要性。**

补充协议也是正式的合同文本，合同各方都应持有，并与原合同一起归档保存。事实上，一切与合同有关的文件，都是合同的组成部分，都应该得到应有的重视。

（四）风险提示

1. **及时补充。**

如不及时对合同约定不明的条款进行补充，则可能影响合同的正常履行，并可能引起纠纷。

2. 尽量协商一致。

合同补充协议是双方协商一致的结果，达成一致是进一步履行合同的前提，否则可能影响合同的履行，甚至可能引发合同诉讼纠纷。

3. 履行规定的程序。

合同补充的条款应严格执行公司合同评审、总法律顾问批准、公司领导批准等相关程序，否则可能因缺乏授权、条款不严谨、补充合同与原合同矛盾等问题导致丧失合同利益。

4. 防止无权代理。

合同经办人员为促成业务擅自对合同条款进行补充，存在损害公司利益的风险。实践中，这种情况也是时有发生的，即合同经办人员和对方勾结在一起，不经过规定的程序而擅自与对方达成补充协议，损害公司利益。在这种情况下，对方往往以表见代理作为抗辩的理由。而要否认这种表见代理是非常困难的。

三、履行中的变更及管理

根据《民法典》第543条，合同变更是对已经生效的合同条款进行修改，从而影响合同当事人的权利义务，因此合同的变更也是合同履行管理工作的重要一环。

（一）合同变更的原因

1. 客观情况变化。

如合同一方因搬迁等导致收货地址改变，需要根据新的地址重新商定运费。乙方原约定的采购数量有较大变化，如原约定采购10000吨煤炭，现只需要采购5000吨等。

2. 原合同履行困难。

如原合同约定日期支付价款，后因经营性原因需要延迟支付，或者需要延期交货等。工程建设中，承包方针对工程建设实际，要求增加工程量等。

3. 合同一方无法实现合同目的。

如合同约定房屋租赁目的为经营性使用，但不能改变房屋构造，装修过程中发现如不对租赁房屋进行部分改造，则无法使用，就需要合同双方进一步协商关于房屋改造的条款。

4. **一方履行义务与合同约定不符时，双方协商一致变更义务的情况。**

买卖合同中，如一方交付的货物不符合合同约定的质量标准，双方可以协商，通过变更单价等方式让合同另一方继续履行合同义务。

5. **合同中约定的变更事由发生。**

例如，贸易合同中约定，未来市场波动，货物价格在10%幅度内变化，则不变更主合同约定的价格，超过10%，则需要重新协商贸易货物的单价。

（二）合同变更的管理

合同的变更将对合同当事人的权利义务造成直接影响，甚至是权利义务的重新分配，因此，在合同变更时，公司应该履行相关的评审程序。实践中，如缺乏对合同变更的重新审查，变更后的合同在履行过程中就可能因为财务、法务部门不知情而产生合同履行风险事件。

公司除根据协商对合同条款进行变更外，对内进行变更管理时，应注意对以下内容进行管理。

1. 变更后的合同名称、编号应与原合同名称、编号相对应；
2. 变更后的合同签订时间通常晚于原合同的签订时间，不得倒签时间；
3. 变更协议应及时签订，防止因迟延签订而影响合同的正常履行；
4. 合同的变更必须以书面形式进行，不能以口头承诺的形式变更合同，变更应以明示的方式作出，不能以推定的方式进行合同变更；
5. 应秉承“友好协商”的态度，在公平的前提下，力争达成一致进行合同变更；
6. 合同变更应视同新签订合同，相关立项、审查等程序必不可少；
7. 合同变更后，合同主要经办人员应按照变更后的内容协调各部门，按照变更后的合同履行相关义务；
8. 变更后的合同应与原合同一并归档保存。

（三）风险提示

1. 合同变更过程中，在不损害公司重大利益的情况下，应适当做出让步，避免因矛盾激化引发诉讼，最终伤害公司利益；

2. 合同变更的内容、范围应该尽量明确严谨，避免合同变更后履行困难；

3. 合同变更谈判中，应注意尺度把握，不能无原则、无底线地让步，在维护好公司利益的前提下进行协商变更；

4. 重大合同的履行过程中，如涉及变更，应提前安排律师及法务人员提前介入，保证重大合同的履行变更成功进行。

四、履行中的解除及管理

合同履行过程中，有时需要通过解除合同以维护合同当事人的最大利益，对合同解除工作进行管理也是合同履行管理的一部分。

（一）合同解除的原因

引起合同解除的原因主要有两个方面，一是约定解除合同，二是发生了法定事由导致合同解除。约定解除分为双方协商一致解除和合同约定解除条件，条件触发时，由解除权人解除。合同解除后，并不意味着违约责任必然解除，合同各方仍应承担相应的违约责任。根据《民法典》第563条，合同法定解除主要有五种情形。

1. 不可抗力致使合同目的不能实现。

所谓不可抗力，是指合同订立时不能预见、不能避免并不能克服的客观情况。包括自然灾害，如台风、地震、洪水、冰雹；政府行为，如征收、征用；社会异常事件，如罢工、骚乱三方面。发生不可抗力后，应根据不可抗力对合同的影响及合同已经履行的情况进行不同的处理。因不可抗力产生的解除权主要是不可抗力因素导致尚未履行或已部分履行的合同无法实现合同目的，这种情况下，合同解除权由遭受不可抗力的一方享有。

近年来，对于政府政策变化是否属于不可抗力，实践中存在争议。通常认为，政府政策变化不属于不可抗力范畴。考虑到地方政府政策变化的频繁及不可预见性，当事人在合同中应约定对政府政策变化的应对措施，以应对可能发生的变化。

2. 履行期限届满之前，当事人一方明确表示或者以自己的行为表明不履行主要债务的。

因一方当事人预期违约而导致另一方当事人享有合同解除权。在有明确证据证明的情况下，或者违约方明确表示，或者违约方以行为明示，方可行使解除权，否则容易因擅自行使解除权而造成己方违约。

值得注意的是，预期违约中，违约方必须是不履行合同项下的全部义务或主要义务，而不是不履行次要义务。如果违约方仅仅是不履行次要义务或部分不履行次要义务，并不构成对合同目的实现的影响，或通过适当补救可以实现合同目的，守约方则不能直接解除合同，仅能要求对方承担违约责任。

3. 当事人一方迟延履行主要债务，经催告后在合理期限内仍未履行。

根据《民法典》相关规定，一方当事人迟延履行合同义务，另一方当事人因此有权利解除合同。但该合同解除权的前提是经过催告，催告期满后，违约方仍不履行合同义务的，在一个合理期限内守约方应及时行使解除权。

4. 当事人一方因迟延履行相关义务导致合同目的不能实现。

合同的订立即为实现合同目的，如合同迟延履行导致合同目的无法实现，则守约方应当享有解除合同的权利。例如，施工方为施工采购一批设备，如卖方迟延交货影响工程不能完成或工程完成后交货，致使合同目的落空，采购方享有解除合同的权利。

5.《民法典》规定的其他情形。

其中应予以关注的是中止履行的情形。在中止履行的情形消失后，应根据公司利益情况，决定恢复履行，或终止合同。

（二）合同解除的管理

由于合同解除权的行使，将严重影响合同各方的利益，加强合同解除的管理就显得尤为重要。合同的解除是一种主动的行为，也是一种可以选择的行为。解除是对合同关系的消灭，因此，行使解除权既要及时果断，也要慎重。

当公司享有解除权时，合同的业务经办部门应当立即告知法务部门合同解除的相关事由，与法务部门共同分析解除的必要性、后果等，报请公司领导做出决策。当合同相对方向本方行使合同解除权时，合同业务经办部门同样应当及时告知法务部门，如解除权行使有瑕疵的，法务部门应当及时使用司法救济。

解除权的行使极易引发合同纠纷，因此应当慎重处理。公司在行使解除权时应当注意如下几点。

1. 法务部门在处理合同解除的问题时，应当对合同解除的原因、合同解除的条件等问题的真实性进行查验，不可盲目听信合同业务经办部门一面之词。要进行慎重的法律论证，并将论证结果报公司领导。

2. 合同解除权的行使应当以书面解除协议的形式来实现。

3. 合同解除协议签订完成前应当避免单方面终止合同义务的履行，避免被追究违约责任。即在双方协议解除没有达成前，公司仍应履行合同义务。

4. 合同解除协议中应当载明合同解除的缘由及各方达成解除的一致意思表示。

5. 任何情况下，合同业务经办部门行使解除权前都应当告知公司法务部门，必要时请外聘律师参与。

（三）风险提示

1. 合同达到解除条件时，应当及时决策，决定是否行使解除权，避免因迟延行使而导致权利丧失；

2. 对方行使合同解除权时，业务部门应当及时告知公司法务部门，由法务部门研究后报公司领导，决定与对方协商解除或拒绝解除，最大限度地保障公司利益；

3. 合同解除过程中，应当及时根据合同的履行情况进行后续事项的处理，如合同已经部分履行的，应当及时结算，避免引发其他纠纷；

4. 合同达到约定或法定解除条件时，应当先按照原合同追究落实违约责任，避免解除协议签署后，因违约责任追究等条款约定不明而带来的风险。

第三节　合同履行阶段的法律尽职调查

尽职调查应该是持续的，不应只停留在签约阶段。合同进入履行阶段后，也要跟踪关注相对方的经营情况等，有针对性地开展尽职调查，当认为对方可能出现经营异常时，即应立即开展尽职调查。

一、合同履行过程中法律尽职调查的必要性

以广西某镍业有限公司为例：该公司与广西壮族自治区内多家大型国有企业签订了业务合同。该公司自成立至合同签订时，经营情况良好，各家企业也对其资信等各方面能力进行了调查与评估。合同签订后履行过程中，该公司被曝出环境污染问题严重，受到立案调查，可能导致大部分业务合同履行不能，严重影响与其签订合同的企业利益。在这种情况下，就必须对其进行尽职调查，以搞清楚对方的现状，并对后续的经营情况进行评估。后经评估认为，虽然该公司因环境污染受到行政处罚，但该处罚对公司的生产经营没有产生实质性影响，故各家企业仍与该镍业有限公司进行正常业务来往。

合同履行阶段的法律尽职调查与合同签订前的有所不同，合同履行阶段法律尽职调查的目的是防范合同相对方不能按照合同约定履行义务，这个目的就决定了尽职调查的对象、范围、内容和深度。合同履行阶段尽职调查的重点是对履行中可能的风险点进行尽职调查。

1. 合同按约履行的基本保障。

合同在签订后，进入履行阶段，实际的风险才会发生，损失才会最直接地表现出来。因此，履行才是保障合同利益、防止损失的直接手段。而在履行过程中，总会出现各种客观的、主观的风险，影响到合同的履行。当在履行过程中出现风险，可能影响到本方利益时，即应立即止损，选择中止或终止履行合同。这些履行过程中出现的各种没有预料到的风险，只有通过履行过程中的尽职调查才能实现。所以，在合同履行过程中适时开展法律尽职调查，有针对性地对目标企业进行重点、客观、有效的了解，才能够保证在充分掌握信息的基础上决定是否继续履行合同。

2. 防范违约风险的有效手段。

企业间的经营活动靠合同履行连接，作为合同相对方的企业或个人，随着时间、环境等因素的变化，也处于一个不断变化的动态过程。合同签订前，即使经营良好、信誉良好的企业，在合同履行阶段也可能受到政策、市场环境等各种因素变化的影响，从而发生违约，最终影响合同目的的实现。因此，合同履行阶段

对合同相对方进行法律尽职调查是防范合同违约风险的有效手段。

3. 合同抗辩的有力证据。

法律尽职调查的内容通常包括主体合法性存续、企业资质、资产和负债、对外担保，重大诉讼或争端、知识产权等内容。调查过程中通常会采取现场访谈、行政管理部门走访、目标企业资料收集等工作。企业尽调小组或律师在开展法律尽职调查过程中，都会要求相关人员在出具的材料上签字或盖章，或以其他形式固定证据，最终形成的调查结果都有完整的证据材料支撑。因此，此类尽职调查结果可以作为合同变更、合同解除的有效依据，在引发合同诉讼时，也能成为合同抗辩的有力证据。

4. 合同双方的平衡板。

中国传统的“老好人、讲关系、重协调”等文化都与西方的契约精神相悖，即使合同各方都是国有企业，在经营过程中也会面临此类问题。体现在合同履行中，即强势的一方经常会根据自己的需要变更合同履行。如大型钢铁企业，在履行合同过程中，经常会强势地进行单方面变更，弱势方为“息事宁人”，为了继续把生意做下去，往往也会无可奈何地接受。因此，如何在合同履行中取得主动权和制衡力就显得尤为重要。通过尽职调查发现问题，透过尽职调查报告及法律意见书向对方明示客观事实和法律问题，能够实现双方在信息平等的基础上进行沟通，平衡双方在合同履行中的地位，保证合同的正常履行。

二、合同履行过程中法律尽职调查的基本原则

公司在合同履行过程中，无论是自身组建法律尽职调查小组还是委托律师事务所等中介机构开展法律尽职调查，都应该遵循一些基本原则来与合同签订前的法律尽职调查相区别，最终起到保障合同适当履行的作用。

1. 目的导向原则。

通常在合同签订前，企业已对合同相对方开展过调查。因此，在合同履行阶段的法律尽职调查就需要明确调查目的，以目的为导向进行有针对性的资料收集、核实、确认和评估，据此制作目标明确的法律尽职调查报告。

在履行阶段的尽职调查，要直奔主题，针对履行过程中可能出现的风险开展尽职调查。因此，必须把履行过程中各个节点的风险点搞清楚，把关注的重点搞清楚。

2. **全面与重点相结合原则。**

开展尽职调查工作前，无论是公司的具体经办法务人员，还是律师事务所的主办律师，都应该对合同的整体情况，包括签订的背景、签订前对相对方的调查结果、交易条件等内容进行全面的了解。在此基础上再根据合同履行阶段法律尽职调查的目的，将原有信息和新调查结果逐一比对核查，运用比较的方法，最终形成具备合法性、有效性的评估结果，提出合同履行中可能存在的风险及防范措施，开展全面与重点相结合的尽职调查。

3. **关联性原则。**

对企业而言，单纯从法律角度核查问题、风险等信息无疑是片面的、孤立的，不能保证合同的适当履行。尤其是合同履行过程中的法律尽职调查如果只是识别法律问题，就难以帮助合同目的的实现。例如，专项投资合同履行过程中，合同履行至资金投入阶段，如不进一步查询对方财务报表，及时掌握资金入账、资金使用等相关信息，则可能产生资金挪作他用、未能按照会计准则计入资本金等各类不符合合同目的的风险发生。

履行中的尽职调查除关注相对方公司的运营情况这样的微观问题外，还要高度关注国家、地方政府宏观政策的变化。对宏观政策的变化引起相对方公司经营环境的变化情况要时刻高度关注。特别是一些政策敏感行业，更要重点关注。

4. **审慎性原则。**

尽职调查工作的目的在于寻找问题、识别风险、分析风险。所谓尽职，就是在审慎和中立的态度下，穷尽一切手段开展调查工作。作为合同当事人的企业，在组建尽职调查小组的过程中，不能因为对方是已经签订合同的相对方或长久良好的商业合作伙伴等理由而降低调查要求。须知一切都是处于不断的变化之中的，曾经的王牌公司，倒塌也就是一夜之间的事。如聘请律师开展尽职调查，企业法务人员应该主动参与尽职调查工作，对外聘律师的尽职调查工作进行监督，防止律师过度使用已调查的资料而未尽审慎调查的义务。

三、公司各部门开展尽职调查的职责

通常情况下，公司会委托中介机构，如律师事务所、会计师事务所等开展尽职调查。这些中介机构有其专业特长，因此委托中介机构开展尽职调查工作是比较理想的选择。但即便委托中介机构开展尽职调查，也并非完全免除公司中各部门的职责，相反只有明确公司中各个主体的职责，才能形成良好的协调机制，实现合同履行过程中尽职调查的目的。

1. **法律事务机构的职责。**

在我国，法律事务机构通常属于公司中的服务型部门。其主要职能是管理公司的法律事务，具体而言主要包括制定法律事务的管理规则、选聘法律服务中介机构、合同管理、诉讼管理等法律相关专业工作。但也因其服务部门的定位，在实践中存在人员少、事务多等问题，对于尽职调查、出庭应诉等具体事项则难以抽身应对。因此在合同履行阶段的法律尽职调查工作中，法律事务机构的主要职责是明确中介机构的选择条件、判断经办律师的专业水平、协调公司内部合同经办部门，认定法律尽职调查结果等。在法律尽职调查过程中，法律事务机构应该派员参与，监督经办律师的尽职调查工作，并在工作完成后作出评价。

2. **律师事务所的职责。**

律师事务所应该按照公司的要求，选派符合要求、具备专业经验的律师团队开展尽职调查工作。在尽职调查过程中应秉承审慎、中立的态度，积极走访工商、税务、环保等相关部门收集资料，针对委托人提出的调查重点，访谈相关当事人、寻找书面资料，确保尽职调查结果的合法、真实、有效，披露可能发生的一切风险。律师事务所必须站在客观的立场出具尽职调查报告，严禁先入为主，先有倾向性结论，然后才去有针对性地收集资料，佐证自己假设的正确性。

3. **合同经办部门的职责。**

合同经办部门是最为清楚合同信息的部门，也是与合同相对方最熟悉的部门。在合同履行阶段法律尽职调查工作中，应当尽力提供调查所需的一切资料，协调合同相对方配合尽职调查工作，保证法律尽职调查工作能够顺利的开展。

四、履行阶段法律尽职调查的基本流程

公司的法律事务机构虽然不直接做法律尽职调查的具体工作，但要对律师事务所的工作过程进行评价，对其工作结果进行认定，就需要充分了解律师法律尽职调查工作的基本流程和方法，针对各个流程内尽职调查的具体内容进行监督，实现尽职的目的。

1. 确定尽职调查目的、风险点和深度。

为保障合同正常履行，在尽职调查之前，相关人员应当充分了解合同签订的背景、合同目的、合同谈判的过程等内容，根据当前合同履行的进展，明确当前可能出现的风险，确定本次尽职调查的目的、范围及深度。在未来出具的尽职调查报告中，也应当载明上述事宜，明确合同履行阶段尽职调查的工作和职责。

2. 设计、提交尽职调查清单。

第一，尽职调查清单的制作应该与合同目的具有关联性。调查人员应当将所有与合同履行相关的客观事实与法律事实列明，围绕这些事实制作尽职调查清单。

第二，部分合同目的的实现与第三方也存在潜在关系。如钢材买卖合同，买方要求分批供货，原因是其从事的是工程承包，发包方根据工程进度分批付款。在这种情况下，发包方迟延支付就有可能影响买方继续购买，因此尽职调查的对象不能仅限于合同相对方，而必须延伸到发包方。必须调查发包方的实力、背景、工程性质等情况。

第三，使用尽职调查清单模板应当充分理解模板制作的目的和意义，结合本次调查的目的进行调整后灵活使用。

第四，提交相对方的调查清单应当完整、清晰、易于理解。一般情况下，应要求相对方以书面形式回答清单中所列明的问题。如无法回答，需要说明原因。相对方所提交的材料，应当载明名称、时间等详细内容。

第五，尽职调查中所获取的信息应注意时效性。应当区别于合同签订前的尽职调查资料，避免因资料重复而导致尽职调查目的落空。

第六，合同履行阶段的尽职调查过程中，如发现新的问题，应当及时更新尽职调查清单，或向相对方提交补充尽职调查清单。

3. 收集、整理尽职调查资料。

尽职调查资料的收集方法包括审阅文件资料、参考外部信息、相关人员访谈、企业实地调查、计算及复核等，通过综合运用上述方法保证尽职调查资料的真实性、完整性和准确性。

尽职调查资料可以从以下几个方面进行收集：

（1）被调查人提供。公司所进行的尽职调查并不具有强制性，被调查人提供的资料是尽职调查所需信息最主要的来源。提供的信息形式不限于纸质文件、影视音频资料等。对于被调查人提供的信息，应注意区分主体的不同，尽量能够加盖提供者的公章保证真实性、准确性和完整性。

（2）实地调查。实地调查的目的在于核实情况。结合其他调查材料，实地调查能够对其他资料的真实性、完整性、准确性提供佐证。实地调查是必须要完成的工作，严禁尽职调查工作只进行书面调查、网络调查。因为这样得到的二手信息往往就是经过加工的、失真的。

（3）现场访谈。现场访谈的对象可以是被调查企业中的高管、员工或其他第三方。通过现场访谈，有助于进一步核查书面资料的真实性。现场访谈结束后，可以通过签字确认的方式保证访谈结果的权威性，在未来查验过程中如发现虚假信息也能够辨明具体责任主体。当然，如果对方不愿签字，也没有必要再要求，毕竟尽职调查的结果只是本方决策的一个参考，对方并没有义务对本方的调查结果负责。

（4）网络公开查询。随着政府信息公开程度的提升，政府部门的网站查询公开信息将大大提升法律尽职调查的效率。但是，政府部门的网站往往是信息比较陈旧的，要注意其时效性。其他的公共网络，也可以提供大量的信息，但是，其中往往真假掺杂，需要认真鉴别才能得到真实的信息。

4. 审阅尽职调查资料。

审阅尽职调查材料时，应当重点关注资料的数量、有效性、全面性等内容，以保证资料的完整、真实、准确、合法。

（1）关于尽职调查资料“数量”的问题。调查资料数量完整、调整内容数量正确是尽职调查的基本工作。例如，在查阅相对方公司章程中，未发现其章程页数的不连续。对方可以用来担保的房屋有十间，但仅收集了九间房屋的相关资料等。此类问题都属于较为低级的错误，但是影响的结果却很严重。

（2）关于尽职调查资料“有效性”的问题。在审查相对方提供的资料时，如一些合同、订单等，应注意其有效性问题，如合同是否有相对方的公章，或订单是否履行完毕，相关的履行资料是否齐备等，尤其是如董事会决议、股东决议等文件缺少股东的签字可能直接导致决议无效。

（3）关于尽职调查资料“全面性”的问题。尽职调查就是调查人尽最大努力甄别、排除虚假事实，保证调查的情况客观。例如，公司章程中规定，公司对外担保由董事会批准做出，审查双方签署的担保合同履行情况，应一并审查公司董事会相关决议，保证调查资料的全面性。

5. 制作尽职调查工作底稿。

工作底稿是反映尽职调查工作内容、工作质量的重要依据，在制作尽职调查工作底稿过程中应注意：

（1）尽职调查过程中查验的资料原件是无法取回的。工作底稿中收集的调查资料应当是经过核查的，与原件一致的复印件，最好能让复印件的提供方加盖骑缝章或签字确认。如果办不到，就要本方参加尽职调查的人员签字。目的在于有人对资料的来源和真实性负责，避免最后都搞不清楚资料从哪里来的，是否经过核实的。

（2）严格比对工作底稿中文件资料的内容与尽职调查材料清单中的内容是否一致，避免出现部分资料仅是名称一致而内容不一致的问题。

（3）尽职调查底稿应当与尽职调查报告的逻辑、格式相符。

（4）尽职调查底稿应注意做好备份及保密工作。尽职调查报告是本方决策的主要依据，必须做好保密工作。

6. 出具尽职调查报告。

尽职调查报告是尽职调查的结果，调查人出具尽职调查报告应注意如下事项：

（1）尽职调查报告要有比较固定的格式，便于领导审阅。领导都肩负着繁重的工作任务，要把每一份尽职调查报告都详尽地审阅是不可能的。为了提高领导的审阅效率，尽职调查报告应有固定的格式，便于领导快速浏览。此外，还可以在正式报告之外，另外再制作一份简约版的尽职调查报告。报告可以省去背景、过程等内容，直接就依据的主要事实和结论做出书面报告，便于领导浏览。

（2）根据报告中内容的不同，应当做出序言、正文、附件等区分。序言主要是出具报告的目的、报告中的简称和定义、调查的方法和限制、调查截止的时间等。正文包括查阅的信息、适用的法律、可能存在的法律风险、法律风险防范建议、调查的结论等。附件主要是查阅的表格、权证、调查资料清单等。

（3）报告出具前应当由法律顾问等相关人员进行复核及批准，复核包括文字格式、法律问题、前后一致性等内容。

（4）尽职调查报告要言简意赅，结论明确。尽职调查报告是本方内部决策的依据，不是对外发布的文件。因此，文字上需要简洁，直奔主题，不必冗长，让人看了半天还不知道要点是什么。尽职调查报告的结论要明确，不能含含糊糊，似是而非，让决策者难以下决断。

第四节　合同履行管理工作的实现

具体可行的制度规范、明确的职能分工、主要工作人员突出的能力及积极的态度，是合同履行管理工作得以实现的重要保障。

一、用制度保障合同履行管理

制度是管理行为的指导和依据。没有制度规范、指引的管理工作必定是混乱无序的。目前大多数公司都能做到针对合同管理制定一个框架式的制度，但是针对合同各个环节管理的不同内容却缺乏指导性的制度规范文件，因此，要做好合同履行阶段应做到如下几点。

（一）针对合同履行阶段制定管理制度

合同履行阶段的管理与合同其他阶段管理有所不同。第一，在该阶段，各部门职责需要进一步明确。如法律部门的主要职责或管理内容是跟踪和监督，业务部门的主要职责是合同内容的落实。第二，管理内容需要更加细化，如规定检查合同履行中相关文件盖章、签发的方法，加强来往资料的保存等。相较于合同其他阶段管理的相关制度，合同履行阶段的管理制度应该更加具体、细致及具备更强的可操作性。当然，实践中不一定要制定专门的履行阶段管理制度，也可以在合同管理制度中专列一章规范履行阶段的管理。

（二）系统性培训

合同履行阶段管理制度的培训需要系统性。没有合格的培训，就没有办法让制度得到贯彻落实。所谓系统性主要从以下几个方面体现。

1. 制度的系统性。

合同履行阶段管理制度是合同全过程管理制度中履行环节的细化。单一环节的管理需要符合全过程管理的内容才有价值，因此，系统性培训员工理解合同全过程管理的意义、合同履行阶段管理的内容、细节等是做好合同履行管理的前提。

2. 知识和职责的系统性。

合同履行管理是一个综合性的管理工作。合同履行管理制度应涉及业务、法务、财务等不同人员的管理职责及内容。因此，只有让所有涉及人员充分了解如交易、法律、财务等知识，明确各自的管理职能，他们才能做到照章办事，做好本岗位的工作。

3. 培训的系统性。

对合同履行阶段的培训应制度化，应和合同其他方面的培训结合起来进行。合同在履行中，总是会出现各种各样的新情况、新问题，因此，就必须针对这些变化进行及时的总结、培训。这种培训应紧跟形势发展，如果太过滞后，就失去了意义。最好是制度化的，如每半年或一年进行一次培训。

培训也应该和其他相关制度的培训结合起来。因为公司的制度具有系统性，可能很多制度的变化都会影响到合同履行制度的变化。如财务制度发生了变化，就可能引发履行制度也必须发生相应的变化，那么，合同履行制度也就必须立即随之变化。

（三）加强检查

合同履行的检查从时间上划分，应按照定期与不定期相结合的方式进行。定期如每季度、每半年、每年等，不定期如合同约定的阶段发生、合同履行中发生风险事件的及时检查等。从内容上应分为对合同履行情况的检查与对合同履行管理制度执行情况的检查两个方面进行。

合同履行情况的检查由业务人员、法务人员组成专门检查小组进行。针对合同的履行情况进行检查，主要是检查合同的实际履行状况，包括履行率、履行进度、合同约定与实际交付、支付情况相比较等。合同履行管理制度执行情况的检查，主要是针对涉及履行制度的执行情况进行，保障制度的权威性。如是否按照合同履行制度进行履行跟踪检查、出现异常是否及时上报、处理等。

（四）明确处罚规则

制度具备规范行为、明确职责、防范风险等功能，在合同履行阶段，如有利益诱惑，可能就会导致有人违反制度谋取利益。因此，制度中应明确处罚的规则，如警告、降职甚至移送司法机关等。以此来告诫相关人员，并在发生违规事件后予以真实的处理，如果没有执行，这样的制度将毫无意义。

二、法务部门牵头管理

法务部门是公司合同管理的主管部门，对合同全过程都负有主要管理职责。为做好合同履行管理工作，法务部门除履行好一般监督、审查、检查等职责外，还应牵头做好如下工作。

1. 合同履行管理制度的制定。

合同履行过程在公司内部通常会经手多个部门，造成合同履行过程管理难度大的问题。要针对合同履行阶段制定管理制度、办法或细则等，需要公司法务部门牵头，与各部门经过充分协商后，明确分工、责任、权利等内容，才能制定出适用性较强的制度。

2. 召开合同履行管理工作会议。

通常情况下，公司法务部门在签发合同后即和合同分离。业务部门作为合同主办部门，应在合同履行完毕前，时刻跟踪合同的履行情况。法务部门应发挥中后台管理职责，与业务部门共同协作，真正地做好合同履行阶段管理。根据法务部门在合同履行阶段的管理职责，牵头召开合同履行管理工作会议，能够为业务部门和职能部门提供合同信息、履行情况交流的平台，是法务部门加强合同履行阶段管理的有效方法。

会议的主要内容是业务部门汇报合同的履行情况、履行过程中发生的问题，职能部门根据职能发表如法律、财务等方面的意见，各方共同商榷解决方案，形成一致意见后向公司决策层报告。

会议的召开应当在制度等规范性文件中予以明确，保证会议的权威性及有效性。公司合同履行中异常状况并不是时时发生，但不能因此而减弱对会议的重视程度。

3. 加强合同履行管理的检查。

公司加强合同履行管理检查的意义重大。主要体现在：

第一，促使法务部门更加充分地了解合同履行管理工作的开展情况；

第二，通过检查，督促推动管理人员严格执行管理制度；

第三，发现制度及管理工作中的不足。

一般来说，公司的合同履约检查都由法务部门牵头。公司法务部门可以参考如下方法开展合同履行管理检查工作。

第一，牵头组成检查小组，对合同履行情况及合同履行管理工作进行检查。小组成员应包含业务部门人员、财务部门人员，保证检查工作的全面性。

第二，检查工作不限于合同履行阶段，应从合同订立至当前合同履行阶段进行全过程检查。只有把合同各个阶段对照检查，才能全面掌握合同信息发现合同履行中的问题。

第三，把握重点环节。如货物验收、付款等环节，尤其是一些问题比较突出的环节应当重点检查。

第四，及时反馈。检查过程中如发现合同履行过程中存在潜在风险，应当及时向业务部门提供支持，完善合同的履行。检查完成后应及时向业务、法务、财务等相关部门的人员及领导汇报检查情况，提出完善建议。

三、提升合同业务人员的能力

合同履行过程中，合同业务人员承担着与相对方沟通、落实合同义务、行使合同权利、协调职能部门等各项工作。该环节对合同业务人员的依赖程度比合同立项、订立等过程大很多，业务人员的工作量也大了许多。因此，提升业务人员的知识、主观能动性及责任心对提高公司合同履行管理水平意义重大。

（一）提升业务人员的专业知识

对于合同履行管理而言的专业知识，主要涉及的是两种专业知识，即法律知识和技术知识。

1. 法律知识。

合同履行的根本规则来源于《民法典》等相关法律，掌握必要的法律知识才能更好地开展合同履行管理工作。因此，掌握合同法及其相关的司法解释、典型案例自然是必需的事。同时，所谓必要的法律知识，还应是与个人从事的具体业务工作相适应的法律知识。如道路养护工程发包方的业务人员，应当掌握关于道路养护施工公司资质、道路养护标准、工程转包等的有关法律法规。如完全不具备相关法律知识，则很难尽到合同履行管理的职责。

2. 技术知识。

没有与业务相匹配的技术知识，就很难保障合同的充分履行，更谈不上对合同履行进行有效的管理。如产品销售业务人员缺乏关于所销售产品的质量、性能、工艺等技术知识，当相对方就上述内容提出合同履行异议时，则很难通过沟通、解释的方法，在第一时间消除对方的顾虑，继续履行合同。再如，采购道路沥青时，如果不掌握道路沥青的专业知识，甚至连专有名词都听不懂，就会造成鸡同鸭讲的局面。

（二）提升业务人员的主观能动性

对合同业务人员而言，具备胜任工作的专业知识只是做好合同履行管理的一方面，如主观上存在懈怠、谋私等思想，也难以做好合同履行管理工作，提升业务人员主观能动性的方法可以参考以下三个方面。

1. 加强公司领导层的廉洁教育。

所谓上梁不正下梁歪，如一个公司存在上级领导以权谋私、玩忽职守等行为，则很难要求业务人员提高自身品德。因此公司应自上而下地加强队伍建设，杜绝此类事情发生。

2. 明纪严处。

对于在合同履行过程中以权谋私的情形应严肃处理，“以儆效尤”，对其他业务人员起到警示作用。对违法违规行为不进行实际的处罚，就等于是鼓励这种行为，最后造成的结果就必然是所有的人都来比赛谁更胆大妄为。

3. 提升业务人员对公司的忠诚度。

合同履行过程中，业务人员与公司意志不相符，总试图通过各种手段捞取薪金之外的外快，就可能找机会骗走公司的钱或物。因此，应该采取多种方式对业务人员加强教育，提升他们对公司的忠诚度。只有业务人员真正把公司利益和个人利益相统一，才可能真心为公司谋利益。

第九章
CHAPTER

合同履行后管理

履行后管理是合同全过程管理的一个重要阶段。本阶段管理的重点在于评价相对方的履约情况，总结合同全过程的经验教训，提示可能发生的法律风险，并提出解决预案。

第一节 合同履行后管理概述

合同履行后管理是一个不太经常被提及的概念。相对于合同签订前、合同履约等合同管理过程而言，合同履行后管理更易被忽视。大多数的合同，在合同双方当事人的积极努力下，一旦双方能按照约定履行完毕，合同及其背后的管理工作就被评定为优秀。但无论是法律规定还是现实中的风险防控证明，合同履行后管理都是合同全过程管理中不可缺少的一环。

一、合同履行后管理的内涵

（一）合同履行后管理存在的必要性

随着企业规模的不断扩张，对合同管理工作提出了越来越高的要求。合同管理工作是否到位，很大程度上决定了企业在经营过程中是否“走得快”“走得顺畅”。因此，合同管理工作应当做到全面管理，否则任一管理工作的缺失，都会给企业发展带来潜在的风险。而合同管理是法律风险管理中最为主要的内容，企业各式各样的经营活动都离不开各式各样的合同。企业的发展轨迹可以从大量的合同文本中反映出来。而合同从谈判、签约到履行完毕或终结，会涉及许多阶段、许多部门、许多流程，真正意义上的合同法律风险管理，也正是围绕着合同的内容及签订和履行，尽最大努力去协同完成相应工作。

对合同管理的认知形式，根据不同的思维方式会有不同的认识结果。而从管理的时间维度来考量，合同管理可细分为四个阶段，合同签订前—合同签订—合同履行—合同履行后。这四个阶段，不是单链式的递进，而是一种循环往复的动态流程。特别是“合同签订前”与“合同履行后”这两个阶段，是应当相互连接的。也就是说，合同管理或公司的法律风险管理，常常强调事前控制的重要性，但事前控制却往往不能凭空而论。简单地说，所有的事前控制及预防都是从源源不断的事后救济或总结的经验中提炼出来的。

合同履行后这一阶段，是值得被人们所重视的。但在我国多数公司中，仍旧是重视合同的前期管理及履行管理，对合同履行后管理都没有过多的思考，或仅限于档案管理及台账录入等内容。其实，合同履行后是对“合同签订前”“合同签订”“合同履行”这三个环节的一个概括总结，能对已签订合同的全过程管理工作进行完善，对未签订合同的全过程管理工作进行启迪。

（二）合同履行后管理的内容

合同履行后管理的内容与合同履行其他阶段管理有着各自不同的侧重点。

首先，合同履行后管理是对合同管理整个阶段做总结的一个最佳时机。

从合同签订前的调查谈判到合同签订及履行，这整个流程的信息记录及保存，需要一个特定的管理流程来规范，这就为合同全面管理工作是否能形成一个闭环提供了基础保障。

其次，当合同签订前或合同履约中发现问题时，合同履行后管理是一个关键的补遗阶段。

合同签订前或履行本身就是一个法律风险高发的阶段，而合同履行管理只能就履行过程中的法律风险进行识别和归类，但大量不同类型的合同履行管理工作就显得过于零散。这就使得在合同履行过后或问题发生以后，急切地需要从履行后管理阶段来对其进行系统的修订及分析。

最后，合同履行后管理也有着自己独立的管理内容。

例如，后合同义务概念的提出，理论界现普遍都对后合同义务进行了大量的研究，后合同义务的存在使得合同履约后管理有了其独立存在的必要性。

据此，合同履行后管理是有其重要的研究和实际意义的。以下从三个方面，简要地讨论具体的管理内容。

1. **细化合同档案管理工作。**

合同档案管理工作的主要内容，就是将合同签订前、签订时及履行过程中出现的情况用文字资料的方式记录下来并进行分析研究。随着公司自身业务量的不断增长，公司合同档案管理工作的地位日显重要。有效的合同包括当事人信息、标的、数量、质量、价款、履行方式、违约责任、解决争议方法等要素，合同的起草、审核和履行更需要一连串的复杂环节，这些内容，都是通过文档固定下来，作为证明双方权利义务的依据。最后都必须归档管理。

出于不同的考虑，合作各方所拟定的合同都有不同的侧重点，各单位的下属职能部门所拟定和承办的合同内容也都存在差异。而为使合同能正常履行，需要所有责任方达成共识，并在合同上签字，使合同产生法律效益。而履约过程中产生的变更资料、往来函件或履约情况的记录等，使得合同档案资料收集具有周期长、形式或内容复杂等特点。这都无疑增加资料收集的难度。

因此，在合同档案的收集管理工作中，常会产生合同档案收集中断，或是意见不统一又要重复协商的情况，这使得合同档案的完整性、及时性、规范性得不到有效保障。公司经营管理的现实需要要求必须将合同档案管理作为合同履行后管理中一个需要重点关注的环节，专项进行管理。只有将合同档案管理工作提升至一个系统性的管理层面，才有益于助推合同管理工作的全面开展。

2. **完善公司日常经营管理。**

公司对外签订的合同绝大多数是以营利为目的的商业行为。而合同是否能实现经营目的、降低成本、提高利润是最能检验合同质量的。履行中一般存在这样三种情况，一是合同按约履行完毕。而顺利履行完毕的合同不能就说没有缺陷，因为依靠合同当事人的诚实信用以及真实交易的目的，使得合同在不受客观情况阻碍的前提下，依然可以实现合同目的。二是当合同在履行中产生争议，由合同一方或双方共同提交至第三方判定孰是孰非，最终发现一方承担责任的原因与合同的条款约定有关，此时，就认定是合同存在质量缺陷。三是合同在履行中产生争议，提交第三方后确认承担责任的原因是由于业务部门未完全有效地履行合同中的商务条款，从而使得合同条款虚设。

现实中的公司，上述三种情况都时有发生且不可避免。面对不断提升的交易数量、交替变更的交易形式及交易相对方，管理有效的企业都会对此提出归纳总结的要求。但在目前多数的合同管理工作中，这一需求没能形成系统的、持续性的机制。特别是合同的法律风险控制，在现实工作中远远超过了公司法务人员管理的权责范围。如果公司部门间的配合度不够，往往会给合同管理留下巨大的漏洞而不自知。公司常常面临的实际情况是合同纠纷出现后，专业法务工作者在处理纠纷过程中将存在的经营管理问题反馈至业务部门，并督导公司修正经营管理细节，避免再次出现合同纠纷或损失。但业务部门是否按照法务部门的建议进行修订，却不是法务部门所能掌握的。

合同履行后管理对修订公司经营活动中存在的问题，是有着不可小觑的地位。鉴于经验的限制和市场的变化，许多的纠纷或损失，是不能在合同签订的最初就能预判的。因此，必须给予公司这样一个契机，对经营活动不断地进行修正，从而达到追求利益最大化的公司经营目的。这就是合同履行后管理所要完成的工作。

3. 重视对后合同义务的履行。

按照合同法学的一般理论，作为合同制度的中心内容，合同的履行是一个前后相续、辩证统一的完整过程。它应当由三个阶段构成，该过程不仅包括执行合同义务的准备阶段、具体合同义务的执行阶段，同时必须包括义务执行的善后阶段。合同法理论上一般将当事人在执行合同义务的准备阶段和具体合同义务的执行阶段所承担的义务分别称为“先合同义务”和“合同义务”，当事人在义务执行的善后阶段所承担的义务称为“后合同义务”。

在民事合同生效期间，双方当事人是需要按照合同约定的内容履行各自的义务的。当民事合同终止后，双方当事人虽然不再受到合同的约束，但是仍然需要履行后合同义务。

《民法典》第558条规定了后合同义务：合同终止后，当事人应当遵循诚信等原则，根据交易习惯履行通知、协助、保密、旧物回收等义务。从这一法律规定，我们可以明确，合同履行后管理还有着更深的内涵。根据《民法典》的规定，后合同义务的民事责任仍显单薄，但按照学术界通说的观点及司法实践可以看出，违反后合同义务仍然需要承担具体的民事责任。这也就说明了，法律风险管控在合同履约完毕后，并不应当就此告一段落。相反地，合同履约完毕后，新的法律风险仍然对企业的经营发展存在潜在影响。

由后合同义务不适当履行或不履行而引发的后合同责任应该存在于合同权利义务履行完毕之后。不同形式的合同责任有着较为明确的时间分割点，如缔约过失责任一般存在于合同订立的过程中，违约责任则贯彻于合同履行的各个阶段。[①]由此可见，对于后合同义务所产生的责任，对应的就是在合同履行完毕的情况下才会产生。可见，违反特定阶段的特定义务，对后合同义务的管理，不应当与合同签订后履行阶段的内容相提并论，因此需要将其放在合同履行后管理阶段进行管控。

二、合同履行后管理的意义

合同履行后管理是一个长期被忽视的合同管理内容。无论从公司法务、职业律师还是其他法学专业人员，更多的都是关注合同签订前、合同签订及合同履行这三个阶段。合同签订过程中，签约主体之间重点谈论的是法律上的应然状态，合同的目的在签订过程中是最显而易见的。而到了合同履行阶段，合同各方之间就有可能在实践中演化出多种关联，这种关联在很多时候超出了合同各方早期的判断，从而左右合同目的的实现，或者说是共同作用着影响合同目的的实现。当某一种关联与其他关联失去平衡之后，最初设计的合同条款（商业条款）就会相应地产生化学反应，从而产生所谓的合同变更、合同解除或合同违约等问题。

鉴于此，沿着时间顺序来界定上述的合同管理进程，是为“合同目的—合同履约”这一常态下的动态管理，是各公司内及律所常见的思维方式。但反观现实，一个公司内的各项业务，无论再多样化，各类业务项下产生的同类合同，总是反复出现的。由此推及整个合同管理过程，当公司中存在同类业务反复多次出现的时候，合同履行中积累的实践经验就需要“反哺”至合同签订前或合同签订的过程，“反哺”合同初衷。而这个连接“合同履约—合同目的”的过程，我们认为就是“合同履行后管理”这一概念存在的客观基础。

另外，除了“反哺”的作用之外，合同管理之“合同目的—合同履约”，不

① 肖劲：“论后合同责任”，硕士论文，2013 年 11 月 1 日。

能仅限缩在合同履行完毕这一个时间节点。合同目的的实现，不仅需要“履行完毕”这一个客观的静止状态，更多的还需要一个时间段内的状态维持，是有时间维度的。所以，当合同目的得到实现后，公司管理人员不能因此掉以轻心。法定的后合同管理义务仍旧需要我们密切关注。后合同义务的履行问题包括对公司外部主体的及公司自身的管理两方面。预防公司外部主体因不履行后合同义务而导致损失产生或合同目的不能完全实现，而对公司自身的后合同义务的管理，则是可以保证自身不会产生赔偿责任且符合公司诚信经营的基本要求。

第二节　合同履行后管理的具体要求

鉴于合同是经济活动中交易双方为实现合同目的而设立、变更权利义务的载体，那么是否能最大限度地实现合同目的，则每一份合同都是需要接受考核检验并归纳分析的。因为经济业务的多样性，合同势必也会因此拥有不同的内涵。由此可知，对应的合同履行后管理应当有不同的管控侧重点。了解合同履行后管理的具体业务要求，可以更好地理解什么是合同履行后管理。

一、对合同相对方的动态管理，建立合同相对方资信体系

现代市场经济是信用经济。正如我们所了解的西方发达国家那样，成熟的信用社会往往代表着该国的市场经济也是成熟的。市场经济条件下，根据主体的不同，一般分为三大信用体系，即政府信用、公司信用和个人信用。这三者构成了一个相对固定的社会信用体系。一般来说，我们认为政府信用是社会信用的基石，个人信用是社会信用的基础，而在当代社会信用体系中最活跃和最具影响力的要数公司信用。在很多时候，一个企业是否能充分地加入已存在的市场中，很大程度上取决于公司信用是否获得大多数经济主体的认可。特别是在经济契约化高度发展的今天，公司信用已成为合作与交易的先决条件。

需要额外提及的一个概念是，在会计学当中，会计基本假设是公司会计进行确认、计量和报告的前提，是对会计核算所处的时间、空间环境等所做的合理假定。其中，最为重要的一个内容就是持续经营。这一假设确定了会计处理的时间范围，是指在可以预见的将来，公司将会按照当前的规模和状态持续经营下去。也就是说，公司在一定的时间范围内，重复着当前的经营模式而不断地进行经营

活动。同样，对自然人或其他组织的经营持续性要求也是更加毋庸置疑的。只有持续经营的公司才可能有信用，所以，在交易中必须对对方的持续性有要求。一般应要求对方至少正常经营两年以上。

结合上述不同学科之间的思考，可以得出，企业信用对合同风险防控有着重要的影响，而企业信用又是在企业持续的经营过程中不断变化的。那么，一个企业为了集中、统一掌握客户信用信息，需要全面、准确地评估、预测客户的资信能力和信用风险，从而才能最大限度地保证本公司各项交易决策具有客观依据，且交易风险能降至最低。为了满足这一需求，光依靠国家公开的企业信用体系往往是不够的。国家公开的企业信用体系常常受到更新速度的影响，具有相对明显的滞后性。因此，对于企业来说，特别是已经具有一定经营管理规模的公司应当建立自己的信用体系。

对一个合同相对方的信用或是说履约能力的评价，如果只停留在合同签订前的资信调查或尽职调查，是绝对不足以保障履约风险防控工作执行的有效性。而多数公司对外开展尽职调查工作依靠的是外聘中介单位。中介单位出于自我保护意识，有时会有意规避调查风险，对合同相对方的尽职调查仅局限于合同签订前的指定时间节点，由此可知，该尽职调查更多的只能反映该相对方过往的经营能力或履行情况。这样看来，对于指导公司签订合同，特别是针对长期合作项目合同，是有一定的局限性。

因此，一个独立且完善的客户资信管理体系，是公司防范法律风险的一个不可或缺的重要环节。而这一体系的建立，往往需要从历史交易记录中来获得资料。当然，通常的逻辑下，合同签订前就应当进行全面的尽职调查等资信管理工作，但合同相对方的经营情况也是处在不断的变化中的。合同履约完成后，无论是否有违约情况，都应当将合同履约过程中发现的资信变动情况记录在案，将合同相对方的资信管理工作动态化。特别是在现代集团化管理的公司内，存在多家子公司与同一合同相对方进行合作的情况。此时，共享该合同相对方的资信情况，还能起到降本增效的作用，促进经营活动的高效开展。

二、不断完善纠纷处理思路，灵活选择纠纷处理模式

合同履约过程中，因各种纠纷而产生诉讼的情况不在少数。但是，在各大公司的管理中，领导人员常常只重视法务部门对诉讼结果的汇报。也就是说，公司

的领导往往作为非法学专业人员，在看待诉讼纠纷时，对于判决书中诉请、审理查明、法院说理及法院判决四大主要板块内容，仅第四板块“法院判决”最具吸引力。这就导致了法务部门盲目地追求判决结果，而遗漏了诉讼的整体价值。在此，当然无须探讨理论上的诉讼价值，而是将诉讼工作作为一个整体，从各环节反思合同管理全过程。

案例　　房屋租赁纠纷

许多商户为了配合工商登记的需要，往往以自然人先承租经营场地，后转由其开办的公司经营。G公司为方便灵活应对商户的主体调整需要，前期多采用补充协议的形式，三方确认原合同主体的变更。2015年6月A商户承租场地后，于2016年5月更换B公司为主体，同样变更的有物业服务合同。2017年B公司欠租离场，G公司根据当地高级人民法院指定管辖的要求，分别向C、D区人民法院提起民事诉讼。由于法院排期时间区别，C法院在受理案件后成功送达各方当事人，并开庭审理作出一审判决。而D法院由于存在排期时间差异，较C法院诉讼流程而言晚了近三个月。D法院送达案卷材料时（追加第三人）恰逢A商户不在国内且无法联系，由此，D法院不得不要求G公司采用公告送达的方式以完成诉讼流程。鉴于此，D法院的审理从流程上已晚于C法院近半年的时间，严重影响了G公司处理涉案场所的进度。此外，虽说G公司以追诉B公司欠款为主，但D法院需要追加第三人A商户，是为证明原主合同（租赁合同）合法有效，方能推定补充协议有效以认定B公司的违约责任。因此，追加第三人本身就使诉讼存在多一层的不确定性。

若换另一种模式，即A商户换签合同主体时，不采用补充协议的形式，而是直接终止原合同，由G公司与B公司签订新的租赁协议，而A商户对B公司的履约行为仅承担担保责任。那么在诉讼过程中，既能大大降低对自然人无法直接送达法律文书的可能性，更能确保满足A商户对变更主体的市场经营需求。这样看来，既可以适应经营的需求，还能在合同风险的把控上抑或是诉讼效率的提升上，全面有效地推进工作。

由此可以看出，诉讼的结果不能只看到判决书中的“法院判决”一栏，而是要综观整个诉讼进程对纠纷的处理能产生多大的影响。如果将诉讼的判决作为合同履约结束的最终认定，这势必不能达到优化公司经营管理模式的效果。因此，诉讼中的每一个细节，都可以作为合同履行后管理的一个重要内容。从合同签订模式的选择到市场交易规则的变化，都可以对诉讼进程产生至关重要的影响。如果法务部门仅片面地认为诉讼流程完全受制于法律规定和法院的自由裁量权，那是将合同履行后管理与合同管理其他板块割裂来看待的。

此外，仲裁、诉讼结果与合同质量在一定程度上也是相关联的。合同履行过程中是否发生诉讼与合同缺陷没有必然关系。例如，各家银行所采用的标准合同文本已经完善到了无须增减的地步，但这并不能使银行完全避免主动或被动的诉讼。合同纠纷有可能源于合同质量，也有可能源于履行中的管理不善，还有可能源于当事人毫无理由的恶意违约。更有甚者，某些诉讼本身并不是为了追求判决的结果，更多的是为了解决公司所要面对的其他纠纷或社会问题。因此，合同纠纷案例可以作为合同审查、修改、起草工作中的宝贵经验教训来源，但在通过案例分析经验教训时，应该要细化案例中的起因，区分对待不同的情形。①

三、识别合同的潜在风险，梳理并完善合同范本

由于社会经济矛盾的客观现实性，合同纠纷也就在所难免。因此，公司在经营过程中将合同纠纷作为防范法律风险的重要内容是必然的。那么，为规避和降低公司可能发生的潜在经济损失或其他损害风险，最大可能地防范合同纠纷的出现，建立完善的公司法律风险防范机制就是必然的。一个企业需要制定的合同范本其实是可数的，合同范本一般针对的多是经常使用，且对企业发展有关键性影响的业务。而执行规范的合同范本，不仅可以高效地防范重要的经营风险，也可以从另一个侧面加强合同履行的监督管理及执行情况，这也是合同履行中管理的重要环节。

但合同范本不是一经制定就一劳永逸。合同范本的管理需要适时创新，完善范本合同的内容并深化应用。随着实践中不断对合同理论的探索，合同管理作为市场经济中新型的管理学科分支，会有很多需要在实践中不断认识，不断探索的新情况、新问题。这些新情况、新问题也必须要反映在合同范本的颁布和修改上。在实践中，合同范本必须是处于动态的管理过程中的。每一份合同的履行都

① 吴江水：《完美的合同——合同基本原理及审查与修改》，北京大学出版社 2010 年版，第 24 页。

不是一成不变的。不同的合同相对方、不同的履约时限、不同的市场环境，都会导致合同范本的适用存在一定的限制。合同范本一经制定，需要定期或不定期地对其进行修订，方能顺应市场的发展。

在合同范本执行后，公司的法务部门、监管部门和合同管理人员对合同履行状况需进行及时的总结和反馈。一则可以督促按质按量、全面履行合同义务，及时解决履行中遇到的阻力；二则根据国家和行业的法律法规等政策上的调整变化，及时发现合同存在的潜在风险，并按管理需要提请合同管理部门修订完善范本合同，以确保公司效益的最大实现，从而避免潜在的经营风险、避免公司重大损失的发生。

以房屋租赁合同为例，各地的房管局对房屋租赁备案的要求不同，或者不同时期同一地域的合同备案要求，也会不尽相同。如广西南宁市政府2000年发布的《南宁市城市房屋租赁管理办法》，对房屋租赁合同登记备案的要求并未明确是由出租人还是承租人办理。但2015年12月1日后，南宁市政府废止了原《南宁市城市房屋租赁管理办法》，改施行《南宁市房屋租赁管理办法》。该新的管理办法规定，房屋租赁合同的备案工作，明确由出租人负责，即出租人应于租赁合同签订后30日内至当地房产管理部门办理房屋租赁备案工作。这样一来，作为出租方，如果没有按时办理备案，则可能面临不利的结果。

政府出台的行政文件为地方性政府部门规章，属于行政法规管理的范畴。而合同中如若将相关的内容约定在内，按照民法意思自治的原则，将成为民商事法律关系。若不明确区分这两者，而只结合自身的工作经验，则有可能给予新的合同履行不必要的麻烦。如该经营性租赁公司对外出租场地，合同范本中根据承租人的要求约定由出租人负责场地租赁备案一事，则当出租人不履行该合同义务时，有可能面对的是双重的损失，即一方面是行政处罚，另一方面就是民事违约责任。此外，经该公司法务部门与房管部门沟通后得知，租赁备案需提供不动产登记证明，而该公司出租的场地仅为不动产登记证中所载面积的其中一部分。并且房管部门重点提示，一证仅可备案一次。由此可知，该房屋租赁登记备案的履行确实存在各种困难。

虽说房屋租赁是否登记备案不直接影响合同效力或承租人使用租赁场地，因此，也并没有直接导致合同相对方进行索赔。但由于房屋租赁合同中对出租人登记备案做了明确的违约责任约定，根据合同法的意思自治原则，导致该合同一直存在违约的风险。后该公司结合当地的房屋租赁备案管理办法，修订了合同范本，就出租人承担登记备案的责任做了限缩性约定，即双方根据当地租赁备案管理办法进行备案登记，若责任方不进行登记备案而导致了行政处罚的，则由责任方承担。由此，该公司后续的租赁合同有效地免除了违约责任。

因此，合同范本的调整，是对合同履行后管理工作的一个典型示范。合同履约后阶段对范本的调整，能在最贴近经营活动现实的基础上，有效地提高合同的实用性。在修改阶段可以采用“主动预防”的方法，从内容及程序两个方面增加交易内容、交易程序、问题处理等方面的约定，从而提高条款的实用性。①

四、辅助公司日常管理工作，梳理法律风险

公司对外签订的合同是一种经济行为，法律介入合同事务只是为这种经济行为控制法律风险。合同管理过程中的法律风险存在于两个方面，其一是在合同之中，也就是因为合同文本中存在的包括合同重大条款的缺失、合同条款上的瑕疵及合同内容不合法等原因；其二是在合同之外，也就是对合同缔约前后各种情况的不同应对。根据实践分析，大部分公司产生的合同纠纷并受到损失的原因也来自这两个方面。既没有在合同文本上充分地把关，又无法在合同以外采取足够专业的应对措施，许多低级的错误都给公司带来了严重的经济损失。

公司日常经营管理水平对公司的交易安全有着重大影响。一些小型公司缺乏基本的管理制度，更谈不上合同管理，决策全凭管理人员个人意志。而一些大中型公司几乎每天都要进行合同的起草、修改、审查，甚至监控合同的签订及履行，合同管理人员大部分时间从事的是简单、重复的日常工作，久而久之，容易产生职业倦怠。不管公司规模如何，在管理合同的过程中，有了相对完善的合同范本，还要有完善的履约管理措施加以配合，才能使两者的作用都充分发挥出来。但由于管理者素质、员工素质、管理水平的制约，公司在合同管理方面普遍存在许多缺陷。

目前，绝大多数公司缺少协同联动的合同管理机制，其管理充其量是由法律部门负责合同审查、审批和盖章、归档管理，其他部门游离于合同管理全过程之外。许多业务部门轻视合同管理工作，而导致合同签订等一系列环节形同虚设。

---

① 吴江水：《完美的合同——合同基本原理及审查与修改》，北京大学出版社2010年版，第392页。

即使是银行的法律风险控制部门，往往最具存在感的时刻也仅是处理诉讼事务的时候而非进行前期预防的时候。真正意义上的合同管理，是联合各部门从谈判阶段开始，到履行完毕或争议处理终结时止，自始至终地关注并及时处理所有的相关法律问题，最大化利用资源和法律及合同所赋予的权利，实现公司利益的最大化和法律风险损失的最小化。法务工作人员因为权责和分工的关系，一般无法接触到经营业务的所有细节，必须从业务部门处得到反馈信息才能很好地工作。业务部门将交易目的、具体的交易内容及交易方式对法务人员进行详细的解说，是十分重要的，也是必需的。

如房屋租赁一般都配套着物业服务合同，在商业地产经营过程中，物业服务合同纠纷就往往是一个不可忽视的问题。物业服务合同一般包括物业服务管理费及水电费。在商业地产模式下，如购物中心、商业街等运营模式中，水电费一般由出租方收取，而非供水供电公司。那么在这样的情况下，水电抄表及费用确认的环节极为重要。而水电抄表是一个流动的过程，必须由业务人员按期进行，一旦某一环节的衔接出现问题，将会对数据的读取产生很大的影响，也容易导致纠纷。在一些新运营的商业地产项目中，由于公司管理团队的管理精细化程度达不到的缘故，使得在处理物业服务合同纠纷时，就因为水电费计算依据的举证不能，而导致无法追索欠款，实为巧妇难为无米之炊。

此外，授权委托事项的管控，也是十分值得关注的重点。在合同履约过程中，由于业务部门关注重点多在具体业务内容上，而忽视了核对对接人员的身份信息或过于自信而忽略了风险防控的要点。如某公司与商户 A 签订了商业场地租赁合同，签约过程中一直由其工作人员 B 与该公司对接，后商户 A 经营不善欲撤出场地。在场地遗留问题处理过程中，由于前期对接工作人员 B 所留下的痕迹，不被商户 A 所认可，而该公司又无法提供有效的授权委托证明，导致纠纷处理相当被动。

鉴于上述两个事例可知，如若没有发生纠纷，日常管理工作中存在的风险事项往往难以引起重视。这些潜在的风险事项，往往是因为业务部门工作人员，为方便具体工作的开展或是避免责任追究而隐藏起来的。所以，纠纷的产生除了需要法务人员去解决之外，还需要对纠纷产生的根源进行分析与归纳。而合同履行后管理的工作，正是对从合同签订至合同履行过程中发现的问题，进行系统有效的归集及整改。目前大多数的公司管理现状是，问题发生后不能系统地进行整改，而仅能由法务部门简要地通知或提出建议。如若不能将合同履行后管理纳入合同管理的机制内，是很难得到业务部门足够的重视，存在的问题也就不能有效解决。

第三节 合同履行后管理工作存在的问题及建议

多数企业至今还未能清晰地认识到合同履行后管理的必要性或存在的形式。为了更好地提升合同质量、全面防范法律风险并提升企业管理水平，必须认清合同履行后管理工作的重要性。以既有问题为导向，提炼总结合同履行后管理工作的方法，开阔规范化建立管理机制的思维。

一、合同履行后管理工作存在的问题及危害

合同履行后管理在目前多数公司中，往往还处于一种含混不清的状态，因此并没有引起太多的关注。即便重视履行后对合同管理工作的“反哺”，也仅就单一的合同或事项进行具体的要求，由此导致合同履行后管理工作只能“点到为止”，无法形成系统化的管理。而更普遍的状态是，大多数公司领导认为，只要把合同文件归集有序、完善合同台账的内容，即可视为完成了合同履行后管理的工作。例如，合同档案管理，公司内普遍的做法多是建立档案资料室，给予各合同明确编号，归档有序，便于查询，即为合同档案管理目的。又如，各公司近年来争相采购合同管理系统，多数仅要求系统设置从合同签订至合同履约至合同归档的管控流程。这种仅从流程上进行的合同管理，忽视了大量有益于合同签订及履约管理的经验，比较简单粗暴，并非是对合同的全过程管理。

1. 忽视合同档案管理的危害。

合同档案管理应当包括两个方面：一方面是要求能全面归档合同全过程资料，另一方面则是对档案资料的分类整理及再利用。当大量的合同档案经过归档整理后，形成一个巨大的风险防范数据库，在这样一个大型的数据库面前，应当要对数据进行研判分析，并从中提炼整合出一套对公司管理有用的数据分析资料。例如，对合同相对方的动态管理、汇总问题并更新合同范本等。

但是多数公司对合同档案管理的工作，仍仅局限在第一方面。公司内部对合同档案的管理要求，现阶段还仅局限在合同文本原件是否能按时归集至合同管理

部门。更不用说合同全过程管理中形成的其他档案资料，如谈判记录、往来函件、招投标前询价资料、定期调查相对方资信资料等。

由此，没有完善档案资料整理及分析这一管理工作，已经使合同管理出现了一个短板。正如我们之前所说的，没有在合同履行后对合同进行系统的分析，许多尚未发生但是具有潜在风险的要点，会因为部门之间的推诿、责任心的缺失或是合同评审人员的水平参差不齐而进一步放大风险发生的可能。

案例　**补充协议丢失**

2005年6月10日，某建筑公司A与某贸易公司B签订了一份购销合同，A向B购买100吨×型号的钢材并约定了质量标准，但未约定检验期。6月20日，双方签订补充协议，约定了检验期间为交付货物之日起一个月内。7月20日，B按约交付了货物，A随后付了全款。直到2005年年底，B未就货物的数量或质量问题提出任何问题。A公司经办人员认为该份合同已顺利履行，遂将合同和补充协议随意搁置。2006年1月，B突然通知A，声称钢材的质量不符合约定，要求赔偿损失。A称根据《合同法》第158条，B未在检验期内通知的，视为标的物数量或质量符合约定。B认为双方在合同中并未约定检验期。A称合同虽未约定，但双方存在补充协议。但A最终只找到合同，补充协议已经遗失。B随后向法院起诉，由于A未能提供补充协议，法院最终支持了B的诉讼请求，判决A赔偿钢材质量不合格给B造成的损失。

2. 未能衔接公司日常管理的危害。

合同履行后管理需要关注的方面是多维度的，不能将内外层面孤立看待，必须相辅相成。如果我们忽视了内在的制度及梳理工作，那势必会让对外的管理工作失去必要的信息支撑，变得苍白无力。若认为合同履约后对外不再有相关的责任或义务，由此忽视外在的法律行为实施，那么公司的法律风险防控总会存在短板。也就是说，合同履行后管理的“反哺”作用，应当得到重视并付诸实践。否则，业务部门在开展日常管理工作的过程中，会过度放大业务效益或是管控责任，而顾此失彼。所有的经营业务都应当在内外平衡的交界点上开展，通过合同履行后管理，如同工程项目的项目后评价一般，通过系统的“纠错”机制使得企业能更安全地进行各项交易。

2013 年香港某公司在国内某一线城市投资新建商业地产项目。该香港公司为顺应我国关于外商投资的法律规定，在内地新设了一个子公司并授权该子公司全权处理商业地产的建设事宜。为保证公司业务的快速开展，在该子公司设立初期，主要业务经办人员均为香港公司派驻员工，仅法务人员为在本地聘请上岗的。主要团队由于不熟悉国内法律，仅凭一些常识性认知便开展工程建设事宜。后于 2016 年总包工程出现纠纷。该港资子公司委托的律师根据工程合同及施工过程中的清单资料，撰写了完善且逻辑周全的仲裁资料并提交仲裁机构。但出人意料的是，施工方却只简单地提交了一纸材料证明双方在招投标过程中存在导致施工合同无效的情形。

自此，该纠纷案件以此港资子公司采取庭后协商和解的方式对该纠纷进行了处理。而导致合同无效的情况，经律师查实，仅因为香港公司的内部流程而促使子公司内的香港工作人员忽视了内地法务人员的风险管控意见，在工程项目招投标前为确定工程项目上控价，而与施工方进行了询价咨询。但由于香港工作人员未能有效把控询价内容的详略程度，导致施工方成功举证双方之间就合同实质性条款已存在详细沟通。后该公司经内部审计梳理问题后，惊讶地发现，在该商业地产工程类项目中，多份合同存在上述情况，且未能得到有效整改。尽管该公司的外聘法律顾问及内部法务人员均就香港公司该内部制度提出过相应的风险提示，均因业务部门忽视法律意见而导致工程竣工结算时，仍不时发生施工方主张合同无效的情形。

3. 对后合同义务疏于管理的危害。

在合同解除后，依据诚实信用原则及交易习惯，合同双方均有相应的善后义务。1999 年 12 月，某银行支行与某电信局签订了“代收邮电费协议书”。协议约定，电信局委托该银行代收邮电费，由银行向邮电用户发放项目卡。每月 30 日前，电信局向该银行提供委托代扣邮电费的收据及数据，每月 10 日前，银行先垫资将上月发生的邮电费划到电信局账户。2000 年 8 月，电信局与该银行支行协议终止代收协议。截至 2000 年 8 月 21 日，银行方面共垫资 99 万元。同年 8 月 25 日、9 月 8 日，银行书面通知电信局对欠费用户停机，电信局在通知书上签字同意，但未予以实际履行。后经银行要求，电信局委托银行为代理人向当地法院起诉部分欠费用户，并收回部分话费。但仍有 66 万元欠费垫资款未收回。后法院根据后合同义务，判定电信局有善后义务，停机催收是电信局与银行之间的代收协议所产生的后合同义务，电信局应当承担归还垫资的责任。

综上可知，随着市场经济及社会法治建设愈加完善，对公司精细化管理的要求已经提升到了一个新的高度。一个公司如若不注重合同履行后的管理工作，则该公司的法律风险管理工作肯定存在明显的短板。无论合同是否全面履行完毕，都应当审慎地对待合同管理的每一个环节，不再引致新的问题发生或确保收尾工作无错漏。任何一个环节的错漏，都极有可能给公司带来不必要的经济损失。在瞬息万变的市场环境下，对合同履行后阶段的管理工作，确实值得企业更多的关注。

二、对合同履行后管理工作的建议

合同履行后管理的内容也是十分多的，从大的方面来讲，主要包括档案管理、公司内部各个单位责任的衔接，以及后合同义务的适当履行等。

（一）合同档案管理工作的细化

公司合同档案管理是公司生产、经营和管理等各项活动正常运转的重要保障，也是当事人重要的法律凭证。公司应根据档案管理相关规定，制定一套与本公司需求相符合的合同档案管理办法和实施细则，构建和完善公司档案管理体系，提高合同档案管理的科学性与规范性。

合同档案管理属于公司内部管理的范畴。现国家层面对于企业的管理，并没有出台统一的合同档案的管理要求，也就是说，对公司的合同档案的管理缺乏相应官方的依据文件和具有指导性的工作指南，而应由公司根据自己的需求进行管理。

目前，大部分公司对合同档案的管理范围、内容、要求及开发利用工作等都仅就归档这一层面进行了规定，对于合同档案的分析归纳仍旧是空白的。而且归档的合同文本也是各式各样，无非区分合同正本、副本，附有法定代表人或授权代表的签字等，至于应该归档哪个文本，没有明确的说法。与之相关的合同前期谈判文件、合同审批文件、要约书、意向书、承诺书、担保书、抵押（质押）书、资质证明书、法人授权委托书、合同书、鉴证书、公证书、合同变更、转让、终止文件材料及合同的调解书、判决书、执行书、会议纪要、信函、备忘录等这类文件，在实践过程中也发现，业务部门对材料收集的重视程度也远远不够，更不用说对合同履行情况、相对方资信变化或有关政策法规进行系统的分析了。

1. **重视合同档案管理的意义。**

（1）合同档案不仅是合同管理活动的原始记录和凭证，更是公司的宝贵财富，是体现公司管理水平、经济实力的有力证明和充分反映。通过建章立制，使合同档案管理有章可循，有据可依，明确合同档案收集范围、归档要求、分析深度、意见反馈渠道等要求，使之成为公司文档管理体系中独立且重要的组成部分，不断完善规范。

（2）如若提高合同档案管理的地位，形成科学规范的管理机制，对已要求归档的合同文本要加强质量把控，明确文本格式和归档符合规范要求。加强管控合同前期谈判文件、审批文件等一系列与合同有关的附属内容，确保合同档案的成套性、内容完整性和准确性。档案部门也要因地制宜采取有效措施，确保合同档案的齐全完整规范，并能有效利用，使管理层认识到公司合同档案的重要性。

（3）在实际工作中，若发生事务纠纷或问题时，通过利用合同档案，使合同档案的特性能充分发挥出来，能为公司在维护自身权益时起到关键性的重要作用，也就能让为合同履行后管理“反哺”的作用有迹可循。例如，合同范本的修订、业务部门经营管控模式的调整等，这些都需要依靠完善的合同档案资料来辅助实现。合同档案归档及管理越精细，就越能为合同管理工作的整体提升带来重要的影响。为此，需要公司档案管理部门对合同档案的整理、保管和利用等规范化，有明确的管理要求和保障措施，以便需要时，能准确、快速查找和安全利用。

2. **合同档案管理的内容。**

（1）统一公司合同档案的归档范围和分类方法

合同档案的分类整理从内容上看实质上就是合同的分类整理。以项目建设公司为例，合同可以分为勘察、设计、设备采购、建安施工和监理等，在合同档案的归档管理工作中，可以根据不同的合同种类，将合同归档分为勘察、设计、采购、建安工程、监理、技术服务和其他等。再将合同文件按合同前期准备文件、合同签订文件、合同执行文件分成三个类型，尽可能地细化文件分类，将每一个管理阶段都留下对应的痕迹。

另外，在细化档案管理工作的同时，可以借助信息化技术提高工作效率。在信息化快速发展的今天，档案整理工作需要提高信息化水平，利用现代化的数据库及信息索引技术可以使工作效率得到明显提升。而信息化的前提就是统一合同文本格式、合同编码原则和附件清单内容等信息。

（2）明确公司合同档案的责任人和责任部门

对于合同档案管理的人选，不应过于随意。合同档案管理常被认为是一项无须专业支撑的重复性工作。恰恰相反的是，同样的合同档案在法学专业的人员与非法学专业的人员面前是会有不同的意义的。因此，除了保证合同归档文件的完整性之外，能否系统性地整理及识别合同档案中反映的各项问题，也应当受到重视。

合同归档管理工作的好坏直接影响公司未来的发展，公司应重视合同档案管理工作，制定切实可行的追责制度，将合同档案管理职责明确到部门及岗位职责中，明确管理部门及人员的专业要求，强调合同档案管理的重要性，并将该项管理工作提上更高的专业层面，以此来调动员工的主观积极性。

（3）加强合同档案管理的检查指导

除此之外，光是强调合同档案管理部门及专职人员的作用是不够的。因为合同档案的形成，绝大多数都要依靠企业各业务部门的工作开展。也就是说，合同档案质量的好坏，根本取决于各业务部门是否对其进行了有效的监控。因此，企业合同档案管理部门或人员，应当从合同档案产生的源头抓起，对合同档案的草拟、制作、归整及移交都应当进行专门的指导及监督。从根本上提高合同档案管理的水平，强化合同档案所反映数据的真实性及其实用价值，方能更好地为公司经营发展提供服务。

（二）有效衔接公司内部经营管理活动

1. 在公司各部门之间贯彻合同管理的理念。

在一种应然状态下，一个合同管理体制完善的公司，所有相关部门都应当对合同的履行情况了如指掌，形成一个职责分明、架构完整的管理体系。可是在现实社会中，即便合同管理水平较高的公司，往往各个部门之间仍旧会存在缺乏沟通，合同签订及履行缺乏监管的问题。这不仅增加了法务部门的工作压力，也容易导致公司经济利益的大量流失。许多公司简单地将合同签订及履行当成纯粹的法律事务工作，最多由公司的法务人员跟进。正如前面所强调的，合同确实是一种经济行为，但在目前的环境下，合同的法律风险控制远远超过了公司法务人员管理的权责范围。如果公司部门间相互的信息沟通不够或是对法律风险意识的缺乏，往往会给合同管理留下巨大的漏洞而不自知，这都让法务部门对各类大小风险防不胜防。

因此，一份合同应由业务部门首先按交易目的草拟出带有具体交易条件的合同，再由法务人员或律师完成合同法律风险控制方面的调整。公司中的法律事务部门及专职法律人员，就应当积极强化业务部门的合同管控意识。在出现业务问题时，应当积极对接法律部门，或根据法律部门的指导意见开展业务工作。特别是对于重复发生的业务类型，更不能掉以轻心，无论是面对是否已生效的合同，都应当明确“先问法、不违法”的态度。当然，这需要在公司内部形成系统有效的信息交换流程，明确“问题—意见”的沟通途径，强化“问题提出—问题解答—效果反馈”的流程。

2. 合同履行后管理对经营业务的具体指导。

（1）从风险防范角度提示日常管理的证据留存

当公司因为合同履行而产生争议，且必须由法院或仲裁庭决定最终结果时，除了法律依据，双方履行权利义务的证据就成了决定双方胜负的关键。而这些证据不是一蹴而就的，证据的积累需要业务部门在合同管理的整个过程中，循序渐进地依照法律规定和合同约定保留下来。按照《民法典》第 469 条第 2 款规定：“书面形式是指合同书、信件、电报、电传、传真等可以有形地表现所载内容的形式。”因而无论是能够证明双方权利义务关系的合同及其附属的补充协议等内容，还是能够证明双方履行权利义务情况的交货凭证、验收结果、往来信函等原件，都必须加以保留，以备不时之需。

而业务部门往往对合同履约过程中形成的证据不能加以重视。除保留往来中形成的原始书证等依据外，有时还要对履行通知义务、协助义务等行为以及电脑或网络上的电子文档等保留证据。许多决定合同纠纷案件处理结果的证据根本无法通过事后搜索得到，但却可以通过完善的资料管理得以保存。例如，某出口产品生产公司由于货运代理公司结算不及时，计划提起民事诉讼追收欠款。但由于合同管理混乱，未能保留货运代理公司延迟寄送付款凭证的特快专递信封，反而被货运代理公司以逾期支付代理费为由告上法庭。由于没有充分的证据能够证明对方违约，该出口代理公司不仅未能索赔反而被判赔偿损失。

（2）与经营部门共同关注“老”的人和事

除了关注法律文书和法务程序，为实现最大限度的风险防控与警示风险。一方面，应当关注“老”合同相对人的动态信息。如果合同的相对人为常年合作的固定交易方，对其资质、信用与权限的审核，业务部门往往会有懈怠心理。因此，在合同履行后的管理过程中，法务部门应当关注合同要素是否与过往有重大变化，同时还要留意“老”合同相对人是否在履约能力上出现变化，即便顺利履约完毕，也可能因履约方式、履约时间或履约主体的变化而暗藏着风险事项。因此，这些实时动态信息的汇总需要及时传递给业务部门以尽到风险提示的作用。

另一方面，则是当合作事宜为老业务时，应关注相关条款的变化。当合同要素发生重大变化时，业务部门经常能提前预警，但细微变化带来的法律意义上的重大变化往往是业务部门容易忽略的。例如，某公司将其所有的停车场外包给某自然人进行合作经营管理，双方约定经营管理的具体事宜由该自然人负责，而停车收费的发票均以该公司名义开具。后该自然人调整了停车场收费标准并以该自然人名义对外发布公告。但在经营管理过程中，停车的消费者均不认可调整收费标准的行为，认为该自然人发布的公告不能代表该公司，导致该公司当月与消费者出现多次争执。

所以，在合同履行后管理过程中，要不断强化业务部门对变化的敏感性，即便这时业务部门只知其然，不知其所以然。就事论事，也能起到防微杜渐的作用。

3. 通过定期的审计或监督检查保障与各部门的联动。

那么，针对合同前期调查、签订乃至履约过程中存在的由业务部门引发的风险隐患，就需要在合同履约后管理过程中进行定期的反馈。如定期召开合同管理问题的整改会议，或通过内部审计等检查方式对业务部门提出整改要求并限期整改。这不但要对业务部门进行考核，还应当将反馈的职责固定在指定的部门。如法务管理部门应定期汇总各业务口出现的问题，召开会议提出整改要求，督促整改，并连同各业务部门的整改情况一同作为年度工作的考核内容之一。基于此，方可有效地提起对问题解决态度的重视程度，且促进风险管控工作的有效推进。

（三）强化对后合同义务的认知

1. **后合同义务概述。**

借鉴各国的法学理论，合同的义务根据义务存在的不同阶段，可以分为成立前、成立后、履行完毕后的三个阶段的先合同义务、合同义务和后合同义务。由此，形成了一个以合同给付为核心的合同“义务群”。而后合同义务正是合同双方当事人在合同履行完毕后所形成的一个新的债的关系。

后合同义务是指合同权利义务关系终止后，当事人依照法律的规定，根据诚实信用与交易习惯，应当履行以维护给付效果及协助相对人处理善后事务为目的的通知、协助、保密、照顾、竞业禁止、保护、处理善后事务等义务。后合同义务作为一种法定义务是对当事人合同自由的限制，不同于当事人之间约定的合同义务，是当事人不能通过约定的方式加以排除的。

“依据诚实信用原则、交易习惯”是后合同义务的一个关键特征。合同当事人在合同终止后应负有某种义务，即使当事人在合同中未加以约定，也不能以未约定为由拒绝履行。可以理解为，无论当事人是否在合同中就相关义务内容进行约定，只要该义务存在的前提是双方当事人的诚实信用原则和交易习惯，则这种义务就应当归类为后合同义务，而不是合同义务。

2. **后合同义务的法律规定。**

我国《民法典》对后合同义务的一般性规定出现在第 558 条：“债权债务终止后，当事人应当遵循诚信等原则，根据交易习惯履行通知、协助、保密、旧物回收等义务。”除此之外，在其他部门法中诸如《海商法》第 252 条、《保险法》第 47 条也包含有与其他部门法特点相适应的后合同义务的规定。例如，《保险法》第 47 条规定，投保人解除合同的，保险人应当自收到解除合同通知起三十日内，按照合同约定退还保险单的现金价值。

3. **后合同义务的内容。**

在国内，各公司管理过程中鲜少有人关注后合同义务管理这一实务领域，大多是在出现了纠纷或损失之后，被动地引用上述法律条款规定。后合同义务是基于诚实信用原则，依据每个具体合同的性质、目的、履行情况、交易习惯来确定的。但因为企业内合同履行后管理对后合同义务的管控一直处于空白状态，加重了公司风险管控的被动性。而也是因为立法中并没有详尽明确地规定具体合同下要承担的后合同义务，因此，根据一般交易规则，公司管理者需要根据诚实信用原则、合同目的、性质、交易习惯等，明确大致的管理方向，也就是需要关注当事人应当负有通知、协助、保密、照顾、保护、竞业禁止等方面的义务。以下就选取几个常见的后合同义务具体内容进行讨论。

（1）通知义务

通知义务是指合同权利义务关系终止后，一方当事人应当及时适当地将合同终止后的相关事宜通知对方当事人及相关人等的义务。例如，根据购销合同，即便是因为债权人的责任使得债务人将标的物提存的，债务人仍应当通知债权人标的物的提存地点和领取方式；因不可抗力或者意外事件导致不能履行合同的一方当事人，无论是否需要解除合同，都应当及时通知对方当事人，以便于合同相对方及时采取措施防止损失发生或扩大等。

（2）协助义务

协助或协作义务是指合同关系终止后，当事人一方基于诚实信用原则的要求，根据合同的性质、目的、交易习惯等，为维护合同给付效果或者处理善后事务尚存的某种协助义务。例如，房屋租赁合同解除后，根据约定要给予房屋恢复原状的，那么权利人应当对义务人恢复原状提供必要的帮助。此外，协助义务的具体法律条款可以参见《劳动合同法》第50条规定，“用人单位应当在解除或者终止劳动合同时出具解除或者终止劳动合同的证明，并在十五日内为劳动者办理档案和社会保险关系转移手续。劳动者应当按照双方约定，办理工作交接。用人单位依照本法有关规定应当向劳动者支付经济补偿的，在办结工作交接时支付”。

（3）保密义务

保密义务是指合同终止后，一方当事人对于了解到的对方当事人的秘密，不准向外泄露或者擅自使用。例如，商业秘密是指不为公众所知悉，能为权利人带来利益，具有实用性并经权利人采取保密措施的技术信息和经营信息。如雇用的电脑软件设计者不得向他人泄露该软件开发中的机件秘密；律师在执业中所知悉的当事人的秘密或者关键证据须尽保密义务等。

（4）竞业禁止义务

竞业禁止是指当事人在合同终止后，不得自营或者为他人经营与原合同相同的营业或者与原任职公司同类的营业或者从事损害原任职公司利益的活动。例如，我国《劳动合同法》第 24 条就规定了："竞业限制的人员限于用人单位的高级管理人员、高级技术人员和其他负有保密义务的人员。竞业限制的范围、地域、期限由用人单位与劳动者约定，竞业限制的约定不得违反法律、法规的规定。在解除或者终止劳动合同后，前款规定的人员到与本单位生产或者经营同类产品、从事同类业务的有竞争关系的其他用人单位，或者自己开业生产或者经营同类产品、从事同类业务的竞业限制期限，不得超过二年。"

第十章

CHAPTER

合同全过程管理中信息化的全面支撑

合同全过程管理的信息化指运用信息管理系统开展合同管理，是相对于传统纸质化合同管理而言，通过合同信息管理系统实现相对方管理、合同立项审批、合同评审、合同签订及变更解除、合同履约检查及合同归档统计等功能，体现了合同管理方式的优化和管理技术的进步。同时，信息化也是合同大数据应用的基础，从发展趋势来看，人工智能进入合同管理是必然的。

第一节　信息化是合同全过程管理的时代要求

公司信息化管理系统兴起于国外20世纪80年代，为国外大型公司加强经营管理、提高经济效益和公司竞争力助力很大，成为跨国公司开展地域、项目和板块管控的必备工具。随着国际交往的频繁和国内信息技术的发展，国内大型公司也逐步引入信息化管理，包括办公软件、OA公文处理系统、财务管理系统、人力资源管理系统、合同管理系统等信息管理工具。信息化管理从最初简单的文字录入、数据统计等应用发展为较综合的数据共享系统，国内公司信息化管理水平的不断提高，为公司的规范经营和扩大发展做出了重要的贡献。

进入21世纪以来，我国逐步迈进了全面信息化的时代。尤其是“互联网+”“大数据”等理念的提出和技术的发展，加快了互联网技术与传统行业和产品服务的结合，也加快了利用互联网技术不断优化传统公司管理模式、创新消费和盈利模式。传统行业和公共事业领域也在不断引入“互联网+”、人工智能的理念，加快公司信息化建设，优化公司管理，强化大量数据的整合分析，为公司管理层的生产经营决策提供信息支撑。信息时代的基本要求是一切都必须信息化。公司管理信息化、移动化、智能化成为现阶段公司管理的时代要求。作为公司信息化管理的一个子系统，公司信息化建设也为合同信息化建设提供了技术基础，信息化处理合同已经是公司雇员必备的基本技能。

一、传统合同管理方式的不足

相对于合同管理信息化，传统的合同管理是指采用工作人员亲手进行流转，合同载体为纸质等非信息化的管理方式。由于合同全过程管理涵括合同立项、评审、签订、执行、归档、统计及监督检查等环节，具有经手人员多、审批流程长、合同材料多、持续时间久等特点。尤其是大型集团公司的合同类型众多、业务量庞大、管理层级多、集团成员公司所处地域分散等，容易造成审批效率低下、管理成本高、信息不集中且时效性不强等问题，难免发生误差、影响决策。这些缺陷主要体现在以下三个方面。

1. 合同审批效率低，耗时耗财耗力。

目前，各大型集团公司普遍建立了合同管理制度、分级授权管理制度、印章管理制度等内控制度。根据各项规章制度的管理要求，为了防范合同风险，合同需要经过相关部门评审，并根据合同金额大小、是否重大合同等分级审批权限报相关领导审核批准。一般来说评审部门包括承办部门、财务部门和法务部门，相关领导包括总法律顾问、分管领导、总经理和董事长，评审链条长。大型集团公司根据成员单位经营业务、风险管控能力、合同类型授予了不同的自主审批权限，未授权的合同需要上报集团公司相应主管部门、财务部门和法务部门评审及相关领导审核批准，流程更多。

由于所有审查审批人员都需要在同一份评审表上签署意见，只能采取单向串联递进式合同评审，虽然合同管理制度规定了各环节的评审时限，但各环节流转累计耗时较多。如果审查审批人员提出修改意见，合同多次退回修改，或者某一审查审批人员出差或者休假，将会造成评审中断，评审时间则难以估计，这严重影响了合同审批的效率，不利于公司经营业务的开展。另外，合同承办人员需要送交纸质合同及评审表给各审查审批人员，需要耗费较多的时间和精力去了解审查审批人员的行程和时间安排，无形中增加了无效工作。对于经营住所地与集团公司处于不同地域的集团成员公司而言，未授权合同的上报审批更是增加了大量的时间成本、人力成本和差旅成本，是一种不经济的管理行为。

2. 合同档案管理、统计分析及信息查询不便。

不同公司对纸质合同的档案管理有不同的规定。有些公司规定由法务部门统一保管，有些公司规定由承办部门分别保管，有些公司规定由档案室统一保管。不管哪种方式，均存在合同档案信息无法共享、查询不方便的问题，增加了合同档案查询、借阅、监督检查的困难，也增加了合同档案交接、登记、保管的风险。同时，纸质合同的档案管理水平受保管人责任心影响较大，将合同档案交由责任心较差的人保管，容易出现合同档案凌乱、缺损、丢失的问题。有些单位因为档案管理人员离职，往往造成档案管理的中断，甚至档案丢失，造成无法弥补的损失。

传统合同管理方式中，公司会制定统一的合同台账 Excel 表格对合同信息进行汇总统计，合同统计数据的准确性、全面性、时效性受统计人员的理解能力和细心程度的影响很大。大型集团公司的合同统计分析任务尤其繁重，对成千上万条合同数据进行人工分析，既耗费人力物力又难以保障分析的准确度，进而影响领导的经营决策。事实上，在传统合同管理模式下，几乎没有公司对合同数据进行过系统的分析，因为这在实际工作中几乎是不可能完成的任务。

3. 合同执行管控能力不强，缺乏预警机制。

在传统合同管理模式下，由于合同承办部门、财务部门与合同监督管理部门的信息不对称，不便于合同监督管理部门和公司领导层全面及时掌握公司合同实际履约状况、项目进度、费用支付、账款回收情况等信息，缺乏合同履行预警机制，不利于公司合同执行风险的防范。合同承办部门定期报送的履约更新信息或合同监督管理部门定期或不定期开展合同履约检查，一定程度上加强了部门间合同履约信息的共享和履约风险的提示，但也存在信息报送滞后、信息报送不全面、检查人员未及时发现问题等风险，进而影响公司处理风险的时机和策略。

对于大型集团公司，由于其成员公司多且地域分散，经营业务复杂，合同数量众多，管理人员素质参差不齐，集团公司总部尤其难以真正了解各成员公司的合同签订和履行状况，往往是爆发了风险事件而难以处理时，成员公司才将真实情况进行报送，而此时损失已经无法挽回。

二、合同管理信息化的优势

通过合同信息管理系统开展合同管理，可以实现合同的统一规范化管理，提升管理效率和公司效益，各单位各部门共享合同数据和管理信息，进行动态监控，合同全过程管理公开化和透明化，对于大型集团公司的合同管理与风险管控可以起到显著的提升作用。具体包括以下方面：

1. 实现了合同统一规范管理。

公司在配置合同信息管理系统时，可以通过技术手段将合同评审、分级授权管理及印章管理的规定和要求设计成系统的固定操作流程，成为合同办理的必备要素，有效保证了合同全过程管理要求的贯彻落实。对于大型集团公司，通过集团公司总部的统一规划部署，能够在最大程度上促进集团公司合同管理的统一化、专业化、标准化和规范化。

一是要求全部合同线上评审。在系统上统一集团本部及各成员单位的合同编号规则，自动生成连贯合同编号。只有审批完毕的合同才能获得合同编号，进而在线上申请用印审批，有效保障了合同评审率达到 100%。

二是合同评审流程、合同用印申请已经根据制度规定，在合同信息管理系统中进行固定，合同承办人员只能在系统中依次进行，不能自行跳过某些环节或者请求个别审查审批人予以变通，促进公司依法合规治企工作的落实。各评审部门必须严格履行审查职责，不可回避责任，敷衍了事，促进合同评审工作更加规范化发展。

三是根据集团总部与成员公司的分级授权机制、成员公司内部法定代表人的授权机制，分别设置不同类型合同与不同标的金额合同的审批权限，有效防止合同违规审批的情况发生。

2. 实现了合同管理效率和公司效益的提升。

大型集团公司为了经营的实际需要，将各成员公司设置于不同的地域，集团上下级单位跨省市、跨地区甚至跨国家的情况都非常常见。引入合同信息管理系统后，合同承办人员通过电脑或手机连接网络，将合同文件扫描上传至系统，则可在系统上完成合同电子化和无纸化操作，不受时间和空间限制，省去了承办人员拿着纸质文件往返会签审查的麻烦，降低了管理成本，大大提升了合同管理的工作效率和经济效益。

首先，合同承办人员通过电脑或手机，可以随时随地办理合同，查询合同流转进程。合同审查审批人也实现了移动办公，审查会签合同不受行程和时间限制。合同评审时间大大减少，效率显著提高。

其次，通过联动信息服务，设置审查审批人智能化提醒服务。通过技术手段设置各评审部门并联式同时审查机制，进一步缩短了合同的流转时间。据统计，使用合同信息管理系统的公司，与传统合同管理方式相比，合同平均审批周期可缩短 50% 。

最后，通过合同信息管理系统电子化和无纸化办理合同，集团各成员公司合同承办人员不再需要拿着纸质文件往返会签审查，减轻了工作量，节约了差旅成本，进一步增加了有效工作时间。同时，大大减少了合同文件纸张打印的浪费和办公设备的损耗，符合绿色低碳环保的发展理念，有助于整体经济效益和社会效益。

3. **实现了数据信息共享与动态监控。**

通过合同信息管理系统开展合同全过程管理，合同文件资料、合同立项、评审和签订等办理流程均在系统中完整保留，评审意见及修改情况得以随时查看。同时，系统设置了履行计划，定期提醒合同承办人员填报履约信息，并对履约异常情况进行提示。各级管理人员可以随时查阅和监督合同管理状况、履约进展情况，及时发现可能的风险，及时提示和处理。为公司领导层科学决策提供有力的数据支撑，防范生产经营中主观性决策的风险。

对于大型集团公司来说，合同相对方的资信情况、尽职调查及履约评价等信息可共享互通，有利于集团各成员公司在开展交易过程中，加强相对方的风险识别与评估能力。通过数据集成，合同系统可以实现与 OA 公文处理系统、工程系统、采办系统、财务系统和审计系统的数据信息共享，消除信息不对称，不同系统间的数据互相采用，相互约束和监督。比如，与财务系统数据集成后，系统根据合同支付条款的时间节点控制合同结算，财务管理人员据此办理费用支付和账款回收，可以有效降低人工操作失误和遗漏，防范资金风险，促进合同履约。

合同信息管理系统的合同台账模块，设计了众多统计口径，不同部门和层级的管理人员根据工作需要，选取相应的统计口径，可以得到精确的统计结果，进而实现集成数据的多维度分析。

全面共享合同管理信息、动态监控合同状况及强大的统计分析功能，为了解公司经营数据和合同风险状况提供了准确的依据。

4. 实现了信息公开与透明化管理。

合同信息化管理系统可以全过程呈现每一份合同从相对方、立项、评审、签订及履行的整个生命周期。系统建有系统日志，通过系统控制，合同流转过程完整留痕，如承办人员填写的合同信息、送审时间、审查人员姓名、审查意见和评审时间、合同退回修改及重新送审的情况、合同用印审批意见及审批时间、合同签订及履行进度等，合同承办人员、审查审批人的处理痕迹相互隔离，互不影响，不可随意更改和删除。这样，一方面保证了合同办理过程中留下证据，通过数据集成和信息共享，各级监管部门可以随时查阅合同相关信息，一旦发生风险事故也便于明确责任，追本溯源；另一方面信息的公开与透明化，可以督促合同承办人员、审查审批人员在办理合同时更加认真谨慎，避免合同评审流于形式、不负责任等情况的发生。

此外，通过技术手段，集团公司可以控制各个成员公司、各级管理人员在合同管理系统的使用权限。由于合同管理系统将合同全过程管理流程进行固化，并在每个流程节点匹配了相应的管理人员，各成员公司希望调整各个节点的管理人员、删除或修改各节点数据、调整合同处理流程，都要请示集团公司同意后由技术人员实施。有效杜绝了篡改合同数据、暗箱操控合同管理系统、越级审批等违规行为。

相较于传统合同管理方式，信息化的合同管理方式具有不可比拟的优势，符合现代公司合同管理的信息化趋势，信息化是合同全过程管理的时代要求。

三、大数据在合同管理中的作用

目前，大数据应用技术正在快速进入合同管理。而下一阶段，必将进入AI管理阶段。大数据是一个巨大的宝藏，以我们当前的认识水平，其价值还远远没有得到充分的发掘。但一切行业的发展，在未来都必须依赖大数据管理，这个趋势我们应该能够预见到。信息化建设为合同大数据管理提供了可能。通过大数据分析，可以为内部管理和外部管理提供支持，也可以总结出合同管理中存在的问题，发现规律性的东西，从而提升合同管理水平。

1. **在内部管理中的作用。**

合同管理中据以分析和应用的大数据来源包括两个方面：一是集团内部各成员公司在合同管理系统中积累的大量合同信息；二是集团外部民商事主体在交易中形成的诉讼、司法等海量数据。

通过对合同管理系统的集成信息进行统计分析，可以总结集团内部各成员公司的风险类型、风险高发区域、风险点，进而研究并优化交易策略，规避交易风险。例如，通过统计分析合同相对方的履约进程，发现民营企业，尤其是“夫妻店”“父子店”等小生意人违约率较高、履约能力小，因此应当避免与该类型相对方做生意，杜绝交易风险。

通过对司法大数据、诉讼大数据进行专项分析，可以定位行业的主要涉诉风险，挖掘行业经常发生的争议焦点。尤其是法律条文没有规定或者规定不够明确的领域，法官在审判中具有较大的自由裁量权，不同省份和地区的法官判决的尺度有所不同，有时甚至完全相反。大数据分析可以对这些主要风险和争议焦点进行清单化，并锁定与其相对应的合同中的关键条款，制作合同审查清单，在具体交易实践中给出合理化的修改建议。

2. **在外部管理中的作用。**

由于大型集团公司的业务类型多、交易资金规模大，做好合同相对方的资信调查非常重要。通过大数据审查合同主体资质和相关情况，已成为业务人员和法务人员必备的能力。

目前法律数据库较为丰富，如企业工商信息、裁判文书、执行信息等。在审查合同主体资质方面，可以利用国家企业信用信息公示系统、企查查、天眼查等软件查询相关信息，了解合同相对方的工商登记信息、股权结构、对外投资情况等。

此外，还可以通过中国裁判文书网查询企业是否涉诉，通过中国执行信息公开网查询相对方是否上了失信名单、被申请执行情况，通过相关主管部门网站审查相对方是否具有相关资质等，为评估相对方的交易风险提供依据，通过搜索工具也能获得很多有用的信息。

3. **总结风险规律，形成理性认识。**

随着近几年“互联网+法律”的迅猛发展，法律大数据日渐丰富和完备，成为可以挖掘和探索的巨大宝藏。一方面，裁判文书网、案例库等提供了海量案例数据信息，公司可以根据自身需要，可以从涉诉主体、争议焦点、证据采信、区域裁判规则等细分领域对案例进行针对性分析，总结风险规律，完善公司合同管理。另一方面，不同领域的法律工作者，对各行业的法律问题、法律法规适用、裁判要点进行研究分析，在社交媒体网站发表、分享了大量法律文章，对传统法律报纸杂志进行了有益的补充，这些法律文章贴近真实交易、更新快且容易获得，对认识各行业风险规律，形成理性认识助益良多。

4. **智能化是合同管理的未来。**

人工智能技术目前是世界信息技术发展的焦点，正在日新月异地飞速发展。随着人工智能技术的发展，未来合同管理必然走向智能化管理的道路。计算机（远景将是机器人）将会大量代替人来完成合同的日常审核，把人从非创造性的工作中解放出来。

计算机审阅合同永远不会疲惫，永远处于上班状态，永远会坚持原则，永远会按程序办事。这些都是人工审核所难以达到的优势。可以预见在不远的将来，合同审核的大部分常规性工作将会被计算机所代替，公司法务人员的工作重点将转向制定规则，实际监督合同的履行等工作。

公司法务人员必须认识到这一趋势，必须尽快进行学习，适应这一变化，必须积极主动地引进计算机管理。切不可怀旧守旧，抵制新技术的应用。人工智能并不能完全代替人的工作，人工智能也并不会简化法务的工作，相反，它将会对法务工作提出新的更高的要求，对法务人员的素质也会提出新的更高的要求。

第二节　合同全过程管理信息化的基本要求

公司建设合同信息管理系统，必然有其迫切需要解决的问题。构建符合公司目的的合同管理系统，实现集团范围内合同管理的规范化、标准化、数字化，同时实现信息共享、统计分析等各项功能，提高合同管理工作的效率和质量，提升整体合同管理及风险防控水平，是合同管理信息化的基本要求。

一、满足合同全过程管理的需求

合同管理系统的用户包括合同承办部门人员、审查部门人员、公司领导等。

合同管理需要满足集团公司及各个成员公司集中统一的管理要求，也需要满足各级公司定制各自的合同管理流程的要求。

以合同全过程管理为框架，合同管理系统一般包括相对方管理、合同范本、合同立项、合同签署、授权管理、合同履行、合同变更、合同项目、合同查询、合同统计、合同台账、系统管理等功能模块。

根据管理权限，集团公司法律事务管理部门可查看各个子公司合同信息和审批环节，各个子公司法律事务管理部门可查看本公司合同信息和审批环节，各个子公司之间合同信息相互独立，未经授权不能查看。合同管理系统依据集团公司合同管理制度及分级授权管理制度等内控制度梳理并固化操作规程，总的来说，包括以下主要需求。

1. **合同相对方管理。**

合同相对方管理模块主要是建立公司相对方信息库，对合同相对方进行统一管理。该模块主要涵盖相对方基本信息、相对方联系人信息、资质、信誉、合作情况、合同记录以及评价等内容。合同相对方由合同承办人新增，起草合同时相对方信息可以通过查询选择，相对方信息为公司全体人员共享。该模块应设置相对方管理员，由相对方管理员通过拉黑操作将履约情况较差的相对方拉进黑名单，黑名单内的相对方在合同起草时，不能为任何人所选择。相对方管理人员可以通过解锁操作，将相对方从黑名单中移除，从黑名单移除后，才能在呈报合同时被选中。通过信息化手段有效杜绝公司与恶意违约的相对方再开展业务。

为方便合同承办人及公司其他人员查询了解相对方的资信情况，可在该模块中增加公司信用信息公示系统、全国法院失信被执行人名单信息公布与查询系统等查询网站链接，以便操作人能就近查询相对方信用信息。

该模块还有一个重要功能是相对方评价。某个具体合同履行完毕后，合同承办人要对该合同相对方的履约情况进行评价，评价结束后才能关闭合同。合同评价信息为公司全体人员共享，如该相对方在公司内部履行情况较差，其他人员选择该合同相对方前则会谨慎考虑。

2. **合同范本。**

合同文本应该争取己方制作，然后和对方协商修改。当己方居于优势地位时，应尽量把合同条款设计得科学和完善，从而降低对方修改的概率。

合同文本运用成熟后，要适时建立公司合同示范性文本库。对公司各业务板块常用合同制定己方范本，科学设置合同条款，要求公司员工对外开展业务时要优先选择使用己方合同范本。原则上，使用己方合同范本应避免对范本作实质性修改，根据实际情况填写合同文本内空白数据。由于合同范本系经专业审核并经公司内部审批后发布的，条款较完善，使用合同范本的，一方面能提高合同审批效率，另一方面也能防止业务水平较低的合同承办人起草合同条款不合理从而损害公司利益。

3. **合同立项。**

原则上，所有合同在谈判签约前，应进行立项审批。在该模块可上传立项材料，通常包括政府审批文件、董事会决议、总经理办公会纪要、请示及批复、签报、中标通知书或成交通知书等。承办人根据上述任意一种立项依据起草合同并提交审批。此外，承办人也可以在系统上填写项目相关信息，通过合同管理系统进行流程审批。合同立项应包括以下字段：拟办事项、用途、预期目标、期限、预计发生金额、定价方法、结算方法、相对方资信调查情况及立项风险分析等。

4. **合同项目管理。**

对于同一个项目下的多个合同，在系统中可以由合同承办人或法务人员设置合同所属项目，由合同承办人输入项目关键字进行查询，显示符合条件的项目列表，由用户选择项目名称。在同一项目下，所有相关合同均关联在内并统一呈现，以便全面呈现项目建设情况。

5. **合同起草评审。**

合同起草及评审是合同全过程管理的核心模块。主要完成合同的起草、提交及评审流转、生成合同编号等功能。合同起草填写基本信息，合同承办人（合同履行人）应当根据合同约定将合同履行计划记录到系统中。

合同起草时，如果正文类型选择公司示范文本的类型，则合同正文只能在范本库中选择，不能在本地上传。从范本库中选择了范本后，可以直接在范本上进行修改，所有的修改保留修订记录。

系统根据公司合同管理制度的规定配置合同评审流程，承办人在系统上发布合同后，由系统根据承办人填写的合同信息匹配相应流程，系统将该合同在相关审查审批人员之间自动推送，直至审批结束。

6. **合同签订。**

合同管理系统应当与印章审批流程实现无缝对接，同时应当满足合同文本打印水印自动生成功能，或使用本公司专用的防伪水印纸打印。合同审批完成之后，系统将合同用印审批信息推送到印章管理部门负责人，待印章管理员部门负责人确认后，承办人可打印带水印合同正文，打印完成后在线下找印章管理员进行用印。印章管理员根据系统上显示的用印审批情况，经核对带水印的合同与系统最终评审的合同无误后对合同加盖合同章。用印完成后，合同承办人根据用印情况登记用印信息完成合同签订环节，之后进入合同履行反馈环节。

7. **合同履行。**

该模块主要包括两个功能：一是履行计划输入及反馈，二是履约检查。在合同起草时合同承办人应录入合同履行计划，合同履行环节可以根据合同实际情况增加履行计划事项，对合同起草时填写的履行计划也可进行修改，但已进行履行反馈的履行计划不能再修改。

合同承办人应按制度规定定时或不定时对本单位未履行完毕的合同，虽履行完毕但未进行履约检查操作的合同进行全面检查，检查结束后，填写合同履约检查记录，法务人员在查询合同时可查阅到合同检查情况，可导出履行检查表。合同签订后履行反馈异常的要发送异常消息提醒本单位法务部门、财务部门及公司领导，必要时要提醒上级单位法务部门、财务部门和公司领导。

在履行过程中，合同承办人可针对相对方进行评价，对履约情况进行总结及违约情况进行登记。自动将违约情况记录推送到相对方中，可供查询。完成履行反馈及履行检查、相对方评价等工作之后，可进行合同履行环节结束执行，合同承办人针对每个合同可点击履行结束，完成此动作之后，合同不可再进行履行计划、履行反馈、履行检查及相对方评价等操作，只可查询查看合同。

8. **合同变更。**

合同审批通过之后，如果需要针对此合同进行变更更新，需要通过合同变更的方式进行。合同变更主要分为合同变更和合同解除。合同变更是由于合同某些关键条款发生变更，发起合同变更时，也需要说明原因，发起流程审核后，原合同依然有效，但原合同履行暂停，需要按照变更后的合同继续执行履行。合同解除是由于合同执行过程中由于某些原因提前终止，需要签订一份合同解除协议来终止原合同。

基于保持合同审批权限一致，变更/解除审批流程与变更和解除应按照原审批流程完成审批。

9. **合同归档。**

为科学管理合同相关材料，公司要重视合同档案管理。合同用印登记完毕后，合同承办人需要将已经盖章的合同全套文件线下扫描并上传到系统中，完成电子版的归档工作。合同履行过程中的相关资料也可以在合同归档中多次添加。在合同归档模块，某个合同条目下要包括所有合同相关信息，全面体现合同的有关情况。

10. **合同查询。**

为了使用户快速定位到需要了解和跟进的合同，系统要实现组合多种检索条件查询合同信息，通过模糊查询（范围为列表中的全部字段）、高级查询、搜索结果中查询三种方式从合同列表中查询。系统应支持按合同名称、合同编号、合同类型、合同承办人、合同承办部门、合同金额等单条件或多条件组合查询，查询出的结果可显示合同的全过程信息。

系统应针对用户群不同职责设置不同的查看权限，如法务部门、财务部门、审计部门、公司领导能查看本公司所有合同，合同承办部门能查看本部门所有合同。上级单位根据权限查询其权限范围内的所有合同信息。

11. **合同台账。**

合同台账的统计分析对于公司而言是必要的，合同台账有助于公司法务、公司领导快速全面了解公司合同相关信息。在该模块内，用户可根据分析及特定需要自由定制所需导出的合同台账信息，可通过台账样式的设定和选择，导出自己所需要的合同台账。针对相应权限范围内的合同进行分析，以列表的形式，显示指定时间期限、指定单位和指定显示列出的统计结果，可导出为 Excel 表格。

各单位、各部门根据制度规定定时、不定时在系统上统计生成月度、季度、半年度、年度合同台账，也可以根据合同类型、合同金额生成其他合同台账。

12. **合同补录。**

特殊情况下，公司个别合同可能无法在系统上进行审批，但公司所有合同信息又必须在系统上完整记载，故而需要设置合同补录模块，允许合同承办人在该模块对线下审批的合同信息进行补充登记。补录时一并录入合同起草页面信息、立项资料、合同资料等，相关文件统一采用附件方式上传，包括合同用印签订信息。通过合同补录进系统的信息，同样能够被查询、台账统计。

13. **移动办公。**

随着移动通信技术的迅猛发展，合同管理信息化建设除了要在 PC 端实现，还要在移动端实现。实践中，公司大多通过公司第三方平台与合同管理系统进行集成，在第三方平台下设置合同管理系统模块，为公司员工推送相应合同待办、待阅信息，可打开待办待阅，查阅合同立项、起草界面信息、合同正文等合同相关信息，进行各项待办、待阅事项的移动审批处理。

二、提高管理效率

由于合同全过程管理环节多、涉及人员也多，因此必须提高各级管理人员的工作效率，优化各环节合同管理工作，这是合同管理系统的又一个基本要求。

1. **必须提高合同审批效率。**

现代公司合同管理均要求合同必须经过评审才能签订。对于国有企业来说，国有资产监督管理部门将合同法律审核率作为公司依法治企的考核指标之一。可以说，合同评审是合同全过程管理最重要、涉及面最广、参与人员最多的工作。通过本章第一节的阐述我们知道，通过合同管理系统，可以实现合同线上评审，合同承办人员和审查审批人可以在自己的办公室用电脑办理合同，甚至可以在出差与休假期间通过手机实现移动办公，合同评审效率大大提高。同时，将传统单向串联递进式评审调整为各评审部门并联式审查，不同的评审部门同时对同一份合同开展审查，进一步缩短了合同评审时间，提高审批效率，争取商机。

2. **不断优化合同管理。**

构建合同管理系统，就像用积木搭建房屋，通过优化合同全过程管理的各个模块，进而优化整个合同管理工作，提升公司合同风险管控水平。比如说，公司结合经营实际，总结提炼出不同类别合同的风险清单，并固化入合同管理系统。在评审人员审查该类合同时，系统自动提示审核要点，避免评审人员水平参差不齐导致的操作风险。

通过技术设置，系统能够通过关联的门户网站及移动终端自动提示合同待办信息，尤其是按季度提示合同承办人员开展合同履约检查，直到承办人员填写合同履约检查记录表后，系统才会停止发送提示信息，有效促进了合同履约检查工作的落实。合同材料线上存档，合同台账线上统计，优化了合同的查询和统计工作，为实现合同管理系统与其他信息化系统的数据共享提供了可能。

三、和公司其他信息系统实现共享

将手工操作的纸上合同管理迁移到线上，实现无纸化电子合同管理，仅仅是实现了合同信息管理系统的一个基本要求，对现代公司管理来说远远不够。合同管理信息化另一个重大的功能，是将系统中海量的数据和信息在公司内部实现共享。

首先，合同管理系统汇集了集团总部及各成员公司大量的合同信息和经营数据，通过对合同信息的综合分析，可以为经营单位画像，了解经营单位的具体业务、风险状况、经营水平，为公司领导经营决策及集团总部授权管理提供了有效的数据支撑。

其次，通过系统设置，各成员公司共享合同相对方的资信情况、履约评价等信息，各级监管人员随时抽查合同相关信息，推动集团提升整体的风险管控水平。

最后，大型集团公司日益重视信息化建设，除了合同管理系统，集团还建立了 OA 公文处理系统、工程管理系统、财务管理系统和审计管理系统等信息化系统。在合同管理系统开发时注意预留和其他系统的对接端口，实现各个信息系统的相互关联，数据间相互取用，信息相互导入。通过数据和信息的互联互通，一方面，可以促使各个管理系统更加注重本系统开发的独特性，避免系统功能重复，造成资源浪费。另一方面，数据的关联和取用可以避免员工重复录入数据，减少无效工作时间，又保证了各系统间数据的完整、准确和一致性。此外，各个信息化系统的开发建设应该由集团公司统一规划，制定统一的公司基础信息平台，建设统一的系统接口和项目、人员、设备和物资等基础数据编码标准，处理好各个信息化系统的层级关系，防止由各业务部门自行实施造成的技术壁垒，方便各级管理人员登录使用，优化用户体验。

四、节约成本

公司在开发建设合同管理系统时，应秉持“节约成本、提高效益”的原则，具体包括以下内容。

1. 应满足提高效益的要求。

合同管理系统的运用必须在全面实现合同全过程管理功能的基础上，提高合同管理效率，有效减少重复劳动、无效工作，节约人力成本与差旅成本，节省纸张与设备损耗成本，提高公司合同管理工作的经济效益。

2. 合同管理系统的建设需要满足经济性和实用性的双重要求，二者相互缺一不可。

首先，从经济成本与效益角度考虑，应选择最有利于集团范围内合同管理的建设模式。相比较而言，集中建设是最经济的一种方案。合同管理系统的主体功能和管理要求是一致的，集中建设可以避免各成员公司功能的重复开发，实现一次建设，多次复用。从全集团的层面上来考虑，集中建设比各单位单独建设的费用要低。

其次，合同管理系统的建设需要满足实际使用需求，切实解决问题。对于大型集团公司而言，合同管理系统建设可以采取“整体标准化，少量个性化”的实施策略，即先构建公司合同管理系统集团标准版，之后采用集中部署、分步实施的建设方式，分批在全集团内推广集团标准版合同管理系统建设，同时建设过程中兼顾各成员公司的个性化需求，满足全集团合同管理的实际用途。

最后，合同管理系统的建设需要满足可扩展、可维护的要求。随着集团公司经营业务的发展，以及合同管理理念的提升，需要在原合同管理系统的基础上增减相应模块，或者对各模块的功能进行优化，或者系统地与其他信息化系统衔接融合。也就是说，需要建设可持续发展的合同管理系统，系统的拓展是叠加式而不是取代式的，满足不同阶段的合同管理需求，经济实用，易于维护。

五、安全运行

合同管理系统汇集了公司全部的合同数据信息，如果合同管理系统无法安全稳定运行，一来系统无法正常使用，妨碍了公司员工的正常工作；二来可能造成公司商业机密、业务数据的泄露，给公司带来不可估量的损失。做好合同管理系统的安全运行工作，包括以下三个方面的内容。

1. **确保网络安全。**

合同管理系统配置和运行时，需要利用网络安全保障体系和制度，同时采用规范的技术和管理措施，保证系统及数据的高可用性、联通性和保密性，防止黑客恶意攻击系统篡改合同内容。

2. **确保数据库安全。**

建立数据库安全机制，严格控制各等级用户的权限，制定权限分级管理机制，防止非法用户访问。建立数据库定期备份机制，对系统环境和数据进行备份，采用每天的增量备份和定期的完全备份相结合的策略。建立数据库应急处理机制，制定各等级故障恢复方案，保证数据安全性。

3. **确保应用安全。**

随着网络应用逐步发展，应用系统的安全性日益重要。合同管理系统涉及公司合同信息相关的业务数据，这些数据需要一定的安全加密技术来保障其在传输、存储的过程中不失密。另外，各级成员单位系统都是独立运行，所以，需要统一的用户管理、认证、授权的安全平台，来确保关键信息的保密性、有效性，保证系统的安全。

（1）用户身份鉴别的需求。需支持用户标识和用户鉴别，用户注册和登录系统时，需要强化管理身份鉴别；对于使用系统的用户要求严格限制非法人员的使用，保证只有经过授权的人员才可以访问应用系统，采用统一的用户目录服务实现身份鉴别。

（2）用户统一管理的需求。加强既有用户身份的统一管理机制，集中管理的认证和授权机制并实现单点登录，提升用户体验，方便用户使用。

（3）数据安全的需求。需要采取措施保证数据在传输过程中的完整性、保密性，以及保护鉴别信息的保密性。对重要数据要实现加密传输和存储，实现数据信息的电子签名功能，并根据相关制度对相关业务操作进行审计，为安全事件追溯提供证据。

要加强对系统中业务操作过程的安全控制和安全管理。在安全平台的集中管理下，提高系统在用户认证和授权等方面的安全强度，防止身份假冒以及内部人员的非法或越权操作访问。

在保证应用安全的前提下，要充分利用既有计算机网络安全平台，尽量简化安全结构、减少安全机制带来的系统性能损失，为合同系统的用户持续提供良好的操作体验和稳定的操作界面。

第三节　合同信息化管理的实现方式

随着公司管理信息化进程的不断发展，越来越多的公司认识到了合同信息管理系统在公司内部资源管理、项目信息管理、公司宏观战略目标实现以及内部业务质量管理体系构建方面的重要性。也有越来越多的公司投资开发合同管理系统，尤其是大型集团公司根据公司业务特点和实际需要，在研究系统的开发模式和实现路径方面作了很多探索。

一、目前公司合同信息化建设中存在的问题

我们知道，国外对于合同信息化管理的研究起步要比国内早许多。从 20 世纪 80 年代起，国外就已经兴起了一轮业务流程重组与全面质量管理的浪潮。基于信息技术的合同信息管理软件工具及系统逐渐开始进入大型公司和政府机关事业单位，微软、SPAT、IBM 等众多软件公司也都陆续研发出了与合同管理相关的计算机软件产品。并且合同信息化管理功能已逐渐成为一个必备的常用子系统功能存在，这对于合同信息化的工作理念产生了非同凡响的影响。

而国内对于合同信息化管理的研究和摸索却经历了相当长的时间。最早出现的对合同的信息化管理只是简单的文字档案管理，也只是对于合同数字化的一个简单的记录。慢慢发展起来后，我国公司在合同信息化管理系统仍主要局限于大型公司，尤其是外资、合资等跨国性公司较为普遍。一般情况下都是通过直接引进国外现有的合同信息化管理系统，并结合公司内部环境进行适当的改造，采用软件工程的相关理论及方法进行个性化处理。

据了解，国内目前合同信息化管理最先进、最成功的是广西交通投资集团有限公司。另外，中国移动公司、中国联通公司的合同信息化管理工作也比较成功，基本实现了合同管理目标与计划的明确、工作的流程化标准化及过程的公开化公正化的几大目标。总体来说，国内合同信息化建设总体上仍处于起步阶段。

由于地区差异较大，经济发展较快的东部地区及沿海地区在这方面启动较早，信息化程度较高。即便在同一区域，由于管理模式及管理理念的区别，合同信息化建设的程度在各公司之间的进展情况也各不相同，未能形成行业的统一使用标准样本，各系统在质量方面存在较大的差异性，特别是系统的功能完整性和先进性方面表现明显。

合同的信息化管理建设是个系统性工程，涉及公司管理理念的变更，工作流程的再造，公司资源的有效整合以及员工思想的转变等方面，这些工作在很大程度上改变了员工固有的工作习惯，对传统的工作方式带来巨大改变，因此，阻力也是不小的。

1. **系统信息孤岛，无法做到资源共享。**

对于现实中的大多数集团公司来说，集团总部的财务系统、人力系统、业务系统和合同系统之间各自为政，信息不共享不互换，无法有效串联，数据信息与业务流程严重脱节，很容易形成信息孤岛。同时，在很多集团公司，下属子公司也只限于在公司内部进行有限的信息共享，各单位之间的信息沟通较少，各自掌握的业务数据很难做到即时的传递共享使用，这样就给各层级员工的数据统计工作、领导决策工作带来不必要的困扰。

以工程建设类公司为例，据不完全统计，工程建设项目设计工作中，设计人员每天花费35%的时间来查询相关工程业务数据资料。工程建设项目的施工管理人员则要花费大约50%甚至更多的时间来进行信息方面的互通和交流，以取得更准确的数据信息，这在很大程度上制约了工作的高效开展。

2. **管理观念陈旧，技术落后，不能及时跟踪信息。**

由于现代经营管理思想和理念进入我国的时间比较晚，合同管理信息化建设推进很大的难点在于员工思想的转变，特别是公司经理层领导思维的转变。有些公司高层管理者不认同信息化建设工作，安于现状，欠缺开拓创新的勇气，更不会积极主动地推进工作。

至于普通员工，首先是职业素养和专业技能有缺失，其次是由于信息化改变了其原有的工作方式和习惯，特别是信息化建设初期会增加其工作量，员工容易出现不理解不认同，甚至消极、懈怠和抵触的情绪。再加上信息化建设初期可能会出现的技术不完善，系统设计不稳定和数据录入工作量大等问题，会引起短暂的系统数据部分缺失，需要员工和系统工作人员仔细排查，这又在一定程度上加大了员工的工作量，因此，合同管理信息化建设初期将会异常艰难。

3. 低效静态管理，难以实现合同全过程动态管理目标。

大多数公司长期使用的都是纸质合同。合同数量多，执行周期长，管理难度大。特别是基础设施建设类公司的项目合同，往往一个项目可能会涉及几十上百个合同，合同主体非常多，事项纷繁复杂。单个合同之间还存在相连关系，一个合同可能会制约着另一个合同、多个合同的执行，查阅存档都存在一定难度。而且一个合同在签订前往往会需要各单位职能部门处室的审批同意，审批过程中如出现需要修改完善的情况，合同就需要承办人员反复多次往返于各部门之间进行重新审批，审批流程就变长。同时由于纸质合同的流转过程无法记录过程跟踪情况，一旦出现问题，也很难界定清楚责任。各部门合同管理的职责不一致，又缺乏统一协同的平台，没有一个部门可以掌握合同的全过程，容易引发风险。经常是风险发生时，管理部门才知晓，这种后知后觉的管理行为是非常危险的，这就迫切需要推进合同管理信息化建设，以达到高效留痕全过程管理。

二、合同信息化管理的基本路径

公司建立一套符合自身发展实际的合同信息化管理系统，通过信息化管理系统与合同管理制度的有机结合，实现合同管理的网络化、信息化，有效降低管理成本，提高工作效率；通过统一合同的起草、修订、审批、签约、履行的各个业务流程，强化合同管理事务的监督管控力度，有效控制法律风险；通过提供及时、准确、全面的合同信息、履约情况，为公司领导层提供决策控制评估的全方位、系统化数据支持。合同信息化管理也需要度过循序渐进、由低级向高级迈进的过程，大体分四个步骤，从单独的合同管理系统、简单合成的合同管理系统到集合化的合同管理系统，最后才是并行化的处理系统。

1. 单独的合同管理系统。

单独的合同管理系统仅仅只是为了规范集团公司、各下属单位的合同管理工作。大部分单位都通过合同管理平台进行合同立项、合同评审、合同签订工作。承办部门或单位起草合同后，按各单位合同管理制度规定的程序，进行合同的评审、核准及修改完善，以使合同全过程实现网内评审，无纸化办公。

这样一个单纯把纸质评审搬到网上来审批的合同管理系统，缺点在于不能实现合同的动态履约跟踪，无法实现在线实时了解本单位所有合同的履约情况，及时发现问题，通过合同风险预警增强风险管理能力。另外，由于各单位设置独立的系统，自然不能在集团总部和各下属单位之间建立统一的合同台账，将集团及其下属单位的合同统一管理，也就难以全面把握集团公司合同总体情况，及时了解每份合同签订情况。

2. **简单合成的合同管理系统。**

随着公司经营管理加快发展，业务量增加，合同数据越来越多，依赖于单独的合同管理系统时，公司领导层的决策谋划往往需要等待工作人员的手动取数后多方核实，再加上变化多端的政策环境及市场环境，大家发现仅仅实现电子审批功能的合同管理系统已经不能满足高效、精准工作的需要，原来的单独合同管理系统已明显不能满足管理需求，迫切需要对单独的合同管理系统进行提升改善。

于是，新的合同管理系统就应当增加合同履约、合同统计分析查询功能，大型集团公司还要整合集团总部及下属单位的流程设计，统一数据来源。

一方面，要提供全方位的合同管理功能，从合同起草、合同签订、合同评审、合同履约、合同台账统计等过程进行全方位管理，过程不能有缺失，并真正实现网内无纸化办公。

另一方面，对于大型集团公司而言，要建设满足集团总部及下属单位的大集中统一的合同信息化管理系统，在集团总部大的合同信息化管理系统中设置下属单位的合同管理流程，且满足下属单位按各自经营特点而定制的个性化的合同信息化管理流程要求，以及设置下属单位与集团总部之间部分合同的相互联动流程的要求。在这个上下联动的合成管理系统中设置不同权限，集团总部高层领导、法律事务部、财务部有权查看下属单位的所有合同信息和审批环节，从集团管理层面了解全集团的合同数据信息。

这样才能通过合成的合同信息化管理建设，实现集团公司及下属各单位从合同的初始登记、合同立项、合同起草、合同审批、合同履行、合同监督到合同的查询、统计等全生命周期的自动化电子作业模式，实现公司合同“统一授权，归口把关，分工负责”的规范化管理目标，达到集中管理、操作公开的风险防控要求，也能逐步由传统的手工书写合同管理模式转变为网络化、专业化、现代化的管理模式，最大限度地降低成本，提高工作效率，改善工作质量。

3. **集合化的合同管理系统。**

虽然合成的管理系统在一定程度上满足了合同业务处理效率低、上下级单位流程不统一不明确的问题，但由于未能与业务系统、财务系统进行有效衔接，绝大部分的业务数据、财务数据都无法直接从其他系统导入，需要工作人员手工作业，这就造成了合同系统的相对孤立，难以实现对合同数据的集中、有序管理。如果工作人员责任心不强，未能及时录入合同履约信息，系统的风险预警功能就无从实现，合同履行的风险依然无法依靠合同管理系统进行有效监控。

因此，需要利用公司服务总线，打通财务管理系统、审计管理系统、人力管理系统和合同管理系统之间的通道，建立集合化的合同管理系统。统一一个信息处理中心，把合同管理系统与所有端口接通，完成集团公司对合同全生命周期的管控；统一消息引擎管理，实现系统间业务协同。

应当从实际业务出发，在满足实际应用的基础上进行管理业务和合同审批流程的规范化和标准化，建立完全共享的管理平台，把各类业务纳入平台进行管控。对业务系统工作流程、待办消息进行集成、整合，实现 OA 办公系统、人力管理系统、财务管理系统、合同管理系统、审计管理系统、业务管理系统等多个系统的业务协同，并将待办消息在门户系统中集中呈现，分类管理。

进行了系统数据集成后，合同管理系统即可以根据不同的管理层次，不同的业务部门，兼顾业务内部的层级关系和各业务之间的关联关系，展现不同的业务数据视图和操作界面，做到业务数据视图粗细有致，使各单位及业务部门紧密地以合同管理业务为中心，通过管理平台进行高效的工作，缩短业务数据在上下级单位和业务部门之间审批的时间，疏通各类数据和工作上报下达的流程，增强公司高层领导的分析和战略决策的能力，在保证工作质量、进度、安全的基础上，使各类资源作用最大化，充分发挥信息化建设的规模效益。

4. **并行化的处理系统。**

由于管理工作业务复杂，大型集团总部及各下属单位工作流程各有差别，且涉及单位众多，集团内的信息化标准和规范不统一，缺乏数据支撑平台，没有建立统一的数据标准，大量的数据沉淀不能得到合理的利用。各业务系统技术架构杂乱无章，如财务系统需要从用友 NC5.6 至6.5 版本的升级，修建预算系统，建立“三算合一”的财务体系。人力资源管理系统尚处于起步阶段，只是初步实现了人事管理、薪酬管理和人力资源报表等功能。EP2000 项目管理系统需要逐步完善，各系统数据间的交互存在短板，无法支撑未来对大数据的挖掘和应用。

为提高各系统工作效率，信息部门要根据各业务部建立的管理业务规范，针对应用数据信息流程、应用总体架构进行整体规划，从实际业务出发，在满足实际应用的基础上进行业务和流程的规范化、标准化，建立完全共享的信息化经营管理平台，将公司经营涉及的主要业务纳入平台进行并行的处理管控，实现应用功能统一及数据标准统一。依托协同开发平台，将所有服务进行组件化，统一所有系统工作流引擎，将新建系统和原有系统全面整合至统一的管控平台中，用户只需在平台上即可查看由各业务系统推送而来的统一待办文件，并直接处理相应的工作流程，完全取代现今需要登录多个系统处理日常事务，提高公司整体的协同办公效率。在高效协同的同时，由各业务系统所产生的数据不断充实数据仓库，不断更新公司的各项经营数据，完成整个公司信息化的闭环架构。

具体而言，就是“一门户”操作：用户只需登录“一个系统”“一门户”集成各独立的信息系统、打破各系统的界限、融合多个系统为逻辑上的“一个系统”，提供一体化的工作/服务平台，对所有的用户（无论内部外部）都只有一个入口，只需一次登录，就可以同时并行打开处理各个系统。

当然，并行化处理的审批系统必须面向业务体系的实际应用，以满足当前各类业务实际应用需求与管理效率的改进为首要目标。在系统设计过程中，应坚持采用简单有效实用的指导方针，提供友好的用户界面，便于使用、维护和管理。这些管理应用要考虑最大限度地利用已有的网络条件和软硬件资源，减少重复投资，要注重信息资源管理，收集各公司各部门相类似资源如人员信息、机构信息等，实现信息资源整合。以提高内部控制、运营管理、决策分析等方面的信息化水平，明显提升管理统筹、业务运营、高层决策和公众服务等方面的质量和效益，有效推动公司管理现代化进程。

三、做好合同信息化管理的顶层设计

大型集团公司合同信息化管理系统的建设工作量大，涉及不同职能部门和成员公司和几乎所有员工，纷繁复杂的业务和大量的数据信息，操作起来非常不易，需要统筹考虑。做好合同信息化管理的顶层设计，要从公司最高层级入手，推动信息系统建设，把合同管理系统作为一个子系统嵌入信息系统，同时做好相

关业务部门的协调工作，选择最合理的技术路线，不断推动集团公司信息化建设和管理水平。

1. **公司最高层级推动信息系统建设。**

随着国有公司经济发展方式的转变，对管理信息化建设的需求日益增加，迫切需要实现公司经营管理由传统手工方式向现代信息化方式转变。需要从最高层级上建设集团管控平台，实现管理工作规范化、网络化和动态化，为全面收集公司的各项事务信息数据，实现信息规范管理奠定基础。

集团管控平台是以人力管理系统、财务和审计管理系统、业务管理系统、合同管理系统等为基础的集成应用，经数据提取分析、报表展示和门户集成，最终以领导驾驶舱的形态展现。若集团管控平台落地，表示集团公司能够通过信息的透明、及时、准确和共享，推动各管理职能、各业务板块的上下贯通和高效协同，推动各业务板块管理规范化和经营绩效水平提升，提升集团化管理，强化集团管控。同时，还能够通过整合内外部信息资源和数据挖掘，优化管理，降低运营管理成本，提升内部服务水平，推动集团公司整体服务水平提升。

现在大部分的集团总部都已经建立健全了各项事务管理制度、业务流程、工作规范等。在集团管控平台建设中，作为综合业务协同系统基本框架的内部门户子系统和电子公文子系统已基本建成。信息部门要统一规划建设经营事务管理应用，汇集经营业务数据，还要兼顾各下属单位的经营业务管理模式，为公司级系统功能扩展提供接口支持。信息部门将合同管理子系统作为综合业务协同系统组成部分纳入集团总部的信息化总体规划，合同管理子系统可以部署在内部服务网上，与其他系统进行必要的数据交换，可以建立数据后台汇总、处理机制，建立各级用户访问权控制机制，使系统具备良好的运行效率，并依据各类数据信息的用途和保存时间要求建立数据寿命管理机制。

2. **做好相关业务部门的协调工作。**

合同管理作为法律事务管理核心业务之一，将被合同的发起业务部门、审查部门和公司领导使用。合同管理包含合同从准备到关闭的全流程管理功能、为了使用者方便实用的风险提醒功能、公司领导使用的合同统计与分析功能等。

合同种类多，公司内各业务部门均有可能涉及合同管理工作。根据公司内部分工的不同，不同业务部门在不同阶段、不同角度完成各种合同管理事务。一般说来都是业务部门负责合同的商务部分，负责组织合同谈判磋商；工程部门负责技术规格部分把关，工程质量进度，工程数据分析等；财务部门负责资金筹划管理，税收安排，把控资金风险；法律部门负责把关合同条款的严谨性与合法合规性，违约处理条款的设置，争议解决的处置等。从合同立项到合同谈判、起草、审批、履行的整个合同管理过程必须由多个业务部门分工协作完成。但实际上业务部门对此并不重视，或是行动上的不重视。通常体现在部分业务部门闭门造车、沿袭老旧的工作方式，或是在认识上已有信息化的想法和认识，但缺乏实际行动，总是把工作寄托于信息部门的推动和实施，往往造成沟通不畅带来业务系统的短板。

因此，合同信息化管理建设需要建立起跨部门的协调机制。针对关键议题召开跨部门、跨项目的沟通会，需要各业务部门的积极配合、主动介入，需要各经办人员、部门经理乃至高层领导的理解和支持。工作过程中出现疑问或不解之处，首选方案就是协调沟通，在信息部门、合同系统管理员的主动服务中快速解决问题，而不是相互推诿和埋怨，甚至打小报告，试图阻止合同信息化建设进程。

3. **选择最合理的技术路线。**

为避免下属单位的各自分散建设、标准不统一、个性化需求不可控等问题，全集团的合同信息化建设要结合集团管理现状和特点，采用信息部门、法律部门、相关业务部门及各有关单位联合项目组负责具体执行。专业技术公司负责研发与服务的层级化管理模式，且以大集中大一统的方式部署一条合理的技术路线。也就是说，由集团统建信息系统再进行分批、分次推广的通用做法。如此就需要先完成集团标准版本的构建，再进行已提出建设需求的下属单位的系统搭建，之后再实现系统的集团全面推广，在标准版本统一功能和接口的基础上，兼顾各下属单位的个性化需求。

此种技术路线的特点，是在前期标准版本构建时就能充分调研、提炼共性。虽然初期会花费时间精力较多，但后续推广就能以标准化为主，可以避免各单位功能的重复开发，实现一次建设、多次重复使用，将时间控制在最短范围、推广费用控制在最低范围，整个信息化系统建设的总体投资自然最为节省。同时，此种技术路线也有利于结合所属公司的业务性质、管理架构、资源条件等要素，进一步推进集团各板块各类资源的有效整合和开发利用。推动集团内不同层级间合同信息互联互通，为有效共享资源提供基础，提高集团合同管理信息化发展的质量和效率。

按照标准化推广 + 个性化定制（少量）的建设原则，分以下三个步骤进行。

（1）集团标准版的架构

主要以合同管理系统的框架及有限的成果为基础，包括功能架构和集成架构两方面。

一是功能架构：按照集团总部的合同管理制度要求综合各下属单位的需求，以合同管理系统的框架及有限系统为基础，建立集团标准版本的合同管理系统。如将合同管理制度中规定的合同范本管理、合同审查、会签的原则，合同执行过程的异常处理、合同变更解除的标准流程等要求固化在系统中，实现集团总部及下属单位对合同全过程的分级管控。

二是集成架构：根据合同管理系统的集成情况，融合全集团统一的集成需求，实现合同管理系统标准版与 AD 域、采办系统、SAP（主数据、MM、SD 模块）、邮件系统的标准集成。通过全集团各系统的覆盖集成，建立跨机构的审批流程对接，提升跨机构审批、跨业务查询的效率。

（2）注重各单位个性化流程设置

系统设计时要充分利用有限的合同管理系统建设成果，认真细致提炼各单位之间共性的、标准化的开发调整并做集成封装及其他完善调整，以最终形成集团标准版本的合同信息化系统。

一是充分利用有限合同管理系统建设的经验和成果。合同管理系统建设项目需经过需求调研、详细设计、安装联调、功能定制开发/集成开发、系统上线测试及验收等主要阶段工作。系统建设的需求、设计部分的成果和经验可在后期全集团推广建设时充分借鉴，在此基础上后续对全集团包括总部及其他下属单位的要求和具体情况再进行调整完善及详细设计，在虚拟环境下以及集成环境下的集成测试经验包括管理流程的经验可在后期借鉴。

二是集团标准版需在有限合同管理系统上再进一步提炼共性、完善构建。在原有的有限合同管理系统基础上保持技术和功能的一致，为适应未来扩展的需要，通过建立标准化的系统功能，采用统一的技术平台，未来如果合同管理要求或者各系统之间的集成关系发生变化，就可以轻易实现全系统的统一升级与优化，而不需要大动干戈地去调整各个业务系统。

（3）集团标准版设计及开发整体实施

鉴于合同管理系统集团标准版需要满足全集团合同管理的业务需求，支撑全集团众多注册用户和下属单位的系统使用需求，在标准版的需求调研、系统架构和蓝图设计、模块和接口设计开发、系统出场测试和用户接受性测试方面都需要全面考虑用户的全面参与和系统的集团特性。

一是做好覆盖全集团的需求梳理工作。必须认真细致进行集团总部、其他二级、三级、分子公司的业务需求访谈，访谈工作要预留足够充分的时间。根据以往工作经验，由开发团队项目组工作人员提前列好每个业务部门涉及的不同类型不同重点的谈话提纲，在总部各业务部门及各下属单位中做详尽的需求调研，厘清各业务部门、各下属单位的实际工作需求，如出现需求冲突，应及时调整完善，再基于访谈结果做进一步的需求沟通、反馈、修改和确认，最终完成通用业务的需求评审。

二是设计满足全集团共性需求的模块和预留接口开发工作。基于模块设计而进行的集团标准化模块开发包括个人办公、相对方管理、标准文本管理、合同签订、合同履行、合同关闭、查询统计等 10 余个应用模块。而基于预留接口的设计开发工作则包括 AD、SAP MM、SAP SD、采办等系统接口约 10 个，这类工作在系统开发前期应当有充足的预见性。

三是进行严密的系统出厂测试及全面的用户验证工作。由于合同信息化管理系统需要后续在集团总部及各下属单位中大范围推广使用，集团标准版的稳定性、健壮性、安全性就显得至关重要，必然要求在系统出场前需要进行周密的通用系统样例测试，需要完成系统各模块单元测试、系统整体测试、集成测试，并进行总部和推广单位关键用户的测试验证。

四是推广使用各单位个性化流程设置。合同信息化管理工作需要满足集团总部及各下属单位集中统一的管理要求，也需满足各下属单位定制各自的合同管理流程的要求。在集团标准版的基础上，集团总部法律事务管理归口部门可查看各下属单位的合同信息和审批环节，但各下属单位之间的合同审批流程、合同信息相互独立，未经授权不能查看。如此，在保证统一必要的流程规范基础上，既能实现个性化的管理需求，又能实现实时的信息获取，还能快速发现经营管理存在问题，尽早定位原因所在，大大提升各部门、各单位之间的协同运营和管理能力。

后记

本书是广西社会科学基金《合同全过程管理研究》（课题批准号 13BFX002）的研究成果。从 2014 年开始，课题组成员就开始在实际工作中进行调研、收集素材。在掌握丰富材料的基础上，开始写作，反复修改四遍，到 2019 年 7 月才完成。

本书的理论完全是建立在作者多年从事公司法律事务管理和实务的基础上，是对管理实务的总结和升华。本书所阐述的合同全过程管理理论，是合同理论和管理理论的首创性成果。实践中，广西交通投资集团有限公司作为广西最大的国有企业，就是在本书理论的指导下进行合同管理的。同时，作为广西最大的国有企业，其经营实践的丰富，又为合同全过程管理理论的形成提供了海量的素材。数年来，在这一理论的指导下，广西交通投资集团有限公司的合同管理工作始终居于国内最先进的地位。在管理实践中，也起到了明显的创造价值、提升效率、防范风险的作用。

本书是集体智慧的成果，作者们在繁忙的工作之余，挤出时间进行写作，付出了常人难以想象的努力和艰辛。特别要提及的是，四位女作者苏爱科、陈冬冬、刘柳、杨诚程，在撰写本书的过程中怀孕生子，既取得了事业的丰收，也得到了可爱的宝宝。本书作者闫昊旻是中国海洋石油总公司深圳分公司员工，王竞是北京德恒（南宁）律师事务所律师，其他作者都是广西交通投资集团有限公司的员工。

本书各章节具体撰写人员如下：

闫周秦：总体策划，统稿，撰写提纲和序言、后记、第一章、第三章、第六章；

闫昊旻：撰写第一章、第五章、第六章；

林琳：撰写第二章；

赵斌：撰写第三章；

杨诚程：撰写第四章；

黄辰健：撰写第五章；

王竞：撰写第六章；

杨婉晴：撰写第七章；

靳原：撰写第八章；

刘柳：撰写第九章；

苏爱科、陈冬冬：撰写第十章。

最后，感谢广西社科基金的赞助，感谢广西交通投资集团有限公司的支持，感谢各位作者辛勤的劳动。